보이스 캐처

보이스 캐처

▶⊢ 지금 당신의 목소리가 팔리고 있다
0:31

조셉 터라우 Joseph Turow 지음

정혜윤 옮김

미래의창

가장 중요한 생체정보: 목소리

당신이 가진 목소리는 독특하다. 다른 누구와도 다르다. 그런 목소리를 내는 사람은 오직 당신만 있기에 당신의 목소리는 말할 수 없이 소중하다. 당신이 가진 목소리를 노리기 위해 탄생한 음성인식 산업에도 말이다. 기업은 사람들이 말하고 소리 내는 방식을 수집하는 새로운 정보 산업을 육성하느라 어마어마한 자원과 획기적인 신기술을 투입한다. 여기에는 음성이 생체정보라는 인식이 깔려 있다. 말하자면 업계 종사자들은 당신의 신체 일부를 활용해 당신이 누구인지를 즉각적이고 영구적으로 식별하고 평가할 수 있다고 믿으며, 기업은 성대에서 나는 소리와 어투를 분석해 사람의 감정·정서·성격에 관한 정보를 얻는 방법을 개발 중이다. 머지않아 그들은 체중·신장·나이·인종 등 과학자들이 음성에서 드러난다고 믿는 개인적인 특징들을 알아낼지도 모른다. 그렇게 당신의 가치를 책정하고, 그 평가에 기초해 제품을 보여주고, 다른 사람들보다 더 높거나 낮은 할인가를 제시한다. 또, 당신이 도움을 원할 때 다른 사람들보다 더 적극적이거나 소극적으로 응대하기도 한다. 기업은 음성 데이터를 활용해 전례 없이 강력한 방식으로 소비자를 차별하는 시스템을 구축하고 있다. 그런데도 소비자가 자신의 잠재적 위험을 파악하게 해주는 규제와 안전장치는 아직 제대로 마련되지 않은 상황이다.

이 책에서 나는 이 분야가 지금 어디까지 왔는지, 이미 우리 삶에 어떤 영향을 미치고 있는지를 설명하고 이런 움직임이 중단될 필요가 있는지 살필 것이다. 지금부터라도 우리는 기업의 음성인식 세계를 바라보는 관점과 정책을 조금씩 만들어내야 한다. 이 산업은 아직 초기 단계다. 음성인식 산업이 사회를 좀먹는 과정에 아직 본격적으로 들어서지 않은 지금이 제재를 가할 마지막 기회다.

기업들은 음성을 왜 추적하는가

—

새롭게 등장한 음성인식 산업은 AI 스피커, 자동차 정보 시스템, 고객 센터, 온도 조절기, 경보 장치 등의 '홈 네트워크connected-home' 기기 같은 수단과 깊이 관련되어 있다. 이 기기들은 우리가 어떤 말을 하면 음성 비서가 만들어낸 분석 공식에 따라 정보를 읽어낸다. 가장 유명한 음성 비서로는 아마존의 알렉사, 구글의 구글 어시스턴트, 애플의 시리가 있다. 중국은 바이두의 AI 운영체제 듀얼 OS와 알리바바의 티몰 지니를 주로 사용한다. 이 음성 비서들은 소위 '스마트 기기'라고 칭하는 AI 스피커, 스마트폰, 자동차 오디오 시스템 등을 통해 일을 수행한다.[1] 오늘날 구글 어시스턴트는 10억 개 이상의 기기에서 활용되고 있는데 대부분이 스마트폰과 구글 홈 제품군이다.[2] 아마존은 알렉사가 수억 개의 기기에 연결돼 있다고 주장한다.[3] 서로 연결돼 있으면서도 각기 다른 기업 생태계는 고객 센터의 AI에서 시작된 음성 데이터의 시스템 구축 계획을 열심히 추진하고 있다.

음성 산업에 대한 대중의 관심은 주로 AI 스피커에 집중돼 있다. 기업들이 '음성인식' 기기라고 부르는 것들은 주로 원통 모양으로 생겼는데, 최근에는 스크린을 부착하는 등의 형태로 출시되고 있다. 미국에서는 2014년 아마존 에코Amazon Echo와 운영체제 알렉사가 등장하며 AI 스피커의 판매가 폭발적으로 늘었다. 구글 홈은 정확히 2년 뒤에 나왔고 이어서 다른 기업의 AI 스피커도 앞다투어 쏟아져 나왔다. 애플과 삼성은 이미 있던 음성 운영체제를 활용했고 AI 스피커 업체 소노스Sonos 같은 기업은 알렉사나 구글 어시스턴트 또는 둘 다와 연결되는 AI 스피커를 만들었다. 이 시기에 언론의 관심은 이런 기기를 만들어낸 최신 기술에 대한 경탄과 이것이 가져올 새로운 사회적 위험에 대한 우려 사이를 오락가락했다. 그리고 기사들의 대부분은 AI 스피커가 '듣고' 대답할 수 있다는 사실에 주목했다.

AI 스피커들은 '알렉사', '헤이 구글', '시리' 등 이름이 불릴 때마다 녹음을 시작하여 약 60초 동안 소리를 감지한다. "알렉사, 지금 시카고 기온이 몇 도야?"라고 물으면 보통은 나긋나긋한 여성 음성이 바로 대답한다. "헤이 구글, 셰익스피어가 쓴 희곡이 몇 개지?"라고 하면 여성 음성은 37개라고 간결하게 답하고 조금 더 자세한 설명을 두 문장 덧붙인다. 이렇게 편리한 점만 있는 것은 아니다. 예기치 못한 사건도 종종 발생한다. 텍사스에 사는 6살짜리 아이는 알렉사로 170달러짜리 인형의 집과 설탕 쿠키 2킬로그램을 주문했다. 아이가 무심코 내뱉은 말이었는데, 이를 확인하거나 제어하는 장치가 전혀 없어 벌어진 일이었다.[4] 독일의 아마존 사용자는 그동안 자신이 기기에 대고 해온 대화 오디오를 요구했는데 생판 모르는 사람의 오디오 기록 1,700개를 받았다.[5] 알렉사 사용자 중에는 기기에서 갑자기 무시무시한 웃음소리가 났다는 사람도 제법 있다.[6] 그런가 하면 오리건주 포틀랜드에 사는 한 여성은 남편과 나눈 이야기를 에코가 그들도 모르게 녹음해 연락처에 있던 사람에게 보냈음을 알게 됐다.[7]

아마존은 이 문제들에 대해 나름 설명을 내놓았다. 부모가 상품 구매 보호용 암호를 걸어놓지 않았다거나 아마존 직원의 사소한 실수였다거나 알렉사가 웃으라는 말로 명령을 잘못 이해했다거나 말하기와 듣기가 드물게 동시에 일어나서 생긴 사고였다고 말이다. 포틀랜드 커플 사례에 대한 아마존의 공식 답변은 "이런 일이 일어나는 경우는 흔치 않고 우리는 그 확률을 더 낮출 방법을 강구하고 있다"였다. 음성인식 기업은 해커와 두더지 잡기whack a mole*를 하는가 하면 도청을 시도하는 사람에게 데이터를 유출할 수 있는 버그를 제거하려는 노력

---

* 미국에서는 문제를 처리하고 해결해도, 끊이지 않고 또 다른 문제가 발생하는 상황을 두더지 잡기라고 표현한다. 보통 비즈니스 용어로 사용된다.

보이스 캐처

도 한다. 어느 작가는 한 사생활 침입 사건을 "기술 공포증이 있는 사람에게 선사하는 가장 최신의 악몽"이라고 비꼬았다.[8]

그러나 AI 스피커와 음성인식 산업의 진짜 문제는 아직 제 모습을 드러내지 않았다. 이 시스템은 다음 예처럼 기업이 신체 신호를 활용해 이윤을 얻는 방향으로 발전해가고 있다.

- 아마존이 특허 서류에 첨부한 만화 그림에는 여자가 아마존 AI 스피커에 대고 "나 배고파"라고 말하며 기침하는 장면이 그려져 있다. 기기는 여자가 감기에 걸렸음을 암시하는 고르지 못한 말투를 감지한다. 적어도 부분적으론 사용자 목소리의 높낮이, 리듬, 발성, 떨림 같은 음성 데이터를 처리, 분석한 결과에 근거해서 말이다. 그에 따라 알렉사는 그 사람에게 "호박죽이 먹고 싶으신가요?"라고 묻고 "아니"라고 대답하면 한 시간 내에 배달해주는 소고기죽을 다시 권한다.[9] AI 프로그램이 누군가가 얼마나 자주 호박죽을 먹고 소고기죽을 사는 데 동의하는지를 학습하면 그 사람의 장단기 건강을 추론할 수 있게 된다. 이런 결론은 판매 전략적 가치가 있다. 음성을 통해 누군가 아프단 사실을 알면 처방제를 조언·주문·배달하는 아마존 약국이 수익을 올릴 수 있을 테니 말이다.[10]
- 알렉사가 AI 스피커로, "즐거웠다"라거나 "좋다"라는 '키워드'를 듣게 하는 특허도 있다. 알렉사는 그런 단어를 들으면 기기에서 원격으로 분석할 수 있는 전후 이야기를 포착하고 그 사람이 뭘 즐기고 좋아하는지 알아낸다. 그가 "샌프란시스코 여행이 정말 즐거웠다"라고 하거나 "난 힙합이 좋아", "난 주디가 좋아"라고 하는 말을 포착한다. 아마존은 키워드를 추적하는 방법으로 사람들의 정보를 쌓아 그들이 좋아하거나, 싫어하지 않는 것과

관련된 물건을 팔 수 있게 될 것이다. 아마존 광고팀은 그들의 마음에 들지 않는 걸 좋아하거나 즐긴다고 말하거나, 개인적이거나 문화적인 이유로 "즐거웠다", "좋다"라는 키워드를 사용하지 않고 만족감을 표현하는 사람에겐 상품을 제안하지 않을 수도 있게 된다.[11]

- 구글이 신청한 어떤 특허 기술은 '말투, 음색 같은 음성 특징'으로 방에 누가 있는지, 그들이 움직이고 있는지 다른 행동을 하고 있는지, 얼마나 조용히 그 일을 하고 있는지를 알아낼 수 있다. 구글은 부모가 아이가 자는지 아니면 속삭이듯 말하고 있는지를 멀리서 알 수 있는 상황으로 이를 설명한다. 후자의 경우는 "아이가 무슨 일을 벌이고 있다"는 뜻이니, 시스템이 부모나 다른 보호자에게 알려 이를 저지할 수 있게 한다. 구글은 이특허가 '스마트 홈' 사업이며 사용자가 음성과 간단한 터치로 하는 명령을 통해 조명, 온도 조절기, 잠금 장치 같은 기기를 실행하도록 하기 위한 것이라고 목적을 분명히 밝힌다.[12]

우리는 특허에 관해 다시 생각해볼 필요가 있다. 아마존, 구글 등의 거대 음성인식 기업은 오랫동안 이 사업을 해왔고 우리 사회는 앞으로 수세대 동안 그들의 혁신에 계속 영향을 받을 것이기 때문이다. 특허의 유용성을 분명히 보여주기라도 하려는 듯 아마존은 2020년 가을에 헤일로Halo 건강 밴드 출시를 발표했다. 헤일로는 사용자 어조를 분석하여 에너지나 긍정성 같은 특성을 분석할 수 있는 밴드다.[13] 아마존은 음성이 발산하는 감정을 의식하게 되면 사랑하는 사람이나 직장 상사와 더 건강한 방식으로 소통하려 노력할 거라고 밝혔다. 또한, 헤일로는 보안 장치가 마련돼 있어 그 분석 결과는 당사자 외 누구에게도 새 나가지 않을 것이며 수집된 음성 데이터도 절대 제3자가 사용하지 못한다고 했다. 하지만 이 책에서 앞으로 살피게 될 모든 사실을 놓고 보면 헤일로가 가진 능력은 감시 계획의 증거로 이해할 수밖에 없을 것이다. 수집된 음성 데이터는 여러 특허 기술에서 보듯 상품 판매 및 그 이상 영역까지 손쉽게 이동할 수 있기 때문이다.

그에 더해 음성인식의 특허 시나리오에 들어갈 힌트들도 준비됐다. 음성인식 기술은 아마존과 구글이 지금 하는 일을 이미 넘어섰다. 콜센터(또는 고객 센터) 사업은 사람마다 음성이 다르다는 사실을 확인해 줬다. 뉘앙스Nuance와 베린트Verint의 고객 센터는 통화했던 소비자 음성과 언어 유형을 평가하여 감정·정서·성격을 알아낸다. 기업은 생체정보를 소비자 이름과 연결해서 상담원에게 주기적으로 전달한다. 지갑을 쉽게 열면서 경직된 음성으로 말하는 고객에게 할인 혜택을 제안하라는 방식으로 말이다. 콜센터 소프트웨어는 수다스럽다고 판단되는 고객을 그런 사람들과 대화를 잘 나눈 이력이 있는 상담원에게 돌림으로써 그들이 더 많은 돈을 쓰게 하는 일도 꾸준히 해왔다.[14]

음성인식 기업들은 사람들이 음성 비서를 통해 일상에서 도움을 받을 수 있도록 지원한다고 한다. 하지만 기업의 장기적인 목표 중에는 음성 비서들이 개인이 무슨 말을 어떻게 하는지 분석하는 기계 학습machine learning 및 심층 신경망 프로그램과 연동하려는 것도 있을 것이다. 이는 설득할 만한 가치가 있는 사람들을 알아내고 그들을 어떻게, 언제 회유할지에 대한 방법을 찾아내기 위해서다. 지금 아마존과 구글은 음성 기술로 가장 많은 정보를 축적했지만, 아직 그 잠재력을 영업에 최대치로 활용하진 않았다. 음성 수집을 둘러싼 사회적 공포가 확산될지도 모른다는 우려를 기업은 무시할 수 없다. 하지만 고객 센터가 대중 시선에서 벗어나 있다는 자신감으로, 소비자 화법에 근거해서 소비자들을 대하는 일에 대범한 것도 사실이다. 이걸 보면 우리의 미래를 어느 정도 예측할 수 있다. 사람들이 가상공간에서 자신의 음성을 들려주는 데 익숙해지면 자체 음성 비서 시스템을 개발한 상점과 은행들은 고객의 음성을 활용해 이윤을 얻는 일에 부담을 덜 느끼게 될 것이다. 구글과 아마존도 이러한 미래에 자연스럽게 동참할 것으로 보인다. 그러면 우리는 각자 알아서 위험을 감수해야 할 것이고, 음성인식을 보호한다는 기업 이야기를 그대로 받아들여야 할 것이다.

기업은 사람들이 음성인식을 안면인식에 비해 쉽게 내줄 수 있는 생체정보라고 여긴다고 봤지만 우리는 날마다 진행 중인 음성 수집의 윤리적 문제들을 생각해봐야 한다. 우리는 음성 비서와 나눈 대화를 기업이 저장하는 것을 허용해야 할까? 그리고 수집된 음성이 우리도, 기업도 알지 못하는 일에 사용될 수 있다는 사실을 사회적으로 허용해야 할까? 콜센터 컴퓨터가 발신자의 목소리에서 분노를 미리 감지해 고객을 진정시킬 만한 말을 상담원에게 실시간으로 알려주는 일에는 아무 문제도 없는 걸까? 또, 기업들의 특허 신청서에 명시된 목적처럼 은행 콜센터가 음성에 담긴 감정을 분석해 그 사람의 대출 여부를 결정하는 일은 어떤가?[15]

정치 분야에서도 상황은 우려스럽다. 사실 사람들의 사생활을 추적하고 조작할 수 있는 미래는, 물건을 팔려는 기업 못지않게 정치 활동 영역과 정부 기관에서도 관심을 가질 만하다. 안면인식 감시 기술은 공공기관에서 보안 수단으로 활용되고 있지만 아직 일반 가정과 사생활까지 밀고 들어오진 않았다. 하지만 음성 기술은 사정이 다르다. 우리가 살아가는 공적·사적 삶에 첫발을 내디딘 생체분석 시스템으로 음성 수집이 주목받았고, 정치 홍보팀과 정부도 관심을 두기 시작했다. 다음 몇 가지 가능성만 봐도 이런 관심이 그리 놀라운 일은 아니다.

- 선거 조직이 유권자에게 전화를 걸었을 때 특정 정치적 메시지에 대한 사람들의 음성 반응을 초반에 감지해 그 데이터로 후보 신념을 설명할 방법을 그때그때 결정한다.
- 선거 홍보팀이 말 내용이나 음성 특징으로 판별해 극단적 주장에 개방적일 것 같은 유권자에게만 특정 광고를 노출한다.
- 경찰 당국이 공적 장소에 놓아둔 마이크에서 들리는 음성 패턴을 분석해 정치적 반감을 가지고 곧 폭력을 행사할 것으로 예측되는 사람을 탐색한다. 만약 그 사람이 폭력적인 대화를 하면서 국회의원의 이름을 말하면 국회의원을 보호하기 위해 그를 체포한다.
- 사법기관이 교도소에 수감하고 심문할 사람을 실제 그가 한 말만이 아니라 그 말을 한 방식으로 판단해 결정한다.

지금 같은 기술의 초기 단계에서는 이런 일이 절대 용납될 리 없을 것처럼 보일 것이다. 아마존의 알렉사, 구글의 구글 어시스턴트, 애플의 시리, 마이크로소프트의 코타나Microsoft Cortana, 삼성의 빅스비Bixby, 뱅크 오브 아메리카Bank of America의 에리카Erica 같은 음성 비서는 늘 친절하고 도움을 주며 해가 없어 보이니 말이다. 하지만 이런 기술에는 개인적·사회적 비용이 반드시 발생한다. 내가 이 책을 위해 인터뷰한 몇몇 내부자들에 따르면 현재의 음성인식 산업은 규모 확장 기간^{scale building period} 시점에 있다. 기업들은 유인할 기술과 경험을 만들어내는 중이며, 그 목적은 AI가 제시하는 제안에 수많은 사람이 익숙해지도록 하기 위함이라고 한다. 2018년 아마존의 한 간부는 이런 시도를 "우리는 기본적으로 어디에나 알렉사가 있는 세상을 꿈꾼다"라고 표현했다.[16]

일단 AI가 일상에 자리 잡고 공학자가 고객 데이터를 이윤으로 바꿀 최상 방법을 찾아낸다면, 기업들은 본격적으로 음성 데이터를 이용해 선별적 구매 제안을 시작할 것이다. 설령 사용자 대부분이 그 사업 모델이 존재하지도 않았을 때 가입했다고 해도 말이다. 기업은 모든 개인정보 보호법을 문자 그대로 따르면서도 새로운 외양을 걸치고 거리낌이 없어질 것이다. 사실 구글과 페이스북의 성장 뒤에도 이 고전적인 유인 상술이 있었다. 두 기업 모두 어마어마한 양의 사용자 데이터를 조작할 필요가 없었던 시기에 막대한 추종자들을 끌어들였다. 특히 페이스북은 네트워크 효과를 톡톡히 누렸다. 대부분의 사람들은 다른 소셜 네트워크보다 자기 친구들이 참여하는 소셜 네트워크를 이용하고 싶어 한다. 마침내 구글과 페이스북은 그들의 플랫폼에 모인 사람 수가, 광고주들을 끌어들이며 이들이 높은 가격을 지급할 정도로 충분히 커지자 자신들이 모은 방문자 정보를 가지고 개인화된 광고 사업에 나섰다. 사용자들 또한 그들이 이해도, 통제도 할 수 없는 데이터 흐름을 우려했다. 하지만 그때는 이미 도저히 떠나지 못하겠다고 느낄 정도로 일상에서 플랫폼들이 중요해진 후였다.

　오늘날 음성인식 기업과 고객사들이 규모를 확장하는 분야를 잘 들여다보면 선거 조직, 경찰, 정부 기관들이 음성인식을 앞으로 어떻게 활용할지도 조금은 이해할 수 있다. 책 뒷부분에서는 이런 목표를 염두에 두면서 주요 기업과 시장 전문가가 음성인식 기술을 설치, 시행, 찬양하려는 시도를 분석할 것이다. 하지만 우선 나는 사회적 틀을 사용해 시장 전문가가 왜 음성을 추적하는지, 음성인식 산업에 대한 고찰이 감시 기술 전반에 대해 우리에게 말해주는 것은 무엇인지를 설명하고자 한다.

기업들의 네 가지 핵심 전략

—

최근 사회적 모니터링과 개인정보 보호에 대해 학계와 언론의 조사가 상당히 많이 이루어졌다.[17] 아무 제재도 받지 않고 멋대로 수집한 데이터를 차별적이고 투명하지 않게 이용한 결과에 관해 쓴 글도 많다.[18] 하지만 사람들을 제재 활동에 참여시키는 힘은 그동안 별로 주목받지 못했다. 어떻게 사람들이 산업의 감시 목적에 따라 기술을 사용하도록 유도하고, 디지털 감시를 우리의 일상적 습관으로 바꾸며, 거기서 벗어나는 일을 기업들이 얼마나 어렵게 만드는지에 대해서 우리는 아는 게 거의 없다. 이 책에서는 이런 과정들을 살피면서, 빠르게 성장하고 있는 한 산업 분야를 자세히 들여다볼 것이다.

이를 위해 음성인식 산업의 틀을 이루는 네 가지 기업 전략을 집중적으로 살피고자 한다. 첫 번째 전략은 21세기 시장의 상당 부분을 이끌어가는 '개인화의 소용돌이spiral of personalization'다. 두 번째 전략인 '길들이기식 감시seductive surveillance'는 사람들이 기기가 가진 매력을 과대평가하고 꺼림직한 기능은 가볍게 무시하게 하고, 이들을 기업이 제공하는 기술로 끌어들인다. 세 번째 전략인 '습관화habituation'는 기업이 제공하는 기술을 사람들이 꾸준히 사용하도록 한다. 네 번째 전략은 '체념resignation'으로, 사람들이 디지털 감시가 찜찜하긴 하지만 도저히 피할 수는 없다고 믿게 해서 신기술을 계속 사용하게 만든다. 네 전략을 모두 분석해보면 지금 우리에게 무슨 일이 벌어지고 있는지 그리고 이에 대해 우리가 할 수 있는 일은 무엇인지를 이해하는 데 도움이 될 것이다.

개인화의 소용돌이는 새로운 시장 질서를 이끄는 정신이다. 기업은 경쟁에서 앞서가려면 기존 소비자와 잠재 고객에 관한 데이터를 최대한 많이 모아서 그들 각자에게 개인화된 메시지를 전달하고 상품 제안을 해야 한다고 믿는다.[19] 그런데 기업들은 늘 자신의 목표 대상에 대해 충분히 알고 그 대상에게 충분히 효율적으로 다가가고 있다고 느끼지 못한다. 그래서 사람들의 삶에 더 깊게 파고들어 새로운 형태의 정보를 제공하는 음성인식 같은 기술에 항상 목말라 한다. 오늘날의 신기술도 머지않아 고객에 대한 더 깊숙한 정보를 찾아내려는 욕구를 만족시키지 못하게 될 것이고 이는 다음 단계의 혁신을 불러올 것이다. 음성 수집을 그보다 더 깊숙이 침범하는 기술과 연결하는 식으로 말이다. 끝없는 개인화의 소용돌이를 그대로 방치한다면 기업은 사회적 비용 같은 건 신경도 쓰지 않을 것이고 개인 감시를 무한히 늘려가게 될 것이다. 여기서 사회적 비용이란 업계가 소비자에게 가장 큰 선물이라 주장하는, '선택할 수 있는 자유'가 줄어드는 결과를 말한다.[20]

판매 전략이라는 측면에서 볼 때 개인화는 오래된, 그리고 새로운 전략이다. 19세기 이전 북미 지역의 노점 상인은 고객을 이해하고 이를 바탕으로 물건을 팔았다. 제한된 구역에서 판매하는 것을 목표로 같은 마을에 정기적으로 가서 그곳 고객들과 관계를 쌓아가는 방식이었다. 노점 상인은 본인이 아는 손님에게 물건을 제안하고 흥정하여 마침내 적정 가격을 찾으면 그 손님에게 판 최종 가격을 따로 적어두었다가 다음에도 같은 가격을 적용했다. 거래가 반복될수록 기업과 소비자 모두 정직하고 공정한 거래를 해야 한다는 분위기가 형성됐었다. 19세기부터는 소비자가 작은 전문 상점, 식료품점, 잡화점으로 발길을 돌리면서 북미 지역의 노점 사업은 쇠퇴를 맞았지만, 상점 주인이 구매자 정보에 기초한 개인화 전략으로 물건을 권하고 가격을 제시하는 방법은 그대로 이어졌다. 하지만 19세기 말과 20세기 초에는 소규모 가게들이 많은 점원을 거느린 백화점과 대형 식품점에 점점 자리를 내어주게 됐다. 주인들은 점원에게 소비자를 판단하여 거래를 성공적으로 끌어내는 역할까지는 맡기기 힘들었다. 이런 어려움을 타개하기 위해 대형 마켓 주인은 그가 파는 상품을 전부 꺼내놓고 가격을 누구나 볼 수 있게 써 붙였다. 그 결과로 20세기 소매업 환경은 '민주화'됐고, 매장에 들어온 손님은 누구나 다른 손님과 똑같은 물건을 똑같은 가격에 볼 수 있게 됐다. 물론 소매업 세상은 그들의 주장처럼 민주적인 것과는 거리가 멀었다. 인종적·민족적으로 분리된 도시에서는 동네마다 확연히 다른 제품과 가격을 보게 되는 경우가 많았다. 개인화 전략으로 물건을 파는 소상인도 분명히 존재했지만, 소비자 평등은 이상理想이었고 개인화된 거래는 변방으로 밀려났다.[21]

최대한 많은 소비자에게 호소하는 일은 20세기에 떠오른 광고 산업의 목표이기도 했다. 광고 자체는 수천 년 전부터 존재했다. 광고업자를 가리켜 세상에서 두 번째로 오래된 직업이라고 말하는 사람도 있을 정도다. 하지만 당시의 광고는 대부분 물건을 만든 사람이 직접 나서서 하거나, 누군가를 고용해 소수 사람이 읽는 신문, 책, 잡지에 실을 광고 문구를 쓰게 하는 활동에 불과했다. 이런 방식은 19세기 산업혁명의 물결 속에서 우리가 지금 아는 광고 산업이 탄생하며 변화를 맞았다. 이 시기에 획일화된 생산법이 새롭게 등장하면서 공장마다 전에는 손으로 만들던 모든 종류의 물건을 대량으로, 그리고 전보다 훨씬 낮은 가격에 만들 수 있게 됐다. 생산력이 급격히 증가하면서 비슷한 물건을 만드는 기업들의 경쟁은 더 치열해졌고 그들은 판매를 늘리기 위해 광고에 의지했다. 그 시기, 광고업자들은 도시마다 이민자가 모여들면서 새로운 이민자 고객을 대상으로 한 가게가 많아졌다는 점에 주목했다. 그리하여 수만, 수십만 중산층과 중상층이 구독하는 《새터데이 이브닝 포스트Saturday Evening Post》 같은 잡지와 《뉴욕 월드New York World》 같은 신문에 광고를 실었다. 잡지사나 신문사는 구독자 수를 늘리기 위해 구독료를 보통 배달료 정도만 받았고, 그 외 비용은 광고주들이 많은 잠재 고객을 만나는 대가로 지급하는 광고료에서 충당했다. 1920년대에 시작된 상업 라디오와 1940년대에 시작된 상업 텔레비전도 처음엔 같은 모델을 따랐다. 이 경우에 대중들은 한 푼도 낼 필요가 없었고, 그들은 라디오를 사서 플러그를 꽂고 다이얼을 돌리기만 하면 됐다. 대중을 만나고 싶던 광고업자들은 이들에게 재정적 지원을 아끼지 않았다.[22]

주요 광고 스폰서 기업은 되도록 많은 대중을 상대로 하는 대량 판매 시장에 초점을 맞췄지만, 일부 기업은 훨씬 작은 규모의 판매 영역을 고수하는 전략으로 번창했다. 작지만 중요한 영역에 있는 기업들은 개인화 전략을 썼다. 이들은 개인 데이터를 최대한 많이 알아내는 노점상 전략을 쓰지만, 개인과의 접촉이 아닌 조사를 통해서 그 일을 수행했다. 이런 기업 중에는 19세기 말에 등장한 신용조사 기관이 대표적이다. 신용조사 기관은 할부로 물건을 구매하려는 사람의 신용이 어느 정도인지를 기업을 위해 알아내는 일을 한다. 이들 기업 중에는 채무자, 연체자 블랙리스트를 찾아내는 일이 전부에 가까운 기업도 있었지만 나름 평가 시스템을 개발해 수천 명의 대금 지급 능력을 추정한 자료로 책자를 만드는 기업도 있었다.[23] 기관들은 20세기 전반에 우후죽순 생겨났고 1980년대에 이르러서는 몇몇 기업이 효율적인 컴퓨터를 활용해 신용 정보를 수집, 저장하는 방법으로 앞서면서 다른 경쟁 기업들을 인수했다. 그렇게 탄생한 전국 규모의 신용조사 기관 세 곳은 1억 명 이상의 데이터베이스를 갖고 있었다.[24] 중세시대 노점상과는 달리 거대 신용조사 기관들은 그들이 조사한 사람들과 일면식도 없었다.

다른 기업과 미디어 업계도 대중 시장의 특정 부분에 초점을 맞췄지만 신용조사 기관처럼 개인화 전략을 취해 목표 고객을 구체적으로 정하거나 그들과 상호 작용을 하진 않았다. 출판이나 방송 기술로는 기사나 프로그램을 개인화된 데이터로 만들거나 전달할 수 없었다. 대신 그들은 금전적 쓸모가 있을 정도로 규모가 큰 특수 인구 집단(농부, 대학생, 다른 언어를 쓰는 이민자, 아프리카계 미국인, 종교 집단, 부유층 등)을 분류해 각 인구 집단에 인기 있거나 필요한 상품을 선전하는 데 활용했다. 상호 강화 과정에서 잡지, 신문, 지역 라디오 방송국, 지역 텔레비전 방송국은 구독사/시청자가 가진 구매 습관을 알기 위해 설문 조사를 시작했다. 그들은 그 내용을 다듬어 광고주를 최대한 많이 끌어들였다. 제2차 세계대전이 끝나고 나서 수십 년간 판매 기업과 미디어 기업은 사람을 성별, 수입, 인종, 나이만이 아니라 사냥, 스키, 반려동물 키우기처럼 선호하는 라이프 스타일과 정치적, 문화적 가치로도 분류하기 시작했다. 그리하여 '시장 세분화segmentation'란 말이 판매 기업과 미디어 기업 사이에서 유행어가 되기에 이르렀다.

1980년대에 케이블 채널이 급성장하면서 시장 세분화도 덩달아 가속화됐다. 미디어 기업은 특정 집단을 하나로 묶어 잠재 고객으로 삼았고, 광고의 성공은 잡지의 특정 호를 구매하거나 특정 프로그램을 보거나 옥외 광고판을 지나다니는 표적 인구수에 달려 있었다. 광고하는 기업과 구독자/시청자의 상호 관계는 완전히 일방통행이었다. 구독자/시청자가 광고와 상호 작용하는 방식은 드물고 상당히 지연됐다. 대신 미디어와 기업은 우리에게 익숙한 닐슨의 시청률 조사와 같은 다양한 형태로 성공 여부를 측정했다. 기업이 특정 인구 집단 또는 심리 집단이 충분히 크고 매력적임을 확인할 경우에는, 아예 인기 상품을 변형한 하위 브랜드까지 만들어 그들에게 팔았다.

1993년, 미국의 주간 광고 잡지 출판사 애드위크^{AdWeek}가 "수천만 대의 개인 컴퓨터에서 인터넷을 사용할 수 있다"라고 신호탄을 터트 렸고, 그 뒤로 웹에 투자한 기업은 시장 세분화 전략에서 이탈해 떠돌 이 노점상 시대 이후 최초로 개인화 전략을 광범위하게 추진하기 시 작했다.[25] 컴퓨터를 이용해 개인마다 다른 메시지를 만드는 일은 전 통 미디어는 흉내 낼 수 없을 정도로 효율적이었다. 처음에는 개인화 전략도 시장 세분화 전략과 같은 사회적 범주를 활용했지만, 점점 개 인의 배경과 라이프 스타일을 인터넷 안팎에서의 특정 행동과 연결할 수 있게 했다. 이런 능력은 인터넷 산업이 쿠키(웹사이트의 방문 기록을 남겨 사용자와 웹사이트 사이를 매개해 주는 정보) 등의 태그를 만들면서 시 작됐다. 이런 태그 덕분에 퍼블리셔(인터넷상에서 정보나 콘텐츠를 수집하 고 이용자에게 정보를 제공하는 서비스를 수행하는 사람 혹은 프로그램)는 개인 이 그들의 웹사이트와 다른 디지털 공간에서 활동하는 모습을 따라다 니며 기록하고 저장할 수 있었다.

퍼블리셔는 사용자가 이메일 주소와 비밀번호로 로그인을 하게 하면서 그들의 방문자 이름과 주소를 알아냈다. 그걸 알면 인터넷으 로 데이터를 수집하는 중개인에게 방문자의 성별, 나이, 수입, 구매 습 관에 대한 더 많은 정보를 살 수 있다. 퍼블리셔는 광고주에게 그들이 염두에 두고 있거나 그들이 원하는 특성을 보인 집단에 접근할 수 있 게 해줬다. 미디어 기업은 종종 광고주를 상대로 특정 관심사와 구매 력을 가졌고 특정 지역에서 접속하는 웹, 최근 점점 늘고 있는 앱, 디 지털 텔레비전과 라디오의 사용자를 실시간으로 경매에 부치기도 했 다. 고급 SUV를 몰 여유가 있는 워킹맘은 신형 자동차 시장의 잠재 고객이 된다. 광고 및 광고 내용과 개인의 상호 작용을 즉석 평가하는 일도 흔해졌다. 같은 사이트에 동시 접속한 두 사람은 퍼블리셔가 그들 각자에 대해 수집한 데이터에 따라 분류한 서로 다른 상품, 소개글, 가격, 할인 쿠폰을 볼 수 있는 것이다. 특정 건강과 금융 정보 영역을 제외하면, 디지털 영역에서 사람들에 관한 데이터를 모으고 교환하고 사용하는 데 관여하는 국가 차원의 규제는 거의 없다. 지금까지 미국의 연방거래위원회는 사람들의 네이터를 이용하는 기업들에 사람들에게 경고문을 고지하고, 그 사이트나 앱을 떠나도록 하는 선택지를 제시하기를 권장했다. 어쨌든 형식적으로나마 유일한 선택지를 제시한다는 원칙으로 스스로 규제하도록 장려한다는 것이다.

최근 수십 년간 주요 산업은 개인화를 발판으로 성장했다. 2019년, 컨설팅 기업 가트너Gartner는 개인화 시장을 "디지털 상품 판매 및 고객 경험에 중점을 둔 애플리케이션 리더들이 가장 중요하게 여기는 것이다"라고 했고, 그 뒤로 개인화 시장은 더욱 탄력을 얻었다. 개인화에 대한 가트너의 포괄적인 개념은 단순히 개인을 전통적인 시장 세분화 범주와 연결 짓는 걸 넘어 기업들이 다가가는 순간 개인이 어디에 있는지, 다른 물건과 함께 사고 싶은 물건이 뭔지, 좋아하는 브랜드, 자주 참여하는 이벤트, 가장 좋아하는 판매처, 가장 많이 쓰는 물건 등이 무엇인지까지 포함하는 개념이다. 가트너는 개인 관심사와 취미, 가족 관계, 의견과 태도, 페이스북이나 인스타그램 같은 소셜 미디어상의 친구, 심지어 집에서 사용하는 기기(AI 스피커, 온도 조절기, 조명 등) 중 어떤 기기가 인터넷과 연결돼 있는지를 알면 고객 일상에 대해 포괄적인 데이터 파일을 만들 수 있다고 제안한다. 가트너에 따르

보이스 캐처

면 이 모든 데이터는 고객 관계 관리CRM, customer relationship management 시스템에서 얻을 수 있고, 여기서 상세한 고객 데이터를 전방위로 꾸준히 관찰할 수 있다. 데이터를 이용해, 취미로 요리를 하는 여성과 같은 특정 집단을 표적으로 광고할 수도 있다. 하지만 데이터는 점점 특정인 또는 가트너가 개인의 '페르소나와 동기 요인'이라 부르는 데이터를 수집해 이를 바탕으로 광고하는 쪽으로 옮겨가고 있다.[26]

시장 전문가는 빅데이터라는 용어를 자주 사용하는데, 이는 고객을 개인화된 데이터로 추론하고자 수집한 데이터가 엄청나게 방대하며 그 처리 속도도 빠르다는 사실을 설명하는 말이다. 새로운 수준의 구체성은 잠재 고객을 여러 덩어리로 나누어 덩어리마다 다른 방식으로 접근하는 시장 전략이 이제 점점 구식이 돼가고 있다는 뜻이었다. 2017년, 한 데이터 분석실장은 "데이터 과학은 시장 세분화라는 개념을 통째로 뒤흔든다"라고 말했다.[27] 그가 말하는 목표는 구매자 개개인에 관한 데이터 조각을 긁어모아 그들의 행동을 예측하고 그들에게 효과적으로 물건을 팔 수 있는 구조를 짜는 일이다. 이 방법에는 예측 분석predictive analytics이라는 복잡한 수학적 도구가 필요하다. MIT 컴퓨터 공학 교수 알렉스 펜틀랜드Alex Pentland는 이 분야 전문가들은 데이터 마이닝data mining, 로지스틱 회귀logistic regression, 클라우드 컴퓨팅cloud computing을 이용하며, 이들은 '사람들이 돌아다니면서 남기는 작은 데이터 부스러기'로 타인의 일상을 추적한다고 설명했다. 카탈리나 마케팅Catalina marketing은 사람들의 구매 동향을 조사하는 기업인데, 이들은 2015년 온라인 소개 글에 "소비자마다 매년 구매하는 물건 목록이 꼭 지문처럼 제각각이다"라고 이를 표현했다. 기업과 퍼블리셔는 구매 흔적에 관한 데이터와 점점 복잡해지는 수학 모델을 이용해, 출시 예정인 상품의 구매 확률이 높게 나온 개인들의 프로파일을 만들고 그들이 특정 광고를 클릭할 확률을 계산했다. 그리고 그들에게 특정 상품을 보여줄 가치가 있을지 예측했다.[28] 에릭 슈미트^{Eric Schmidt}도 구글 CEO였을 때, 구글이 모은 개인 데이터는 "당신이 대략 어떤 사람인지, 어디에 관심을 두는지, 친구는 어떤 사람인지를 당신 자신보다 더 잘 알 수 있게 해준다"라고 말한 바 있다.[29] 예측 결과들은 결국 물건 판매에 이용된다.

빅데이터의 작은 결함은 슈미트가 사용한 '대략'이라는 말에서 드러난다. 개인화 추진의 목표는 옛날 상인이 개발한 고객 이해 전략을 능가하는 것이지만 기업이 수집한 사람들과 다른 사람들이 하는 행태에 관한 데이터 분석 결과는 사실과 완전히 동떨어질 때가 종종 있다. 수집한 데이터에는 최신 정보가 빠졌을 수도 있고, 그 자료가 한 사람의 데이터가 아닌 컴퓨터나 스마트폰을 공유하는 여러 사용자의 자료가 한데 섞인 것일 수도 있다. 사람 이름을 혼동할 수도, 디지털 기업들을 헷갈리게 하려고 사람들이 실제 나이·수입·성별에 관해 거짓말할 수도 있다.

광고주로서는 클릭 사기와 광고 차단이라는 잘 알려진 문제 역시 불안하다. '클릭 사기'는 광고를 올리는 도메인 주인이 광고를 클릭하는 방문자 수에 따라 돈을 받는 광고에서 일어나는 범죄다. 특정 사이트나 앱 주인이 사람을 사거나 자동화된 스크립트를 만들어 광고를 클릭하게 하는 식으로 속임수를 써서 돈을 버는 것이다.[30] '광고 차단'은 소프트웨어나 컴퓨터 하드웨어를 사용해서 웹페이지나 앱에서

보이스 캐처

광고를 제거하는 일이다.[31] 업계는 이런 행위를 보이는 이유에 대해 갑론을박하며 다양한 해결책을 시도했지만, 광고 차단으로 상당한 경제적 손실이 일어난다는 사실에는 이구동성으로 우려를 나타냈다.[32] 2018년, 어도비[Adobe]가 실시한 연구는 전 웹사이트 광고 트래픽 28%가 클릭 사기임을 밝혀냈다.[33] 2017년, 주니퍼[Juniper] 컨설팅에서 작성한 보고서는 2018년 한 해 동안 발생한 클릭 사기가 9% 정도에 불과하다고 추정했지만, 그 정도 비율만으로도 약 190억 달러의 손실이 생긴다. 사기를 당하지 않기 위해 별별 수단을 다 동원한 결과가 그렇다.[34] 주니퍼는 2022년까지 사기 피해 규모가 연간 440억 달러에 달할 것이라고 추산했다. 광고 차단도 마찬가지다. 디지털 마케팅, 미디어 및 상거래와 관련된 데이터를 제공하는 시장 조사 기업 이마케터[eMarketer]는 2018년에 미국 인터넷 사용자의 4분의 1(약 7,100만 명)이 최소한 한 기기에서 꾸준히 광고를 차단한다는 사실을 알아냈다. 그리고 "소비자가 디지털 광고 경험에 불만을 표출하면서 이 비율은 계속 올라갈 것이다"라고 했다.[35]

가트너는 2019년 11월에 작성한 보고서에서 모든 문제에 직면한 기업들은 하는 개인화를 위해 노력하지만 그것을 소비자 신뢰의 지속적인 감소와 규제 당국의 감시 강화에 꺾이는 경우도 많다고 평가했다. 가트너의 시장 분석 책임자는 "소비자는 자신에게 접촉하려 애쓰는 기업들을 점점 좋지 않은 시선으로 바라보게 됐고, 점점 광고로 도배되는 이메일 수신함과 스마트폰 알림 센터에 지친 소비자는 아무리 정교하게 개인화된 메시지라도 무시하게 될 수 있다"라고 설명했다. 더욱 중요한 것은 기업의 4분의 1 정도가 개인화의 장애물이 데이터 수집, 통합 및 보호가 부족하기 때문이라고 믿는다는 가트너의 조사 결과다. 2025년까지 개인화에 투자한 판매자의 80%가 투자 수익률 ROI, return on investment의 미미함이나 데이터 관리 위험, 혹은 두 가지 모두를 이유로 더 이상 노력을 하지 않으리라고 전망했다.[36]

앞서 말한 결론은 가트너가 쓴 다른 보고서 내용과 모순된다. 이 책을 집필하기 불과 몇 개월 전에 가트너는 개인화된 소통이 중요한 이유를 복음처럼 전파했다. 그들은 2019년 4월 〈스마터 위드 가트너 Smarter with Gartner〉라는 코너에 "고객은 기업들이 자신을 알아주기를 기대하고 자신의 경험이 개인화되기를 원한다"라고 썼다. 데이터 사용을 둘러싼 긴장은, 무슨 데이터를 어디에 무슨 맥락으로 사용할지를 고객에게 미리 솔직하게 밝힘으로써 완화할 수 있다고도 말한다. 이것은 정부의 데이터 사용 투명성에 대한 요구와도 부합한다. 하지만 중요한 대목은 "정체성 데이터와 행동 데이터를 결합한 조직은 그렇지 않은 조직을 앞지를 것이다"라고 한 것이었다.[37] 가트너는 개인화된 서비스의 종말을 예견한 2019년 11월 보고서에서도 기업에 개인화 전략을 지속할 것을 권했다. 대신 전보다 더 조심스럽게 사용하고 기업 내 집단 의견들을 더 많이 수용하라고 했다. "모두가 공동으로 개인화를 위한 노력을 해나간다면 공통의 혜안을 얻을 뿐 아니라 종합적 영향력과 투자 수익률도 늘릴 수 있을 것이다"라면서 "2024년까지 AI가 하는 감정식별 결과가 많은 온라인 광고에 영향을 줄 것이다. 아마존, IBM, 월마트 같은 기업은 생체감지기biosensor와 인공감성지능AEI, artificial emotion intelligence을 결합해 사람들이 보이는 감정 상태를 알아내고 이를 바탕으로 그들이 하는 구매 결정에 영향을 미치는 미

보이스 캐처

래를 그리고 있다"라고 예측했다.[38]

앞서 가트너가 언급한 우려 지점들은 개인화 전략에 대한 포기가 아니라 오히려 이것이 절대 끝나지 않고 지속되리라는 사실을 보여준다. 예상한 대로, 이 책을 쓰기 위해 내가 인터뷰한 기업들은 음성인식이 웹, 앱, 소매점 등 사방에서 잠재 고객을 추적하는 일에 대해선 별다른 언급을 하지 않았다. 소프트웨어 개발자 모임을 조직하는 모데브Modev 창립자인 피터 에릭슨Peter Erickson은 음성 기술 개발자를 위한 콘퍼런스를 개최했는데, 거기서 그는 음성이 지금 개인화 시스템을 대신하는 게 아니라 "이 시스템이 소유한 가치를 올린다"라고 했다.[39] 하지만 기업은 음성 기술의 부상을 완전히 새로운 시작으로 본다. 그들의 데이터 과학자들이 AI로, 사기와 같은 이전의 개인화에서 파생한 문제를 일으키지 않으면서 소비자의 정체성과 성향을 전례 없는 수준으로 재빠르게 파악하리라고 기대하는 것이다. 일부 연구에 따르면 음성인식은 개인이 선택한 단어, 단어와 단어 사이를 잇는 체계적 관계만이 아니라 사람마다 다르고 절대 거짓말을 할 수 없다고 하는 음성이 드러내는 생리학적 특징까지 측정해 데이터화할 수 있었다.

이제 잠재 고객을 파악할 새로운 기회를 얻게 됐다는 희망과 더불어 개인화를 향한 치열한 다음 경쟁이 시작됐다. 음성으로 감정 상태를 추론하는 일은 새로운 단계의 핵심이 된다. AI 기업 어펙티바Affectiva의 경영진은 인간 감정을 읽고 고객 경험을 실시간으로 음성 기술에 적용하는 일은 "시장 판도를 바꿔놓을 것이다"라고 말했다.[40] 콜센터 기업 경영진들도 음성 기술을 이용한 개인화된 서비스가 새 시대를 열었고 그 중심에는 감정 분석이 있다고 본다. 전화 응답 기술을 제공하는 클라라브릿지^{Clarabridge} CEO는 새로운 음성 기술이 전화 발신자가 가진 충성도를 말해주는 수고, 감정, 정서, 의도 같은 주요 지표를 식별하도록 도울 것으로 내다봤다. 또 다른 기업 대표는 "이 새로운 개인화 능력은 이미 AI로 사람들이 하는 말에 갖춘 심층적 의미를 학습하여 이익을 얻고 있다"라고 못 박았다.[41]

기업 규모가 크든 작든 모두가 개인화의 다음 단계를 만드는 데 혈안이 돼 있다. 그들은 컴퓨터의 AI로 고객의 음성을 채집하려는 새로운 계획을 짜고 있다. 이는 과거 상인들이 했던 1 대 1 방식의 개인화 전략과 유사하지만, 사실 고객에게는 불리한 시스템이다. 그리고 기업은 고객이 자신들이 만들어놓은 상황을 잘 이해하지 못하게 노력하고 있다. 이 신세계를 우리는 곧 '청중의 산업적 구축^{industrial construction of audiences}'이라 부르게 될 것이다. 우리가 누군지를 다수 조직이 협력하여 축조해내게 된다. 각 조직이 소프트웨어, 하드웨어, 개인에 관한 데이터를 제공하고, 어떤 주어진 상황에서도 우리의 상업적 가치를 예측할 개인화된 정보를 만들 것이다. 이때, 유용한 데이터를 캐내는 방법은 훈련 세트라 부르는 표본을 바탕으로 기계 학습을 시키는 것이 일반적이다. 일단 두 부류(경직된 음성으로 말하는 사람과 그렇지 않은 사람)의 훈련 세트를 만들고, 특정 알고리즘(어조, 빠르기, 강조, 멈춤 등 발화에 관한 다수의 데이터 포인트에서 패턴을 찾아내는 동적 공식)에 데이터를 집어넣는다. 어떤 발화는 성격이 너무 복잡해 특별한 지침을 가진 컴퓨터만 데이터를 풀어낼 수 있다. 그 알고리즘은 화자의 음성이 경직된 그룹에 속하는지 그렇지 않은 그룹에 속하는지를 알려주는 (일정 수준의 통계적 신뢰도로) 미묘한 표식을 감지하도록 학습했으며, 추후에 새로운 표본으로도 똑같은 일을 할 수 있다고 하자. 그럴 경우 다음 단계는 경직된 음성으로 말하는 그룹이 특정 물건을 구매할지, 대출금을 갚지 않을지, 그 외 기업이 중요하다고 여기는 다른 행동을 할 가능성이 더 큰지를 알아내게 될 것이다. 또 그다음 단계에서는 그렇게 알아낸 사실을 개개인에 관한 다른 데이터와 연관 지을 수도 있다. 여기에 성별, 지리, 직업 등 데이터를 추가한다면 경직된 음성으로 말하는 사람들이 특정 음식을 더 많이 사거나 물건 반품을 더 자주 할 가능성이 큰지를 예측하기가 더 쉬워진다.

이보다 더 복잡하게 짜인 기계 학습도 있다. 딥러닝deep learning이라는 방법은 현상을 여러모로 살펴서 패턴을 찾아내는 다층 알고리즘을 이용한다. 한 층은 음성의 주파수 대역에 집중하고 또 다른 층은 음절이 사용되는 방식에 집중하는 식이다. 그후에 패턴들을 같이 분석하고 전체적 결론을 끌어낸다. 음성 수집을 낙관적으로 보는 사람들은 이 기술로 의료 서비스 제공자가 파킨슨병이나 외상 후 스트레스 장애 같은 질병을 찾아낼 수 있다는 점에 주목한다. 카네기멜론대학교 컴퓨터 공학자 루이-필리프 모랑시Louis- Philippe Morency가 이끄는 연구팀은 음성으로 자살 위험 수준까지 알아낼 수 있다고 주장했다.[42] 이들은 자살 시도를 한 사람이 부드럽고 숨소리가 섞인 음성으로 말할 경우에, 날카롭고 화난 음성으로 말한 경우보다 자살을 재시도할 가능성이 더 크다고 결론지었다.[43] 이런 시도는 매우 흥미롭지만, 과학은 아직 기나긴 여정의 출발점에 서 있다. 연구 결과의 정확성에는 많은 의문이 있는데, 음성 자체보다 그들이 사용하는 도구나 테스트 환경 등의 요인이 결과에 영향을 미쳤을 수도 있다. 또 다른 문제는 신뢰도 수준이다. 결과가 통계학적으로 얼마나 의미 있어야 자살을 시도한 사람의 음성을 확인하는 사회 프로그램을 작동할지도 불분명하다. 90% 정도면 음성지문을 채취해 누군가의 삶을 교란해도 될 정도로 충분한가, 아니면 99%는 돼야 하는가? 알고리즘 편향도 걱정스럽다. 훈련 세트가 충분히 크거나 다양하지 않다면 결론은 전체 인구를 반영하지 않고 차별로 이어질 수도 있다. 자살 시도에 대한 훈련 세트가 정신적 상태와 상관없이 본래 숨소리가 많이 섞인 음성을 가진 사람을 지목한다면 어떨까? 만일 음성을 바탕으로 한 사회 정책이 이런 사람들을 반복적으로 자살을 시도하는 사람이라고 규정한다면 그들과 그들의 가족에게 불필요한 정신적 외상을 일으킬지도 모른다. 이런 차별은 인종 및 성별과 직결되는 경우가 많다. 워싱턴대학교의 라이언 칼로Ryan Calo 교수도 기계 학습이 인종과 성별 편향을 일으킨다고 주장하는 수많은 관찰자 중 한 명이다.[44]

여러 가지 우려에도 기업은 고객 센터를 시작으로 음성인식을 향해 힘차게 진군 중이다. 음성인식 소프트웨어 개발사인 보이스센스Voicesense CEO는 "오늘날 우리는 완벽한 성격 프로파일을 만들 수 있습니다"라고 했다. 보이스센스는 사람들이 지닌 음성지문으로 채무 불이행, 보험금 청구 가능성, 투자 방식 등을 정확하게 예측할 수 있다고 주장한다. 콜마이너CallMiner라는 전화 분석 기업의 대표도 그 못지않게 대담했다. 그는 "우리의 비전은 조직이 고객과 하는 대화에서 의미 있고 당장 활용 가능한 데이터를 추출하도록 힘을 실어주는 일입니다. AI는 이런 능력을 광범위하고 효과적으로 제공하는 데 주춧

보이스 캐처

돌이 돼주었죠"라고 한다.

마케팅 도구로서의 음성인식

—

당신은 기업이 추구하는 개인화 전략에 많은 사람이 불안해한다고 생각할지도 모른다. 개인정보 보호 및 데이터 유출에 대한 우려가 뉴스를 장식하고 국회의원의 입에 자주 오르내리니 말이다. 따라서 지금 산업이 가진 패를 다 내보이진 않았더라도 미국 사회에 음성인식을 계속 밀어 넣는다면 사람들은 격분할 것이다. 현재 고객 서비스 센터에 전화 걸면 컴퓨터가 음성을 분석하고, 기업은 그 내용을 고객 응대에 활용한다. 이런 사례가 많다는 사실을 아는 사람은 별로 없지만, 결국에는 산업이 가리고 싶어 하던 장막은 걷히게 될 것이다. 아마존, 구글, 애플, 삼성, 뱅크 오브 아메리카 같은 기업의 음성인식 담당 실무자는 예민한 환경을 이미 충분히 고려하고 있을지도 모른다. 가트너가 2018년《월스트리트 저널》에 발표한 연구 결과만 봐도 그렇다. 영국, 미국에서 4,000명을 대상했던 이 연구의 63%가 "AI가 지속해서 자신이 하는 말을 듣고 자신에 대해 파악하기를 원치 않았다"라고 했다.[45]

여기가 바로 길들이기식 감시가 개입하는 지점이다. 디지털 사회의 실행 윤리를 연구하는 피넬로피 트롤리누Pinelopi Troullinou는 2017년에 발표한 박사 논문에서 길들이기식 감시라는 용어를 발표했는데,

이는 잠재 고객에게 기기로 이루어지는 시장 감시에 대한 온갖 우려를 무시할 만큼 매력적인 기기·가격·가능성을 묶음으로 제시하려는 노력을 말한다. 그는 사람들이 스마트폰 기업 같은 조직이 자신의 말을 계속 엿듣도록 허용하는 활동에 기꺼이 참여하는 이유를 이 용어로 설명했다.[46] 기업이 감시 활동을 통한 개인화를 추진해온 이래로 음성인식에 관심을 가진 기업들은 사람들이 감시 활동을 미심쩍게 생각하면서도 계속해서 기기를 구입하고 작동시키는 환경을 만들고 싶어 했다.

음성 실무자들은 음성인식 기기를 사용하는 행동을 평범한 습관으로 만드는 일이 길들이기식 감시로 향하는 최선의 방법이라고 생각한다. 사실 학계에서 이런 접근법은 이미 익숙하다. 20세기 프랑스 사회학자 피에르 부르디외Pierre Bourdieu가 일상을 반복하고 습관을 좇는 인간 성향을 아비투스habitus라는 개념으로 설명한 것은 매우 유명하다. 그는 "규칙에 복종시키는 방식이 아니라면 인간 행동을 어떻게 규율할 수 있을까?"라고 물었다. 그가 내놓는 대답은 규율에 따른 행동은 각 개인이 자신이 속한 사회적 지위(자본) 및 사회 현장the field과 상호 작용한 결과라는 것이었다. 이 힘은 고정되어 있지 않다. 개인의 사회적 지위나 소속 정부나 기업이 달라지면 개인이 취하는 태도와 습관도 달라질 수 있다. 부르디외의 주장이 뜻하는 핵심은 개인 태도는 외부 환경에 의해 만들어지지만(장the field이 아비투스 구조를 만든다), 일단 그 태도가 내면화되면 거꾸로 그 태도를 만든 제도적 힘이 펼치는 논리를 이해하고 받아들이도록 돕는다(아비투스가 장the field을 의미 있는 세계로 구성하는 데 이바지한다).[47]

영국 사회학자 토니 베넷Tony Bennett과 영국 킹스턴대학교의 범죄학 선임 강사 프랜시스 도즈워스Francis Dodsworth는 부르디외가 말하는 아비투스 개념이 사람들이 세상에 사회화되는 법을 이해하는 데 유용하다고 믿는다. 하지만 부르디외는 개인이 행하는 아비투스(사람들이 세상에 대해 체계적으로 생각하는 내용과 방식)에 초점을 맞추지만, 기업, 정부, 다른 물리적 행위자는 개인 태도와 습관을 형성하는 방식에는 그다지 주의를 기울이지 않는다는 중대한 한계가 있다고도 그들은 언급한다. 베넷과 도즈워스는 습관이 형성되고 쇄신되는 과정은 사회에 있는 광범위한 물리적 조건들 사이에 자리 잡은 관계를 고려해야 한다고 주장한다. 가령 교실 책상이 어린 학생들이 하는 생활습관에 어떤 영향을 미치고, 기업이 추구하는 특정 물류 모델이 운송 일을 하는 노동자에게 어떻게 영향을 주는지를 반드시 고려해야 한다는 말이다. 이들은 사회에 있는 여러 세력이 개인 습관을 구축해나가는 과정을 습관화라는 용어로 표현한다.[48]

습관화와 길들이기식 감시가 서로 연결돼 있다는 사실은 트룰리누의 주장에서 확인할 수 있다. 길들이기식 감시는 기업이 사람들에게 이런저런 기기에 있는 음성 서비스를 사용하도록 습관을 들이는 이중 전략(균형 잡기)이다. 트룰리누는 기업이 어떻게 길들이기식 감시로 개인 데이터를 채집하는지 보여준다. 그에 따르면, "스마트폰 사용자는 편리, 효율성, 오락에 꼬여 자신이 보유한 사적 데이터를 넘겨주고 감시 대상이 된다"라고 한다.[49] 그는 길들이기식 감시 제품은 잠재 고객 또는 사용자가 원하는 목표와 감정에 공감하고 돕겠다는 약속을 바탕으로 고안됐고 "길들이기는 기술에서부터 시장 담론, 경영에 이르기까지 다층적 수준에서 이루어진다"라는 베넷과 도즈워스의 말을 인용한다.[50] 트룰리누가 특별히 언급하진 않았지만 이런 제품에는 당연히 스마트폰 음성 비서도 포함된다.

영국 뱅거대학교 교수인 앤드류 맥스테이Andrew McStay는 감성 AI에 관해 쓴 책에서 아마존 에코 같은 음성인식 기기가 이용자를 끌어들이는 실질적 이유를 설명한다. 우선 이 기기가 인터넷에서 도움을 얻는 방법으로 점점 인기를 얻고 있다는 점이다. 그는 음싱인식 기기가 최적화한 친밀감을 표현함으로써 언제 어디서든 고객이 필요할 때마다 바로바로 개인적인 대화를 할 수 있다는 이유도 언급한다.[51] 음성인식 기업의 컨설턴트 브렛 킨셀라Bret Kinsella는 기기들이 "사용자의 생활을 더 편리하게 하도록 고안됐고, 더 많은 기관은 시간이 지날수록 단순 작업을 수행하기 위해 음성 비서를 사용할 것이다"라고 전망한다. 소비자는 음성 비서가 어떻게 일하는지는 별로 신경 쓰지 않으며, 그냥 그들이 일만 하면 그만이라는 것이다. 그중에는 구글 어시스턴트에 식당 예약을 부탁하는 경우처럼 사용자가 직접 지시하는 때도 있지만 음성 비서가 더 주도적으로 돕는 예도 있다.[52]

아마존, 구글 등의 기업은 사람들이 음성인식 기기의 가치를 즉각 알아보고 구매에 나서리라는 희망에 기대지 않는다. 하지만 길들이기식 감시 전략은 사람들이 앞서 말한 의도들을 불안해하면서도 일상적으로 기기에 대고 말하도록 설득하는 데 유용한 출발점이 된다. 학계와 업계가 발표한 보고서는 기업들이 사용자들의 우려를 줄이기 위해 감시를 별거 아닌 것으로 취급하는 일에 별말을 하지 않는다. 미국 럿거스대학교 교수 제임스 카츠James Katz는 "시간이 지나면서 사람들은 자신의 데이터가 추적·수집되는 일에 익숙해진다"라고 말한다.[53] 이는 중요한 통찰이긴 하지만 사람들이 익숙해지기 전에 적극적으로 저항하지 않는 이유를 설명하진 못한다. 분명한 점은 처음부터 기업은 지금 무슨 일이 일어나는지 사람들이 모르게 하려고 애쓴다는 것이다. 뉴햄프셔대학교 커뮤니케이션학과의 조교수 노라 드레이퍼Nora Draper와 나는 인터넷 기업이 자신들이 하는 감시를 숨기려고 사용하는 언어 특징에 대해 글을 쓴 바 있다.[54] 흔한 접근법 중 하나는 달래기다. 기업들은 개인정보 보호를 중요하게 여긴다고 안심시키는 말로 소비자의 불안을 잠재운다. 사실 이런 말은 개인정보 처리 방침에 설명된 것과는 별 관련이 없는 경우가 많다. 또 다른 접근은 주의 돌리기다. 고객이 데이터 사용 알림에 주의를 기울이지 않게 만드는 방법이다. 웹사이트나 앱에서 개인정보 처리 방침을 찾아본 사람이라면 이 말이 무슨 뜻인지 알 것이다. 이 내용은 화면 제일 아래나 앱에 있는 선택 사항 맨 아래쪽에 아주 작은 글씨로 적혀 있으며 온통 전문 용어로 가득 차 있다. 꼭 읽는 사람에게 고의로 혼란을 주거나 읽기를 포기하게 만들려고 쓴 것처럼 말이다.

드레이퍼와 나는 기업이 늘어놓는 일상적 행위가 그들이 하는 일의 실체를 흐릴 뿐 아니라, 사람들에게 음성인식 기기 사용을 천천히 습관화시키고 체념하게 만든다고 주장한다. 이 맥락에서의 체념이라는 감정은 2017년과 2018년에 아넨베르그 정보통신대학교 연구팀이 처음 사용했다. 우리가 분류해보니, 미국인을 대상으로 한 전화 조사(유무선 모두 포함)에서 2017년 응답자 58%와 2018년 응답자 63%가 다음 두 가지 생각으로 정보 수집에 동의했다. '기업이 온라인으로 알아내는 개인정보를 통제하고 싶다'와 '기업이 온라인으로 알아내는 개인정보는 내가 통제할 여지가 없음을 받아들이게 됐다'라고 말이다. 슈퍼마켓 쇼핑과 고객 보상 프로그램에 관한 질문을 통해 미국인이 띠는 체념 정서(그들이 데이터를 내어주는 게 이익이라는 말을 믿지 않으면서도 하게 되는 것)도 더 깊이 들여다보았다. 그랬더니 상당수인 43%가 다른 조사에서 소비자 감시에는 반대한다고 대답했음에도 슈퍼마켓이 자신의 데이터를 수집하는 것은 허용한다고 했다. 법과 디지털 시장을 잘 아는 소비자일수록 더 쉽게 체념했다.[55]

우리가 발표한 연구 이후로 이런 정서에 관한 비슷한 연구들이 이루어졌고, 기업이 개인정보를 사용하는 일에 체념하는 사람이 많다는 연구 결과를 뒷받침해줬다.[56] 앞으로 더 자세히 살펴보겠지만, 음성인식 산업은 체념 정서를 확산시키는 방법으로 감시에 대한 언론의 우려를 희석하려는 듯하다. 이 업계에서 반복적으로 외치는 구호는 하나다. "당신이 지닌 음성만 내어주면 집 안팎에서 생활비가 덜 들고 편리하고 정서적으로 만족스럽고 자연스러워진다"는 것이다. 비록 마음은 찜찜하고 개인정보가 새어 나가는 것도 통제하지 못하게 되더라도 말이다. 하지만 음성 비서가 마케팅 도구로서 정한 핵심 목표는 격정될 정도로 개인이 추구하는 자유를 혼란스럽게 한다. 길들이기에 넘어가 그걸 받아들이는 순간, 당신은 음성이라는 신체의 한 가지 주권을 포기하게 될 것이다. 기업은 당신의 재무 기록을 검사하고 당신이 가진 가치를 평가한다. 심지어 당신이 이해 못 할 방식으로 수집한 데이터를 활용해 당신을 차별하도록 음성인식 기술을 설계했다. 우리가 AI 스피커 등 음성 기술에 의존할수록 우리가 누리는 '자유'란 우리가 제공한 데이터를 기업이 음성 채집, 개인화를 위해 제시한 선택지에 불과하다는 결론이 나온다. 그리고 그 전제는 당신이 가진 목소리는 거짓말을 하지 않으므로, 이게 바로 당신이 원하는 것이라는 주장이다. 수억 명의 사람이 개인화된 선택을 무수히 반복한다면 머지않아 우리는 습관화나 체념으로 삶의 모든 영역에서 생체 결정론과 반대되는 자유만 가능한 사회에서 살아가게 될지도 모른다.

| 차례 |

THE VOICE CATCHERS

1장

우리를 길들이는

AI 비서의 확산

아마존의 염원

―

아마존이 아마존 에코라는 신상품을 조용히 공개했다. 오늘의 주인공인 이 200달러짜리 기기는 음성으로 작동하는 무선 스피커로, 질문에 대답하고 세계 뉴스를 전달하며 당연히 음악도 틀어준다. 에코는 현재 초대 이벤트*를 통해야 구매할 수 있지만, 아마존 프라임 구독자라면 100달러에 바로 살 수 있다. 아마존은 그들이 만든 음성 비서를 우리 거실에 두고 싶어 한다. 아이디어는 재미있지만, 수요가 많을지는 잘 모르겠다. 다른 음성인식 기기들이 이미 제공하는 서비스와 겹친다는 이유로, 사용자 대부분이 기존 음성 비서 시스템을 업데이트하는 데 만족하지 않을까 싶기도 하다. 하지만 구글 나우Google Now, 시리, 코타나Cortana도 제대로 완성되려면 아직 갈 길이 멀었고, 그만큼 아마존이 비집고 들어갈 여지는 있다. 더 자세한 판단은 물건을 실제로 써 본 뒤에나 가능할 것이다.[1]

―

* 기존 회원이 다른 사용자가 서비스에 참여할 수 있도록 정해진 수의 초대장(때로는 토큰 형식)을 보내는 것을 뜻한다. 서비스에 초대된 사람들은 일반적으로 URL이나 일회용 암호 코드를 받는다. 보통 웹사이트 가입을 유도하는 방법으로 쓰인다.

이 기사는 알렉사 출시일인 2014년 11월 6일 미국 IT 전문매체 《벤처비트^{VentureBeat}》에 짧게 실렸다. 확실히 가격만큼은 아마존이 애플, 구글, 마이크로소프트, 코타나가 앞서 출시했던 음성 비서들의 선례를 따르고 싶었던 것으로 보인다. 아마존은 에코를 소개하는 광고 영상에서 거실과 부엌을 알렉사가 있을 주요 거점으로 제시하며, 몇 년 안에 에코 기기가 집 안 전체를 점령하는 청사진을 그렸다. 출시일에는 제품을 미리 써본 고객들의 체험후기 영상도 내놓았는데, 이 영상에서 그들은 에코 기기가 날씨를 알려주고 요리 계량을 돕고 새로운 농담을 접하면서 책을 읽고 뉴스를 듣고 쇼핑 목록을 짜는 걸 도와준다며 자못 흥분한 목소리로 장점들을 나열했다. 한 고객은 이렇게 말했다. "에코는 우리 집을 돌아가게 만드는 도구입니다."[2]

영상은 아예 처음부터 아마존이 길들이기식 감시 전략을 쓴다는 사실을 숨기지 않고, 생체정보를 인식·수집하는 일이 기기 특성이라고 말한다. 영상은 에코가 음성으로 사람을 식별하는 장면을 이야기 형태로 보여준다. 이를테면 어느 집에서 알렉사는 독일식 억양을 쓰는 남자의 영어를 알아듣는 법을 배울 수 있다. 어떤 사람들은 기기의 높은 식별 능력을 우려했지만 기기 사용자들이 열성적으로 감싸는 바람에 조용히 묻혔다. 이제 우리가 말을 건네면 에코가 그 말을 듣고 사용자를 기억함으로써, 에코가 제공하는 혜택만 보도록 부추기는 목소리만 남았다. 사람들을 사로잡기 위해 아마존은 가장 신뢰하는 고객인 그들의 프라임 멤버에게 초기 구매 할인 혜택을 제시하기도 했다. 이런 할인은 아마존의 길들이기식 감시라는 장기 전략의 핵심이 될 것이다.

이런 호들갑에도 불구하고 일부 기사는 새로운 음성 비서를 깎아내렸다. CNN 경제부 기자 제임스 오툴 James O'Toole은 "아마존이 엉뚱하게 내놓은 에코는 스피커로 만든 시리에 불과하고, 이것 역시 호주머니에서 스마트폰만 꺼내면 불필요해지는 물건이 될지도 모른다"라고 일침을 놓았다.[3] 하지만 상상도 못 할 정도로 복잡할 뿐 아니라 이미 경쟁이 치열한 기술 영역에 아마존이 과감하게 들어가는 것에 놀란 사람들도 있었다. 기술 및 전자기기에 관한 기사를 주로 다루는 《씨넷CNET》은 "아마존이 시리 같은 음성 비서 에코를 가정용으로 만들어 내놓았다"라는 제목으로 재빠르게 기사를 썼다. 그러나 알렉사가 AI로 가족 구성원들과 상호 작용하고, 그들이 다양한 주제에서 파생되는 질문을 평가하고 저장해둔다는 사실은 굳이 언급하지 않았다. 알렉사에 설치된 앱이, 에코를 집 안 어디에 둘 것인지를 묻고 사용자마다 음성지문voiceprint을 만들라고 요구한다는 사실도 마찬가지로 생략했다. 아마존은 개인이 음성 비서에 하는 질문뿐 아니라 그 질문을 어느 방에서 어떻게 하는가에 대한 정보를 남김없이 수집하고, 가장 사적인 집이라는 공간에서 가족의 필요와 관심사에 관한 데이터 파일을 만든다. 에코는 이전에 있던 다른 음성 비서보다 AI를 더 강도 높게 사용했고, 그 덕에 타 기업들이 전에는 절대 뚫고 들어갈 수 없던 환경에도 접근할 수 있었다.

알렉사가 출시되기 전부터 아마존은 최신 컴퓨터 데이터 분석 기법으로 아마존 웹사이트의 방문자 데이터를 수집하고 있었다. 그들은 아마존을 이용하는 고객이 누군지, 어떤 성향을 지녔는지, 인터넷에서 뭘 하는지까지도 알 수 있었다. 실제로 그들은 자신들의 고객 데이터를 활용하여 다양한 인구 집단의 구매 패턴을 이해하고 아마존이 보유한 웹사이트, 앱, 광고 네트워크에 개인화된 상품 목록과 광고를 올린다는 사실을 인정했다. 하지만 나는 아마존이 에코가 제공할 새로운 데이터를 어떻게 사용할 것인지에 대한 공식 입장을 찾을 수 없었다. 개인들이 에코에 설치된 알렉사에 한 말을 아마존이 어디서 어떻게 했는지 말이다. AI로 수집한 개인 데이터를 다른 수단으로 수집한 데이터와 어떻게 결합할 예정인지에 대해서도 입을 다물고 있기는 마찬가지였다. 한 가지 분명한 사실이 있다. 아마존은 알렉사가 넘길 어마어마한 양의 데이터에 대해 사람들이 걱정하길 바라지 않는다. 아마존은 고객들에게 휴머노이드와 깊은 유대감을 맺도록 했고 집뿐 아니라 자동차, 호텔, 가게 등 어디에서나 기꺼이 알렉사를 이용하게 했다. 이는 결코 우연이 아니다. 길들이기식 감시 전략은 부드러운 여성 목소리로 말하는 알렉사가 이런저런 질문을 해대는 외판원이 아니라 도움을 주는 친구 같은 존재라고 고객에게 주입하고 있기 때문이다.

아마존이 친근하고 편안한 음성으로 말하는 여성 목소리의 비서를 만든 이유는 애플, 마이크로소프트, 구글만을 참고한 것이 아니라, 다종 기업의 다양한 목적을 위해 고객 서비스 요청에 응대하는 고객 센터를 본보기로 삼은 결과이기도 했다. 이 점에서 고객 센터는 고객 서비스 전화로 얻은 음성 데이터를 범주화하여 최대한 적은 인력으로 발신자를 설득하는 일을 선도했다고 할 수 있다. 2010년대 말에는 고객 센터 사업과 음성 비서 사업의 목표가 합쳐지기 시작했다. 두 업계는 개인 음성이 가진 시장적 가치를 확신했고, 말과 음성 패턴에서 의미를 유추하고 고객과 만족스러운 관계를 쌓아가는 일에 사람보다 컴퓨터를 사용하고 싶어 했다. 그리고 나이·성별·수입·인종·라이프스타일·온라인상의 행태 등의 데이터와 고객의 음성 데이터를 결합해 고객의 사적 관심사를 깊이 들여다보며, 고객이 알아차리거나 이해할 수 없는 방식으로 그 데이터를 분석하는 기술을 개발하는 데 박차를 가했다.

음성 비서라는 마케팅 혁명

알렉사를 탄생시키기 위해서는 기술적 돌파구가 필요했고, 그것을 마련하는 데는 오랜 시간이 걸렸다. 가장 초기 단계는 인간의 음성을 복제하는 것이었다. 그것부터 쉽지 않았다. 1773년으로 거슬러 올라가, 크리스티안 크라첸슈타인Christian Kratzenstein이라는 독일계 덴마크 과학자가 모음 소리를 내는 성대 부위에 관한 모델을 만들었다.[4] 하지만 그 뒤로 한 세기가 더 지난 1877년에 와서야 토머스 에디슨이 최초로 음성을 비롯한 소리를 녹음하고 재생하는 놀라운 판매 기기를 발명했다.[5] 이후 90년 동안 사람이 했던 말을 합성하거나 인식하는 기계를 만드는 과정이 천천히 진행됐고 20세기 말에 인간과 유연하게 상호작용할 수 있는 언어 합성 시스템이 개발되기 시작했다.

미국은 세금과 민간의 지원금으로 음성인식 산업을 지원했다. 세금은 미 국방성 산하의 미래 무기 투자 기관인 방위고등연구계획국

DARPA을 통해 쓰였다. 당연히 전장에서 음성 기술을 활용하려는 목적이었을 것이다. 1971년부터 방위고등연구계획국은 언어 이해 연구 프로그램을 통해 최소 1,000개 단어를 알아듣는 기계를 만드는 대학 연구팀에 5년간 연구비를 지원했다. 가장 큰 성공을 거둔 기계는 카네기멜론대학교에서 만든 하피harpy라는 컴퓨터였다. 하피는 1,101개 단어를 알아들을 수 있었다. 초기에는 언어 및 공학 지식이 일정 역할을 했지만, 이후 컴퓨터 기능이 급격히 향상되면서 습득 단어 수가 비약적으로 증가했다. 방위고등연구계획국이 발표한 첫 언어 능력 지원 프로그램이 끝난 1976년에는 당시 최고 성능을 자랑하는 컴퓨터가 달랑 30초 길이 정도 되는 말을 해독하는 데 100분이 걸렸다. 그 뒤로 컴퓨터의 처리 속도와 메모리 용량이 늘어나면서 언어 이해 능력도 같이 발달했고, 1990년에 이르러서는 평범한 상업용 언어 인식 시스템이 보통 사람보다 더 많은 단어를 처리할 수 있게 됐다.[6]

이 기간에는 더 중대한 변화가 있었다. 대학과 민간기업들은 컴퓨터가 사람이 말한 특정 어휘를 가려낼 정도로 언어를 인식·이해한다는 것과 그 의미에 대한 연구 이론들을 꾸준히 제시했다. 성공은 조금씩 다가왔다. 1980년대 IBM 음성인식 팀 소속이었던 한 과학자는 방에 가득 찬 대형 컴퓨터가 드디어 특정인의 말을 알아들을 수 있게 된 순간을 떠올렸다. 그때는 컴퓨터가 열에 한 단어 정도를 놓쳐도 대성공으로 여겼다.[7] 그 뒤 수십 년간 전 세계 연구소들이 컴퓨터의 음성인식 능력을 향상시키는 AI 알고리즘을 만들었고 특히 IBM과 벨 연구소가 이에 앞장섰다. 시장 조사 업체 포레스터Forrester는 "AI 알고리즘의 진짜 놀라운 기능은 현상이 아무리 복잡하더라도 충분한 데이터

보이스 캐처

와 컴퓨터 계산 능력만 있으면 기본 패턴을 찾아낼 수 있는 것이다"라고 말했다.[8]

알렉사가 처리하는 핵심 과정은 음성인식, 음성 처리, 음성 만들기 또는 합성으로 이루어진다. 각 단계마다 시스템을 훈련 시키기 위한 대규모의 다양한 음성 데이터가 필요했다. 음성인식 및 처리와 관련된 훈련은 기계 학습이 제시하는 기준 아래에 복잡한 통계 모델을 활용하는데, 그 방법으로 음성을 단어 및 문장과 연결하는 법을 가르치면 컴퓨터가 말투와 관계없이 내용을 정확히 옮길 수 있다. 요즘은 기계 학습에 딥러닝과 심층 신경망deep neural network이라는 강력한 도구도 사용한다. 일단 단어가 적절히 옮겨지면 최종 목표는 자연어 처리라는 통계 처리 세트를 활용해 말뜻을 이해하기로 수렴된다. 이를 위해 공학자는 또다시 엄청나게 다양한 훈련 세트를 사용한다. 목표는 컴퓨터가 말에 내포된 의미를 제대로 풀이하고 정확한 행동을 취하는 것이다. "내일 오전 7시에 깨워줘"라는 문장은 얼핏 단순해 보이지만 음성 비서 프로그램은 요청이 의미하는 몇 가지 다른 표현법도 알아야 한다. 예컨대 "알람을 오전 7시로 맞춰줘"나 "오전 7시에 깨워"도 같은 결과를 도출해야 한다는 것이다.

그다음엔 컴퓨터의 음성 반응을 훈련하는 문제가 있다. 이것도 엄청나게 복잡한 절차를 거치며, 그 과정은 보통 이렇다. 우선 공학자가 음성 비서에 주고 싶은 성격과 목적에 어울리는 음성을 가진 전문 성우를 찾는다. 전문 스튜디오에서 10~12시간에 걸쳐 성우 말소리를 녹음한다. 애플의 시리 팀에 따르면 대본은 오디오북, 내비게이션 안내 내용과 같은 즉각적인 답변부터 재치 있는 농담까지 다양하다.[9]

그러면 엔지니어는 녹음한 말을 컴퓨터에 올려 기본 소리 단위, 소리 조각으로 자른다. 나중에 특정 방식으로 소리 나는 말이 필요할 때 컴퓨터는 이들 소리 조각 데이터베이스를 사용하게 된다. 마지막 단계는 소리 조각을 소리로 재결합하고 문장을 만드는 단계로, 가장 어려운 부분이다. 지금은 훈련 세트에 오디오와 음성 기호로 옮긴 문장을 연결하는 딥러닝을 쓰는데, 텍스트-음성 변환 컴퓨터에 텍스트를 구성하는 단어 소리 내는 법을 가르치는 식으로 진행된다. 이 방법은 컴퓨터에 필요한 자료를 주어, 단순히 소리 조각을 고르고 연결해 말만 전달하는 게 아니라 음색·리듬·억양을 통해 광범위한 감정까지도 전달하는 음향 모델을 사용한다.

이것은 음성 비서가 가장 단순한 명령이나 질문에 답할 때 하는 어마어마하게 복잡한 결정에 대해 지극히 기본적인 절차만 설명한 것이다. 때로는 음성 비서가 지름길을 택해 문장의 핵심 단어에만 초점을 맞추기도 한다. "지금 몇 시야?"에서 몇과 시만 낚아채는 것이다. 말이 의미하는 다양한 맥락을 이해하도록 만들기 위해 공학자들은 엄청나게 노력했다. 그리고 마침내 성과를 얻어내고 있다. "알람 설정해"라는 말에 음성 비서가 "몇 시로 할까요?"라고 대답하려면 맥락 이해는 기본이다. 사용자가 어느 지리적 위치에 있는지, 집 안 어느 방에 있는지, 하루 중 어느 때인지, 심지어 스마트 워치를 차고 있다면 맥박이 얼마인지에 따라 사용자의 말을 다르게 이해하는 것도 여기에 포함된다.

산업 형성 초기부터 음성인식을 이용한 개인화가 상당히 중요해지리라는 건 명백했지만, 이에 따른 AI 발전은 순탄치 않았다. 뉘앙스의 컴퓨터 과학자 블라드 세즈노하Vlad Sejnoha는 음성인식 업계 종사자들이 음성 기술의 침체기라고 부르는 1990년대와 2000년대 초에, 전략적 투자를 하며 성장했다고 말한다. "90년대 말에는 큰 실패가 무척 많았습니다"라고 그는 회상했다.

> 기업들은 지나치게 욕심을 부리다 실패했습니다. 기술은 아직 목표치에 도달하지 않은 상태였죠. 90년대에는 컴퓨터가 할 수 있는 연산 기능도 미진했고 인터넷도 충분히 보급되지 않았으니까요. 개인용 컴퓨터도 그리 강력하지 않았고요. 애플리케이션도 대부분 투박했고 클라우드에 기초한 음성인식이 가능한 요즘의 기준으로 보면 기능이 한참 떨어졌습니다. 지금은 인구 대다수가 컴퓨터가 제시하는 정확도를 믿고 의지하지만, 당시에는 그렇지 못했거든요. 90년대에는 드래곤 딕테이트DragonDictate란 음성인식 프로그램을 사면 구매자가 몇 시간을 들여 그걸 훈련 시켜야 했고 가격도 비쌌습니다. 몇 가지 인식 시스템을 훈련시키는 데에 엄청난 공을 들여야 했어요. 그러니 기업들은 위기를 맞을 수밖에 없었습니다. 구글, 아마존, 마이크로소프트, 애플 같은 큰 기업들은 그동안 음성인식 기술의 투자 금액을 최소한으로 축소했고요.[10]

당시 뉘앙스 CEO였던 폴 리치Paul Ritchie는 나름 선견지명이 있어서 그 시기를 수많은 음성 기술 자산을 축적하는 때로 삼았고 일찌감치 기업 인수도 많이 했다. 음성 기술이 주목받는 시대가 기필코 다시 도래하리라 믿었던 것이다. 일부 초기 제품은 놀랍게도 구글, 마이크로소프트 같은 기업들을 따라잡았고, 그러다가 2000년대 중반 즈음에 거대 기업들이 재빨리 투자에 다시 나서면서 뉘앙스의 특허를 사용하곤 했다. 2000년대 말에는 마이크로소프트의 경영진이 컴퓨터 음성인식 및 반응 기술을 일정 관리에 사용할 정도로 기술이 발달했고 마이크로소프트 랩은 아이들에게 증상을 묻고 답변 내용에 맞추어 진단하는 '의료 아바타'를 시험했었다.[11]

이런 시도들이 이루어지는 동안 기업은 AI를 중요하고 논란이 많은 사업 분야인 고객 센터에 적용했다. 21세기 초에 고객 센터가 다른 마케팅 방법보다 고객 데이터에 더 많이 접근한 것은 사실이지만, 그 데이터를 개별 상호 작용에 효과적으로 활용하는 데는 어려움을 겪었다. 이는 사실 오래된 문제이기도 했다. 콜센터라는 이름을 가진 고객 센터는 100년 전부터 운영돼왔다. 콜센터는 몇몇 대형 백화점이 최초로 만들었는데 처음엔 거대한 전화 교환실에 불과했다. 미국 과학자 알렉산더 그레엄 벨이 전화를 발명한 뒤로 24년이 지난 1900년경에 필라델피아에 위치한 워너메이커스Wanamaker's 백화점이 처음으로 백화점 전화 시스템을 만들었다. 1915년에 이르러서는 세계에서 가장 큰 사설 전화 교환국이 되어 2,000명이 넘는 교환원이 180만 건이 넘는 통화 연결을 했던 경험이 있었다.[12] 전화 기업인 AT&T에는 날마다 수백 건의 고객 상담 통화를 하는 교환원이 있었다. 두 기업은 독보적이었다. 다른 기업들은 워너메이커스와 AT&T가 만든 응답 인프라에 선뜻 투자하지 않았다. 그러다 고객 전화를 다루는 기업이 하나둘 생겨나면서 콜센터 산업은 조금씩 발전했다. 이 업계에서 일해본 경험이 있는 사람들은 초창기엔 실수도 잦고 기술도 믿을 만하지 못하고 서비스도 느렸다고 기억한다. 어느 기업이 보관한 영업 기록 연감에 따르면 "당시에는 10, 15, 30분 동안이나 수화기를 붙들고 있었다는 이야기는 들어본 적이 없다"라고 한다.[13] 목표는 그저 걸려오는 전화를 착착 받아내는 것이었다. 바쁜 전화 상담원들은 고객이 말하는 태도에 맞춰 알아서 이런저런 결정을 내릴 수밖에 없었다. 그저 어떻게든 전화 상담을 마무리하려고만 했던 것이다.

콜센터의 고객 응대 방식은 1960년에 와서야 변화를 맞았다. 마침내 콜센터 기업들은 이런 방식이 한계에 다다랐음을 인정하게 됐고, 이후에 수십 년 동안 통화 속도를 높이고 다른 어떤 미디어 산업보다 고객 데이터를 훨씬 많이 알아내는 쪽으로 발전했다. 아이러니하게도 그 모든 발전 덕분에 콜센터는 판매원의 직관적 판단과 멀어지게 되는 기나긴 장정에 올랐다. 1960년대에는 AT&T가 800번으로 시작하는 무료 전화를 도입했고 다이얼식 전화기가 버튼식 전화기로 바뀌기 시작했다. 1970년대에는 통화 자동 배분[ACD] 시스템과 대화형 음성 응답[IVR] 시스템이 생겨났다. 장거리 통화료가 비쌌던 시절에 무료 전화번호는 마케팅 혁명이라 할 만했다. 무료 전화번호는 인쇄 매체와 텔레비전에서 광고를 접한 사람들이 전화를 통해 신용카드로 물건을 사면 우편으로 물건을 배달해주거나 물건을 수령할 때 현금으로 값을 지불할 수 있게 했다. 통화 자동 배분 시스템은 수동 교환대를 전자식으로 바꾸어 물밀 듯 걸려오는 무료 전화를 컴퓨터가 전보다 효율적으로 교환수에게 할당해줬다. 대화형 음성 응답 시스템은 그 효율성을 훨씬 늘려 발신자가 상담원과 직접 통화하기 전에 디지털화한 음성 메시지를 듣고 목적에 알맞은 번호를 누르게 했다. 그러면 통화 자동 배분 시스템이 대기 중인 상담원에게 전화를 연결할 뿐 아니라 발신자가 원하는 기술을 갖고 있거나 전화한 이유를 아는 상담원과 연결해줬다.[14] 이제 자동식 개인화는 출발점에 있었다.

1980년대와 1990년대에는 콜센터가 고객이 전화 상담사에게 말한 내용을 보충해줄 수 있는 개별 고객의 데이터베이스를 구매하여 발신자에 대한 이해를 대폭 높였다. 이런 데이터베이스를 기반으로 기업은 이제 이름과 주소에서부터 자사와의 역사, 자사에 대한 고객 가치를 매긴 점수까지 고객을 나타내는 특징 목록을 관리할 수 있게 됐다. 사람의 힘으로는 절대 불가능한 수준이었다. 기업은 이런 도구를 앞다투어 사용했고 덕분에 고객 관계 관리^{CRM}라는 신조어도 생겼다.

이런 발전을 컴퓨터 전화 통합^{CTI}이라고 포괄적으로 표현한다. 발전의 목표는 컴퓨터와 전화 시스템이 상호 작용하게 하는 것이다. 1990년대에는 데이터베이스가 더 정교해졌고, CTI는 전화 상담원에게 더 다양한 고객 데이터를 제공했다. 상담원은 전화를 받는 순간 발신자 번호와 기업 데이터베이스에 있는 정보를 비교해 발신자 신원을 확인할 수 있다. 상담원은 컴퓨터 화면에서 발신자 데이터가 쭉 뜬 것을 보고 고객 정보를 알게 된다. 때로는 상담원이 발신자가 기업과 맺어온 역사와 중요도를 확인하고 대화에 임하기도 한다.

1990년대에 상업용 인터넷이 활성화되면서 개인 데이터는 더 넘쳐났다. 콜센터는 비용 절감을 위해 전통적 유선 방식에서 인터넷 방식으로 통화 메커니즘을 바꿨다. 그 기술을 인터넷 음성 프로토콜^{VoIP}이라 불렀고, 그 덕에 콜센터는 전보다 훨씬 낮은 비용으로 전 세계에 있는 지부와 연결할 수 있게 됐다. 인터넷 연결 방식은 또 다른 이점이 있었다. 콜센터는 고객이 통화 중 기업에 대해 무슨 말을 했는지만이 아니라 언제 기업 웹사이트에 들어갔는지, 이메일이나 문자 혹은 채팅으로 기업에 무슨 글을 썼는지, 기업 페이스북 페이지에 무슨 글을 올렸는지 그리고 2010년대에는 기업 사이트나 모바일 앱에서 뭘 샀는지도 파악할 수 있었다.[15] 21세기로 넘어오면서 실무자들은 이런 추적 활동을 고객의 여정을 파악하는 다채널 접근법이라고 불렀고 업계 경영진은 '콜센터'가 아니라 '고객 센터'를 운영하고 있다고 말하기 시작했다. 업계의 한 간부는 2012년에 이렇게 말했다. "인터넷 음성 프로토콜이 가진 가장 큰 이점은 고객 센터가 소통 경위를 전보다 더 쉽게 100% 확인할 수 있게 됐다는 점입니다. 고객과의 소통으로 이루어진 이 거대한 말뭉치는 풍부한 분석 자원이 됩니다."[16] 하지만 딜레마도 생겼다. 발신자 개개인에 관한 데이터를 그렇게 많이 확보했다면 상담원이 어떻게 그 데이터들을 한 번에 파악하고 고객을 응대할 수 있단 말인가? 이 질문은 고객 데이터를 파일로 만들려는 사람들이 향하는 미래, 그리고 인간 대 AI 컴퓨터가 되는 미래에 상당한 함의를 지닌다.

기업은 인건비가 오르고 고객이 상담원에게 갈수록 어려운 질문을 한다는 현실에 사업적 압박을 느끼게 될 것이다. 따라서 사람보다 AI를 많이 사용하는 게 기업에게 더 나은 선택이 된다. 서비스 순위 기업 CFI 그룹이 2008년에 작성한 고객 센터 만족 지표는 고객이 고객 센터에 전화하는 것을 점점 최후 수단으로 선택한다는 사실을 확인했다. 사람들이 인터넷 검색으로 답을 찾는 데 실패한 뒤에야 전화 상담을 택한다는 것이다. 보고서에 따르면, "오늘날 다채널 환경에서 고객 센터 상담원은 인터넷에서 찾기 힘든 '더 어려운' 질문을 더 많이 받는 경향이 있다."[17] 보고서는 그런 환경에서 고객 다섯 명 중 한 명이 고객 센터 상담원에게서 해답을 얻지 못했다고 말한 사실도 밝혔다. 좋지 않은 징조였다.

CFI는 고객 센터의 만족도가 충성도와 고객 추천을 나타내는 중요한 지표라고 봤고, 이들은 고객 센터에 만족한 고객 94%기 같은 기업 제품을 또 사겠다고, 91%가 다른 사람에게 추천하겠다고 답했음을 밝혔다. 만족하지 못한 고객 중에서는 62%만이 같은 기업 제품을 또 사겠다고, 달랑 39%만이 다른 사람에게 추천하겠다고 답했다. CFI 그룹의 CEO는 "고객 센터 상담원은 고객과의 소통 최전선에 있습니다. 상담원이 고객 기대에 충족하기 위한 훈련을 받고 그럴 자원을 갖는 게 무엇보다 중요하죠"라며, "그저 친절한 목소리나 듣고 싶었다면 엄마한테 전화했을 겁니다. 고객이 전화하는 건 요구사항이 있기 때문이죠"라고 덧붙였다.[18]

그러나 고객 센터 경영자들은 물밀 듯 걸려오는 어려운 전화를 고객 센터 노동자가 고객이 가진 경험·배경·기업과의 관계를 고려해 섬세하고 효율적으로 다룰 수 있으리라는 의견에 하나같이 부정적이었다. 경영자에게 가장 중요한 관심사는 비용이었다. 콜센터 산업 규모는 점점 커지고 기술적으로도 더 복잡해졌으며 경쟁력도 더 좋아졌다. 1988년에서 1998년 사이에 미국 내 고객 센터 서비스 기업의 수는 세 배로 늘어 2,500개가 됐다. 이처럼 치열한 경쟁 환경에서 서비스 기업은 합당한 대가를 지급하여 인적 자원을 개발할 태세가 돼 있었지만, 그 일은 절대 쉽지 않았다. 결국 기업들은 CFI가 옹호한 것과는 매우 다른 전략을 채택할 수밖에 없었다. 그것은 상담원에게 들이는 비용을 최소한으로 줄이고, 기술로 수집한 개별 데이터가 상담원을 돕게 하여 고객을 만족시키는 전략이었다. 콜센터는 그들이 고객에 대해 더 잘 알기 위해 전보다 훨씬 정교한 고객 관리 시스템을 도입했다고 대대적으로 선전하는 경우가 많았지만 사실 이것은 쇄도하는 고객 전화에 응대할 비용을 낮추려는 맹렬한 노력 중 하나였다. 한 경영자가 말했듯이 1980년대 말에서 1990년대 초에는 콜센터 통화 비용이 분당 20센트가 넘었고 무료 통화가 수천 건일 경우의 비용은 엄청났다. 상대적으로 인건비가 높은 미국 거주 상담원은 비용 면에서 점점 부담될 수밖에 없었다. 따라서 미리 준비된 데이터(발신자와 발신자의 기업과의 관계에 관한 개인정보)로 통화 시간만 줄여도 투자수익률은 즉각 상승했다.[19]

그런데도 수많은 대기업들에게 미국 콜센터 비용은 여전히 큰 부담이었다. 콜센터 업계는 이제 미국보다 인건비가 훨씬 낮은 나라에 콜센터를 두기 시작했다. 이런 전환은 새로운 인터넷 전화 시스템 덕분에 가능했다. 고객 센터 기업은 인터넷 기반의 사설교환PBX 시스템을 만들었다. 이 시스템은 걸려오는 전화를 이 시스템의 인터넷 음성 프로토콜 네트워크로 옮기고, 전화를 압축 데이터로 전환하고, 그걸 인터넷을 통해 상담원이 있는 곳으로 보냈다. 상담원이 가까이에 있건 멀리 있건 비용은 비슷했다.[20] 하지만 인건비는 차이가 컸다. 미국은 시간당 6~10달러이지만 인도, 필리핀 같은 나라는 1달러에 불과했다.

미 노동 통계국에 따르면 2006~2014년에 미국의 고객 센터 일자리는 20만 개 이상 줄었다.[21] 기업은 기술을 적극적으로 활용해 발신자가 가진 배경을 조용히 이해하고, 그들의 요구에 응답하고, 대화로 그들이 만족할 결론을 끌어냄으로써 비용을 계속 줄여나갔다. 2019년, 한 콜센터 기업은 자사 웹사이트에서 곤경에 처한 기업 경영진을 향해 다음과 같이 제안했다. "여러분 팀은 감당할 수 없을 정도로 많은 전화를 받고 있습니다. 전화는 계속 울려대고 고객은 한참을 기다려야 하죠. 상담원은 점점 스트레스를 받고 고객도 그걸 느낄 겁니다. 우리 기업이 만든 컴퓨터 전화 통합은 그런 상황을 바꿔놓을 수 있습니다."[22] 하지만 통화를 배분하고 상담원에게 발신자 데이터를 주는 일을 기술에 맡긴 뒤로도, 관리자는 상담원에게 여유를 허용하지 않으려 했다. 이 기술은 상담원에게 발신자 데이터를 많이 전해주긴 했지만, 감독관에게 상담원 데이터를 더 많이 전해줬기 때문이다.

결국 미국 내 노동 시장에서 업무량과 해외 업무 위탁을 둘러싼 불만이 쏟아졌다. 2012년 인터넷 포럼 데일리 코스Daily Kos에 올라온 기사는 노스캐롤라이나 주 애슈빌에 있는 콜센터의 노조 설립 시도를 설명하면서 콜센터를 현대판 노동 착취 현장이라고 불렀다.[23] 2014년 과학 기술 사이트 기즈모도Gizmodo도 비슷한 기사를 냈다. "콜센터 시스템 전체가 망가졌다. 노동자도 같이 무너지고 있다. 우리는 독자들이 보낸 더 끔찍한 이야기도 공유할 것이다. 심신을 약화하는 스트레스, 도달 불가능한 기준, 엄청나게 높은 이직률 이야기는 너무 흔해서 더는 넘길 수 없는 지경이 됐다."[24] 그래도 이건 미국 문제다. 미 통신 노동자 협회는 2009년에 다음과 같이 주장하는 보고서를 발표했다. 보고서는 "콜센터의 해외 업무 위탁은 미국 노동자와 공동체에게도 미국 소비자의 민감한 데이터 보안에도 해롭다"라고 밝히며, "해외 위탁 콜센터에서 사기 및 범죄가 빈번하게 발생하고 있다"라고 강조했다. 인도, 필리핀, 멕시코에서 신용카드 도용, 신분 도용, 고객 데이터를 불법 판매하는 일이 빈번하게 이루어진다는 사실을 폭로한 것이다. 보고서는 "미국 기업은 전 세계에서 진행 중인 비용 절감의 경쟁 속에서 수천수만 개 콜센터 일자리를 해외로 유출해왔다"라고 결론짓고 초당적인 미국 콜센터 노동자 및 소비자 보호법을 통과시키자고 호소했다. 텍사스 주 민주당 의원과 웨스트버지니아 주 공화당 의원이 공동 발의한 법안의 주요 내용은 미국 소비자가 전화를 걸면 해당 콜센터의 위치를 알릴 의무를 명시하고, 콜센터가 발신자에게 미국 내 콜센터와 연결될 기회를 제시하며, 콜센터 일자리를 해외에 위탁한 나쁜 기업들을 공개하고 이들이 누릴 특정 보조금과 세금을 재원으로 삼은 대출을 제한하는 것이었다. 그러나 법안은 하원의장이 심의 요청을 했던 네 개의 위원회 중 단 한 곳에서도 통과되지 못했다.[25]

업계가 이 주장에서 받아들인 메시지는 일하는 위치가 어디든 인간 노동력은 콜센터와 기업에 문제를 일으키리라는 거였다. 컨설팅 기업은 다채널 관계로 고객 만족을 끌어내라는, 주로 전화로 귀결된 오랜 주문을 반복한다. 그러면서도 강조점은 인간 상담원의 능력에서 기술의 유용성으로 점점 옮겨갔다. 업계 실무자들은 점점 컴퓨터에 의존하게 됐고, 그간 콜센터 상담원이 해오던 데이터 수집 및 메시지 작성도 그들이 하게 됐다.

2005년에 대형 통신사 AT&T가 일찌감치 음성 비서를 만들었고, 이들은 폭주하는 전화 문의에 시달리던 파나소닉을 도왔다. AT&T 시스템은 발신자가 내뱉은 문구와 문장 중 핵심 단어를 식별하여 여성 음성으로 대답했다. 핵심 단어로 인식할 수 있는 간단한 문제는 그렇게 해결됐다. 시스템이 단어를 식별할 수 없을 땐 전화를 상담원에게 돌렸다. 파나소닉은 음성 비서가 고객 관련 문제 해결 비용을 평균 50% 정도 절감했다고 주장했다. 성공은 모방을 낳았다. US 항공은 고용 비용 절감 차원임을 분명히 밝히면서 음성 비서를 남자 음성으로 도입했다.[26] 두 기업은 고객이 마치 진짜 사람과 상담한 것처럼 통화 끝에 "고맙습니다"라고 했다면서 상대가 컴퓨터인지 알아차리지 못한 것 같다고 자랑스레 말했다.[27] 콜센터는 상담원이 지닌 생산성을 더 높이기 위해 AI로 발신자 기분을 식별했다. 2010년 《뉴욕 타임스》의 두 기술부 기자가 쓴 내용에 따르면 "수많은 콜센터에서 특정 감정을 꾸준히 추적하고 있다. 추적은 특정 단어나 문구를 인식하거나 대화에서 그 외 다른 특징을 찾아내는 방법으로 이루어진다"라고 언급했다. 보이스센스라는 음성인식 소프트웨어 개발사는 숨소리, 대화 속도, 억양 등의 12가지 지표로 발신자가 화가 났거나 불안한 상태일 때를 측정하고, 그 사실을 상담원과 관리자에게 알린다고 덧붙였다.[28]

마케팅 종사자 다수는 인간(발신자)은 관계를 원하지만, 꼭 진짜 사람과의 관계를 기대하는 건 아니라고 믿게 됐다. 음성 만들기, 음성인식, 기계 학습의 발전으로 기업은 고용 비용을 줄일 수 있었을 뿐 아니라 개인 데이터를 수집하고 개인화된 메시지를 보내는 능력이 새로운 단계를 맞았다. 고객 서비스 산업 종사자 중 대놓고 상담원을 퇴출할 계획이라고 말하는 사람은 없었다. 하지만 아마존, 구글, 애플, 마이크로소프트는 그게 가능하다는 쪽에 미래를 걸었다. 가장 중요하게는 경쟁 우위 때문에, 그다음으론 고객을 감시하고픈 욕망 때문에 기업들은 음성 비서의 개성과 개인화를 강조했다. 그들은 이런 길들이기식 감시 전략이 참여를 가장 효과적으로 끌어낸다는 사실을 알았다. 그에 따라 고객 센터 발전에 음성 비서를 활용하는 일이 가속화됐다.

초창기 고객 센터가 하는 음성 활동은 기업엔 매우 중요했지만, 대중에겐 잘 알려지지 않았다. 고객 센터는 감시 활동으로 그들이 얻는 데이터를 발신자에게 숨기고는 했다. 애플의 시리는 대중과 공개적으로 소통한 첫 음성 비서 프로그램이었는데, 사람들은 일상에서 시리의 AI가 펼칠 잠재적 활용 가능성에 열광해 마지않았다. 언제 어디서든 튀어나오는 시리라는 캐릭터는 초반에 생체 식별이나 추론보단 음성인식에 집중하면서 우리에게 친근하게 다가왔다. 그렇기에 대중은 음성인식과 개인화된 데이터 수집이 만나는 마케팅 세상에 별 저항 없이 순순히 걸어 들어갔다.

시리는 마케팅의 우산 밑에서 잉태된 것이 아니다. 2003년 방위고등연구계획국이 비영리 연구기관인 SRI 인터내셔널에 연구비를 지원해 가상 비서를 만들게 한 것이 시초였다. 말하자면 국민 세금으로 기술 개발을 지원한 것이다. 1990년대부터 이미 가정용 컴퓨터와 다른 장비에도 다양한 수준의 음성 명령 및 음성인식 기능이 있었고 방위고등연구계획국은 더 정교한 커뮤니케이션 소프트웨어가 있으면 군사령관이 데이터 과부하 문제를 다루는 데 도움이 되리라 기대했다. 학습하고 정리하는 인지 도우미^{CALO, Cognitive Assistant that Learns and}

했다. 학습하고 정리하는 인지 도우미CALO, Cognitive Assistant that Learns and Organizes라 부른 프로젝트는 정부로부터 1억 5,000만 달러를 지원받았고, 수백 명의 AI 전문가를 끌어들였다. 2007년에 AI 도우미 소프트웨어를 개발하는 일이 성공하자, 사업적 잠재력을 인식한 엔지니어 다수가 SRI를 떠났다. 그들은 CALO의 핵심 소프트웨어 사용권을 허락받고 그 기술로 새 아이폰을 만들었다. 1980년에 만들어진 법 덕분에 모든 일이 합법적으로 진행됐다. 이들은 글자를 입력하는 방식보다 음성 명령으로 애플 기기를 사용하는 게 훨씬 간편하리라는 생각에 SRI의 이름을 딴 '시리'라는 아이폰 앱을 만들었고, 2010년 2월에 출시 준비를 마쳤다. 스티브 잡스는 그 가치를 알아봤다. 아마 시리가 당시 아이폰에 막 도입한 구글의 음성 검색 앱과 경쟁할 수 있다고 봤을 것이다. 구글이 앱을 출시한 지 몇 주 지나지 않아 애플은 시리 엔지니어들이 만든 기업을 인수했고 그다음 해엔 시리가 가진 일부 기능(데이터를 얻기 위해 수많은 외부 웹 서비스를 사용하는 것 등)을 줄이고 다른 기능(몇몇 다른 언어 등)을 추가하여 자신들의 필요에 맞게 변형시켰다. 음성인식 기술을 뒷받침하기 위해 뉘앙스도 인수했다.[29] 그리하여 2011년 10월에 출시된 아이폰 4S에 시리가 탑재됐다.

CALO 팀원들은 새 주인이 바꾼 부분에 대해 투덜거렸지만 시리는 기술 세계를 열광시켰다. 구글은 그해 6월에 이미 크롬 브라우저를 위한 음성 검색 앱을 발표했고 관측자들은 이것이 정확한 음성인식 기술에 돌파구가 되리라 여겼다. 구글은 사람의 음성 요청을 인식하고 문자로 옮겨 적어서, 사람이 글자를 입력했을 때처럼 사용자가 찾는 웹사이트를 여는 법을 알아냈다. 그런 능력도 놀라웠지만 시리

보이스 캐처

는 그보다 훨씬 뛰어났다. 전화기에 대고 뭘 물어보거나 달력에 약속 일정을 기록하라고 하면 모든 일을 신나게 해냈다. 시리의 독특한 언어 능력, 산뜻한 대답, 유머 능력을 칭찬하는 기사가 줄을 이었다. 하지만 투자은행 및 보안 기업 파이퍼 제프레이Piper Jaffray가 질문을 이해하고 대답하는 기능에 'D' 학점을 준 사례처럼 시리가 아주 정확하진 않다는 게 중론이긴 했다.[30] 대부분 사용자는 이해 능력 면에선 구글 어시스턴트에 더 높은 점수를 줬다.

아이폰과 시리에서 성공을 거둔 애플의 영향을 받아 2014년에는 아마존이 에코와 알렉사를 출시했다. 아이러니하게도 이 모든 것은 아마존 파이어폰fire phone이 대대적으로 실패해 기업이 즉각 그 사업을 철수하고 1억 7,000만 달러 손실을 봤다고 발표한 시점에 시작됐다. 아마존 CEO 제프 베이조스가 스마트폰을 출시하고 싶었던 이유는 이해하기 쉽다. 모바일 세계가 커지면서 모바일 기기로 물건을 구매하는 경향도 점점 늘었지만 아마존은 다른 스마트폰의 앱 스토어에서 전자(킨들)책을 팔지 않았다. 그렇게 하면 하드웨어 소유주에게 매출의 일부(애플은 30%)를 떼어줘야 했기 때문이다. 아마존폰이 있다면 이런 지출을 피할 수 있었다.[31] 아마도 더욱 중요한 이유는 아마존폰이 있으면 고객에 관한 실시간 데이터를 얻고 응대 방식을 개인화할 수 있다는 점이 컸을 것이다. 아마존폰이 있으면 사용자 위치를 추적하고 데이터에 기초하여 물건을 추천할 수 있었다. 그리고 도출한 데이터를 이용해 프로파일을 만들 수 있었다. 문제는 사람들이 그 상품에 관심을 두게 할 수 있느냐였다. 베이조스는 스마트폰에 독특한 기능이 많아야 한다고 생각했다. 사용자가 스마트폰을 다양한 각도로 기울여 앱을 켤 수 있는 3D 고급 화면처럼 말이다. 그런 장치 때문에 파이어폰은 아이폰만큼이나 비싼 스마트폰이 됐다. 사용 후기는 정반대로 엇갈렸고 판매 실적은 몇만 개 정도에 그칠 정도로 끔찍한 수준이었다. 결국 아마존은 출시한 지 1년이 간신히 지난 2015년 8월에 판매를 중단했다.

하지만 실패로 돌아간 아마존의 실험에는 음성 비서 기능을 하는 소프트웨어 개발도 포함돼 있었다. 스마트폰 담당 임원이었던 이언 프리드 Ian Freed가 베이조스에게 소프트웨어 초기 버전을 보여줬는데, 이때 베이조스가 인기곡 제목을 말하자 소프트웨어는 노래를 틀어줬다. 베이조스는 무척 흥미 있어 했다. 며칠 뒤 그는 프리드에게 〈스타트렉star trek〉에서처럼 음성 명령에 응답하는 클라우드 기반 컴퓨터를 만들고 싶으니 도와달라고 했다.[32] 그리고 이 팀에 5,000만 달러 예산을 배정하고 과학자와 AI 전문가를 고용하여, 노래 제목보다 훨씬 다양한 말을 인식하고 그에 응답할 수 있는 소프트웨어를 만들게 했다. 그리하여 재앙과도 같았던 파이어폰을 출시한 지 겨우 넉 달 만에 음성 비서 기능을 탑재한 에코가 첫선을 보였다. 음성 비서에 붙인 '알렉사'란 이름은 명랑하면서도 사용자가 실수로 부를 일이 덜하리라는 이유로 선택됐다. 아마존 프라임 멤버에게 제시한 100달러라는 시작가는 파이어폰의 실패에서 얻은 핵심 교훈을 반영한 것이었다. 아마존 기기 부문 수석 부사장 데이비드 림프David Limp는 파이어폰 가격을 너무 높게 책정했다고 생각했고, 에코 가격을 낮춰서 되도록 많은 사람이 음성 비서를 사용하기를 원했다.[33] 그러나 기기 수익은 알렉사가 에코 소유자와 소통한 내용을 요령 있게 활용하는 데서 나온다는 이야기는 하지 않았다.

　아마존이 발표한 AI 스피커가 2014년 하반기와 2015년 상반기를 강타하자 구글 경영진도 경쟁에 뛰어들었다. 구글 전략가 집단은 음성 비서가 대중의 호응을 얻는 것엔 전혀 놀라지 않았지만, AI 스피커가 아닌 스마트폰과 태블릿에서 실현될 것이라고 확신했다고 한다.[34] 사실 아마존은 그냥 스마트폰 사업에 실패하는 바람에 별도의 실내 기기를 만든 거였다. 어쨌든 구글은 에코를 따라잡으려 국내용 홈 AI 스피커를 경쟁력 있는 가격에 내놓았다. 에코가 출시된 지 정확히 2년 만이었다. 이후, 구글은 자신들의 상품에 아마존보다 더 많은 언어를 탑재했고 더 많은 나라로 내보냈다. 애플의 반응은 훨씬 느렸다. 2018년 1월에야 시리를 활용한 홈팟Homepod을 시장에 내놓았다. 아마존이 에코를 판매한 지 3년이 약간 더 지나서였다. 홈팟은 확실히 고급 시장을 목표로 한 듯 오리지널 에코보다 100달러 이상 더 비싼 가격에 뛰어난 음질을 강조했다.

　마이크로소프트도 2014년부터 코타나로 음성 비서 경쟁에 뛰어들었다. 목표는 마이크로소프트 폰과 함께 미래의 윈도우 운영 시스템에 포함하는 거였다. 2017년에는 삼성이 빅스비를 내놓았다. 주로 스마트 TV 및 가전제품과 연결하기 위한 것으로 미국 내 판매 실적은 5개 제품 중 최하위였다. 내가 인터뷰한 관계자들이 공통으로 하는 말은 기기마다 사업 모델이 다르다는 이야기였다. 구글과 애플의 음성 비서 사용자는 전 세계를 다 합치면 수십억 명에 달할 정도로 많은데 이는 스마트폰, 태블릿, 컴퓨터에서 널리 이용되는 안드로이드와 iOS 운영 시스템 덕분이었다. 구글은 인터넷 광고로 사람들과 접촉하는 능력을 팔아온 기업답게, 음성을 새로운 인터넷 검색 방법이자 사용자의 검색 자취를 추적하는 새로운 방법으로 보았다. 애플은 수익 추구가 명백해 보이는 광고를 하는 대신 서로 연결된 기기들의 매끄러운 작동과 개인정보 보호를 중시하는 기업임을 전면에 내세웠다. 몇 년 뒤 마이크로소프트는 음성 비서 경쟁에서 빠져나오기로 했다. 대신 비즈니스 소프트웨어와 컴퓨팅 부문의 강점을 활용해 코타나를 업무 스케줄 관리와 업무 전화에 주로 사용하는 비서라고 소개했다. 아마존의 전략은 알렉사로 자사와 타사의 상품을 파는 것이었다. 일부 관측자는 알렉사가 아마존 음악, 비디오, 오디오 읽기 서비스와 연동되는 건 아마존 프라임 구매 프로그램 가입을 유도하기 위한 것이라고 생각했다. 프라임 회원이 늘면 전체 판매량도 늘어나기 때문이다. 한 분석가는 아마존의 목표는 모든 경제 활동에서 이익을 챙기려는 것이라면서 알렉사를 통한 판매가 한 예라고 봤다.[35]

아마존과 구글은 AI가 보유한 감시 기능을 활용해 사용자에게 상품을 파는 데 가장 관심이 컸지만, 마이크로소프트와 애플은 고객 데이터를 많이 알아내어 서비스를 개인화하는 게 목표였다. 각 기업들은 추구하는 목표를 달성하기 위해, 음성 비서들이 기존 사용자에게 꾸준히 관심을 두면서 새로운 고객도 끌어들이도록 해야 했다. 무엇보다도 음성인식 기기는 사용자 비위를 맞춰야 하고 따라서 기업들의 핵심 전략은 음성 비서에 성격을 부여하는 일이었다. 강력한 휴머노이드-인간관계로 우정과 신뢰를 쌓으면 사람들이 음성 비서가 은밀하게 사용하는 데이터에 대해 의문을 덜 갖게 될 것이다. 기업마다 사용하는 재료는 달랐지만, 음성 비서의 성격을 만드는 기본 조리법은 모두 같았다. 우선 음성 비서에 사람 마음을 끄는 인격을 부여한다. 그다음엔 음성 비서에 사용자 데이터를 관리할 능력을 부여하고 사용자가 원하는 일을 되도록 막힘없이 성공적으로 돕게 한다. 마지막으로는 음성 비서를 기기에 장착하여, 업계가 마찰 없는 혜택이라 부르는 미끼로 사용자를 유인하고 될 수 있으면 많은 곳에서 다양한 음성 데이터를 거두어들이게 한다.

고객을 움직이는 AI 인격

음성 비서에 인격을 부여한다는 생각은 기업이 처음 생각해낸 게 아니었다. 1995년에 스탠퍼드대학교 교수 클리퍼드 나스^{Clifford Nass}와 그 동료들은 컴퓨터에 개성을 부여하는 구상을 제시했다. 그들은 사람들이 타인의 성격 유형을 바로 알아볼 수 있다는 사실을 발견했다. 교수와 그 동료들은 "사람의 마음을 움직이는 성격을 만드는 데 그렇게 다채롭게 정의된 매개 요소나 정교한 표현력이 요구되는 건 아닙니다. 사실 아주 피상적인 처리만 해도 개성을 드러내는 데 충분히 강력한 효과를 낼 수 있어요"라고 했다.[36] 음성 비서 개발자들은 처음부터 이런 사실을 직관하고 대중문화 속에 등장했던 로봇의 특징을 참고했다. 제프 베이조스가 〈스타트렉〉을 참고해 알렉사를 만든 것도 전혀 특별한 일이 아니었다. AI 조수의 탄생 이야기를 들어보면 하나같이 과학 소설과 비디오 게임 속 인물을 참고했다는 사실을 알 수 있을 것이다.

모토로라의 마틴 쿠퍼Martin Cooper는 오리지널 TV 시리즈 〈스타트렉〉의 커크 선장이 사용했던 뚜껑을 밀어 올려 여는 식의 통신기에서 영감을 받아 자신이 발명한 핸드폰을 디자인했다고 말했다.[37] 〈스타트렉〉의 우주선 USS 엔터프라이즈호에 탑재된 가상의 컴퓨터는 승무원이 원하는 요구에 응답할 때 여성 목소리를 사용했다. 실제로 그 목소리는 〈스타트렉〉을 만든 진 로든베리Gene Roddenberry 아내이자 배우인 마젤 바렛Majel Barrett이었는데 구글 엔지니어는 음성 비서를 개발하는 동안 그걸 마젤이라 불렀다.[38] 마이크로소프트에서 만든 음성 비서 코타나는 〈헤일로Halo〉라는 비디오 게임 시리즈에 등장하는 26세기 AI 캐릭터(마스터 치프의 신실하기 짝이 없는 동반자)에서 이름을 땄다.[39]

애플에서 발표한 2011년 버전 시리는 할Hal의 말을 가끔 인용했다. 〈2001: 스페이스 오디세이2001: A Space Odyssey〉에 나오는 컴퓨터였던 할은 지각이 있고 본질적으로 악한 캐릭터였으며, 미국 영화협회에서 선정한, 영화사상 최고 악역 13위에 선정되기도 했다. 시리가 답을 모를 땐 할이 했던 유명한 말 "미안해요, 데이브. 그렇게 못할 것 같네요"를 반복했다. 사용자가 〈2001: 스페이스 오디세이〉의 유명한 대사 "포드 베이 문을 열어"라고 말하면 시리는 "우리 지능형 에이전트는 결코 그렇게 살지 않을 것입니다"라고 재치 있게 대답할 것이다.

기업은 문화 코드가 가미된 이런 유머가 판매에 도움이 되리라 재빨리 판단했다. 2016년 구글은 두들러doodlers* 라이언 저믹Ryan Germick과 디즈니 픽사 스튜디오의 애니메이터 엠마 코츠Emma Coats에게 요청하여, 스마트폰뿐 아니라 막 출시된 구글 홈 스피커의 새로운 구글 어시스턴트에도 개성을 약간 부여했다.[40] 구글 CEO 순다르 피차이[Sund-ar Pichai]는 음성 비서가 예컨대 스마트폰과 AI 스피커처럼 기기끼리 주변 경험을 공유하도록 만들어졌다고 말했다.[41] 코츠는 구글에 채용되자마자 음성 비서에 극적이고 파란만장한 배경 이야기를 부여해 사용자의 공감을 끌어냈다. 코츠는 잡지 《와이어드[Wired]》에서 구글 어시스턴트가 추구하는 소탈하고 친근한 성격은 인간이 구글에 흔히 할 법한 이런저런 질문을 떠올리고 그에 대한 몇 가지 대답을 만들어내며 형성했다고 설명했다. 유머는 개성을 만들어 내는 재미있고 믿음직스러운 보조 장치로도 좋고, 캐릭터가 인간이 아님을 일깨울지도 모르는 실수나 오해로부터 사용자 주의를 돌리기에도 좋다고 그녀는 말했다. 코츠는 자기 팀이 만든 개성에 한계도 정했다. 음성 비서는 자기 의견을 가져선 안 된다. 음성 비서가 존재하는 목적은 깊이 있는 존재가 아니라 신뢰받는 존재가 되는 일에 있다. 캐릭터가 고통받는 영혼임을 암시하는 대사도 안된다. 어두운 비밀 같은 서사를 부여해놓으면 사용자의 기분이 썩 좋을 것 같진 않아서다.[42]

구글만 이처럼 튀지 않는 대본으로 캐릭터를 만든 게 아니었다. 아마존 대본 작가는 알렉사에 아재 개그와 '이스터 에그(영화, 책, CD, DVD, 소프트웨어, 비디오 게임 등에 숨겨진 메시지나 기능)'를 포함한 수십 개의 재미 요소를 집어넣었다. 주로 특정 질문 또는 진술의 대답에 문화적 코드를 가미한 농담을 배치하는 식이었다. 이를테면 알렉사는

---

* 구글은 기념일이나 행사, 업적, 인물을 기리기 위해 구글 홈페이지에 있는 구글 로고를 일시적으로 바꿔놓기도 한다. 특별히 바꿔놓은 로고를 구글 두들[Google Doodle]이라고 하고, 그 특별한 로고를 만드는 구글 사내 직원팀을 두들러[doodlers]라고 부른다.

가끔 〈에어플레인〉 같은 1980년대 코미디 영화를 소환하기도 했다.

> **인간**: 알렉사, 확실히^{surely} 넌 너무 진지해.
>
> **알렉사**: 그래요, 저 지금 진지해요. 제발 절 셜리^{Shirley}라고 부르지 마세요.

알렉사에서 고개 경험 및 참여 팀장을 맡은 헤더 존^{Heather Zorn}은 음성 비서를 유용하면서도 재밌게 만드는 게 목표라고 말했다. 존은 알렉사에 개성을 부여하는 대본을 만들면서 알렉사를 똑똑하고 겸손하며 열성적이고도 도움을 주는 존재로 만들려 애썼다. 587명의 아마존 에코 사용 후기를 분석한 코넬대학교 연구는, 이 기기를 "알렉사"라고 부르고 '그녀'라 지칭한 사람이 "에코"라 부르고 '그것'으로 지칭한 사람보다 만족감이 더 큼을 보여주었다. 그렇지만 아마존은 알렉사가 굳이 가족의 일원이 되기를 원하지 않았다. 대신 마젤을 만든 구글 엔지니어팀이 했던 말을 무의식적으로 따라 한 듯한 언급은 했다. 존과 그의 팀은 〈스타트렉〉에 나오는 척척박사 우주선 컴퓨터에서 알렉사의 영감을 받았다고 말다.[43] 고객을 길들여서 음성인식 기기 그리고 기업과 유대감을 느끼게 하기 위해서는 친근하고 믿을 만한 성격으로 보게 하는 페르소나 구축이 핵심이었을 것이다.[44]

우선 음성인식 기기의 목소리를 생각해보라. 시리가 보유한 기본 목소리와 구글 어시스턴트, 아마존에 모두 여성 목소리가 들어갔다. 예의 바르고 상냥한 비서라는 기본 버전에 여성 목소리를 사용하는 것은 지금껏 여성을 종속적 역할로 전형화해온 편견을 더 강화한다고 비판하는 사람들이 많았다.[45] 반면, 삼성의 빅스비는 음성 비서 목소리를 두 성별 중 하나로 선택할 수 있게 했음에도 비평가들의 분노를 샀다. 삼성은 언어 설정에서 여성 목소리를 '명랑'하고 '발랄'하며, 남성 목소리는 '자신만만'하고 '적극적'이라 표현했는데, 비평가들은 이를 편향된 성차별적 특성이 반영된 결과라고 봤다.[46] 마이크로소프트와 아마존은 그들이 여성 목소리를 사용한 건 사회적 편견을 반영한 것이 아니고, 사람들을 대상으로 직접 시행한 조사 결과에 따랐을 뿐이라고 강변했다. 마이크로소프트의 한 임원은 "사용자에게 도움이 되고 신뢰할 만한 음성 비서를 만든다는 목적에 여성 목소리가 더 적절한 대안이었다"라고 말했다.[47]

적어도 미국 사용자에 대해선 애플과 구글 역시 비슷한 생각이었던 듯하지만, 이들은 여성 버전을 원치 않는 사람들을 위해 남성 버전도 선보였다. 2019년 구글은 10개 선택지(여성 6종, 남성 4종)에다, 일부 답변에 가수 존 레전드의 목소리를 추가한 유명인 선택지를 더해 선보였다. 그해 말에는 아마존도 성별 전형을 살짝 탈피해, 유머러스하게 버럭대는 새뮤얼 잭슨 목소리가 추가된 남성 버전을 유료로 내놓았다. 하지만 구글과는 달리 여전히 여성 목소리를 브랜드가 추구하는 인내심 크고 편안한 페르소나로 사용했다.

길들이기식 감시의 목표는 개인이 음성 비서와 소통하면서 기업의 개인화 소통에 쓰일 음성 데이터와 정보를 편안하게 넘겨주도록 하는 것이다. 그렇기에 사용자 대부분이 거부감 없이 음성 비서를 받아들이도록 하는 일이 중요해졌다. 음성인식 기업의 광고와 사용 설명서는 사용자가 음성 및 생활에 대한 접근 권한을 허용하면 음성 비서가 개인의 필요를 곧바로 충족시켜줄 수 있다고 안내한다. 실제로 음성으로 충실하게 일정을 알려주고 알람을 맞추고 웹이나 위키피디아를 활용해 질문에 답하는 등 여러모로 도움을 준다. 2019년에 나온 〈구글 어시스턴트의 핸즈프리 도움〉이란 영상에는 주중의 어느 바쁜 아침 때로 보이는 부엌 풍경이 나온다. 두 명의 젊은 성인이 서성거리고 아이들은 아침밥을 먹는다. 이어서 "구글 어시스턴트는 당신과 다른 사람의 목소리를 구분할 수 있습니다"라는 말로 음성 비서가 해설을 시작한다. "구글 홈에 물어보면 당신만을 위한 대답을 듣게 될 것입니다. 일정, 출근길 교통 상황, 날씨 등 오직 당신을 위한 맞춤 브리핑을 들으세요. 두 사람 모두 하루를 맞이할 준비를 할 수 있답니다. 당신만의 연락처에서 핸즈프리로 전화하세요." 두 사람이 질문에 답하면 음성 비서가 대답한다.

> **첫 번째 사람:** 헤이 구글, 오늘 일정이 어떻게 되지?
>
> **음성 비서:** 안녕하세요, 알렉스. 출근 시간은 45분 정도 걸릴 거예요.
>
> **두 번째 사람:** 헤이 구글, 오늘 일정이 어떻게 되지?
>
> **음성 비서:** 안녕하세요, 로스. 첫 회의가 오전 10시에 있어요.

이어서 다시 해설이 나온다. "두 사람 모두 음성으로 나만의 플레이리스트를 불러올 수 있습니다. 구글 홈 앱을 열고 구글 어시스턴트를 훈련하세요. 최대 여섯 명까지 가능합니다. 설정만 하면 누구나 집에서 개인화된 응답을 누리실 수 있답니다."[48]

이 영상은 음성 비서가 추구하는 핵심 기능이 고객이 행동하고 말하는 걸 개인화하는 능력이라는 구글 CEO 순다르 피차이의 생각을 반영한다. 사용자가 구글 어시스턴트에게 듣는 대답은 음성 비서가 당신과 당신 생활에 대해 아는 정도만 반영하는 것처럼 보일지 모른다. 하지만 그건 틀렸다. 특정 유형이 지닌 데이터를 제한하거나 지우는 방법을 애써 찾아내지 않는 한, 기업은 당신이 오디오 기능을 사용할 때 그동안 개인화된 응답을 얻는 사람에 관해 알아낸 엄청나게 많은 다른 데이터와 더불어 당신이 소유한 음성 및 오디오 데이터를 수집할 권한을 갖는다.[49] 구글에게 이런 사실은 아무 문제가 되지 않는다. 오히려 시작에 불과하다. 2016년에 열린 구글 개발자 콘퍼런스에서 피차이는 "오늘날 우리는 사람, 장소, 세계 그리고 현실 세계에서 사람이 장소와 맺는 관계에 대해 수십, 수백억 가지의 사실을 이해하게 됐습니다"라고 하면서 "따라서 전에는 감히 생각도 못 했던 것들을 할 수 있는 것이죠. 우린 그것이 사용자마다 저만의 구글을 만들어 준다고 생각합니다"라고 말했다.[50]

아마존, 애플, 마이크로소프트의 CEO는 저마다 비슷한 영상을 보여줬고 피차이가 내린 결론에 모두 동의하는 듯했다. 하지만 2019년에 구글은 듀플렉스duplex 기술(대화 맥락을 스스로 이해하고 판단할 수 있는 수준으로 진화한 AI 기술)을 선보임으로써 앞서나가는 모습을 보였다. 남녀 목소리 중 선택이 가능한 구글 어시스턴트는 아이폰과 새 안드로이드 기기 모두에서 사용 가능하며 사용자 대신 예약도 할 수 있다. 신형 구글 어시스턴트는 "어…"나 "음…" 같은 소리를 내며 섬뜩할 정도로 사람이 하는 말과 비슷해졌다.[51] 그들은 자신이 AI란 사실을 밝히지 않았다. 그렇기에 처음엔 이런 자연스러움을 우려하는 시각이 많았다. 비판이 터져 나오자 구글 어시스턴트는 "이 전화는 녹음될 것 입니다"라는 말로 통화를 시작했다.

이 서비스를 이용하려면 사용자는 그냥 스마트폰에 있는 구글 어시스턴트 앱을 켜서 음성 비서의 목소리로 식당 혹은 미용실 예약을 해달라고 하거나 영업시간을 확인해달라고만 하면 된다. 예약되면 음성 비서는 사용자에게 15분 안에 문자 메시지를 보낸다. 엉뚱한 데로 전화하거나 상대가 녹음을 원치 않으면 구글을 대신해 실제 사람이 통화를 이어받을 것이다. 지금까지 인간이 개입하거나 제한된 방식으로 예약만 가능한 한 가지 이유는, 구글의 기계 학습 시스템이 최선의 예약 서비스 방법을 알아내려면 엄청난 양의 훈련 세트가 필요하고 이걸 만드는 일이 어려운 탓이다. 구글에 따르면 중간에 개입하는 인간 교환원은 듀플렉스가 제공하는 알고리즘 훈련 대본에 자잘한 문제가 있으면 그 내용을 기록하는 일도 한다.

구글은 듀플렉스를 개인화가 추구하는 최전선으로 삼았다. 그들은 이걸 스마트폰의 개인화된 음성 서비스를 뛰어넘는, 더 개인화된 상호 작용의 타당한 다음 단계로 보았다. 적어도 시연회에서는 너무도 자연스러웠고 길들이기에 해당하는 특징에 딸려오는 감시라는 부분(구글, 아마존 등이 채취하고 저장하는 고객 데이터)에 대해서는 아무도 문제를 제기하지 않았다. 사람들은 오직 음성 비서가 대화를 녹음하고 있다는 사실과 그 정체를 밝히지 않는 무례함에만 분개했다. 시연회를 본 어느 작가는 콜센터 입장에서 듀플렉스의 명백한 가치를 알아봤다. 그는 "많은 대기업이 기본적으로 인간과 비슷한 AI를 만들려 애쓰고 이를 위해 AI가 엄격하게 대본을 따르도록 훈련한다"라고 썼다.

만약 대기업이 콜센터에 듀플렉스 스타일의 기술을 도입하면 로봇처럼 말하는 사람은 사실상 고용할 필요가 없게 될 것이다.[52]

발신자 또는 AI 스피커 사용자와 음성 비서가 자연스럽게 대화하는 그런 다목적 능력은 당장 만들어지기 어려울 것이다. 포레스터가 말하듯이, 수백만 년 동안 인간 뇌는 언어를 이해하고 말하는 데 요구되는 상당히 복잡한 구조를 발전시켜왔다.[53] 인간이 가진 언어 능력을 아직 컴퓨터는 완전히 학습할 수 없다. 가장 흔한 예가 "eats shoots and leaves(순과 잎을 먹는다)"라는 문구다. 쉼표 하나만 들어가거나 빠져도 사냥꾼에 관한 이야기가 될 수도 있고 동물에 관한 이야기가 될 수도 있다(eats 뒤에 쉼표를 넣으면 '먹고 쏘고 떠난다'라는 뜻이 되어 사냥꾼에 관한 이야기가 된다-옮긴이). 우리가 이걸 말로 표현할 땐 잠깐 멈추는 식으로 충분히 구별한다. 이런 애매함은 일상 대화에서 상당히 흔한 일이고, 그런 경우 대체로 전후 문맥에 따라 본뜻을 이해할 수 있다. 그러나 컴퓨터는 이런 모호한 문구를 잘 이해하지 못한다. 사람들은 자연스럽게 알렉사나 콜센터 컴퓨터에 답답함을 느낄 것이다.

기업 경영진과 기술팀은 이런 문제의 일부라도 해결하고자 했다. 인간보다 컴퓨터를 훈련하는 비용이 훨씬 덜 들 거란 믿음때문이지만 말이다. 뉘앙스는 오랫동안 고객 센터와 일하면서 인간과 컴퓨터의 상호 작용을 향상시켜줄 딥러닝 등의 AI 형식을 활용했다. 뉘앙스의 CTO는 2013년에 이미 "고객 서비스 처리 활동을 기초로 효율적이고 이해하기 쉬운 응대 안내서를 짜는 일은 결코 만만한 일이 아니었습니다"라고 인정했다. 그는 미래에는 "전문적인 음성 비서가 상호 소통식 음성 응답 시스템(발신자가 음성이나 전화기 버튼으로 답변을 선택해나 가는 식으로 데이터를 입력해 응답을 얻는 시스템 – 옮긴이)을 완전히 건너뛰 고 곧바로 데이터에 접근하게 될 것입니다. 음성 비서는 사용자가 프 롬프트(시스템이 다음 명령이나 메시지를 받아들일 준비가 됐음을 사용자에게 알려주는 메시지)되지 않은 데이터를 알아서 제공하고 고객 센터가 펼 치는 다양한 기능을 자유자재로 오가게 하는 유연한 대화 기능도 지 원할 테니까요”라고도 말했다.[54] 더 최근에는 IBM, 아마존, 구글, 마 이크로소프트가 고객 센터 영역에 뛰어들어 뉘앙스 등과 본격적인 경 쟁에 나섰다. 그들이 지금껏 개발한 음성인식 및 합성 기술이 고객 센 터에도 적용될 수 있으리라고 언론에 설명했다.[55] 2019년에는 IBM 과 뉘앙스가 자신들이 소유한 AI 기술이 투박한 IVR식 버튼 선택을 없앨 거라 주장하는 데 가장 적극적이었다. IBM에 따르면 왓슨의 남 성 목소리를 장착한 고객 관리 가상 도우미와 고객은 사람들끼리 대 화하듯이 자연스럽게 소통할 수 있게 될 것이다. 고객은 AI 말투의 안 내에 따라 버튼을 누르거나, 자신들에게 필요한 응답을 듣기 위해 정 확한 핵심어를 떠올리느라 신경을 곤두세울 필요가 없다. 대신 문장 을 이해하고 자연스러운 말투로 적절하게 응답하는 왓슨과 완전한 문 장으로 대화할 수 있는 것이다.[56] 뉘앙스는 그들이 제작한 음성 비서 니나[nina]가 “발신자가 컴퓨터 키보드를 누르든 화면에 대고 터치를 하 든 기기에 대고 말을 하든 상관없이 발신자의 요구에 친숙한 목소리 로 응답할 것이다”라고 주장했다.[57]

왓슨과 니나 모두 개성이 있다. 왓슨은 약간 무심한 듯하지만 니나 는 재미있다. 내가 “너 결혼했니?”라고 물으니 니나는 “아, 엄마였군

보이스 캐처

요! 지금은 그냥 좀 용건만 말하면 안 될까요?"라고 대답했다. 대본을 만드는 사람들은 왓슨이나 니나를 기업 컴퓨터와 연결해 발신자가 가진 배경 및 기업과 지난 상호 작용을 학습하게 함으로써 대화를 개인화할 수 있다고 한다. IBM에 따르면 기본 대화를 개인화하는 건 하루 이틀이면 되고 3~6개월이면 고객 관리 음성 비서를 콜센터 시스템에 통합시킬 수 있다.

이런 주장을 들으면 기업이 그리는 미래가 음성 비서에 달린 것처럼 보인다. 하지만 이런 과장을 걷어내고 조금만 떨어져서 보면, 음성 비서는 가상 도우미 훈련 세트의 기초라는 것을 IBM은 조심스레 인정한다. IBM과 뉘앙스 모두, 사람들이 실제 사람과 이야기하고 싶어 한다면 가상 도우미는 쉽고 빠르게 덜 일상적인 문제를 인간 도우미에게 이임할 수 있음을 강조한다.[58] 최신 기술은 인간 도우미에게 될 수 있는 대로 많은 AI 지침을 주고 기업에 이익이 되는 방향으로 발신자 필요에 효과적으로 대처하게 한다. 목표는 인간 도우미와 AI 보조 장치를 결합하여 알렉사나 시리처럼 특정 상황에 놓인 사람을 위해 매력적인 페르소나를 구축하는 일이다. 이 목표를 달성하는 데는 감시가 핵심이다. 고객은 물건을 사거나 이미 산 물건에 대해 느낀 불편을 해결하기 위해 갈수록 많은 채널을 이용한다. 그렇기에 기업은 이런 채널을 딥러닝으로 분석한다. 포레스터가 지적하듯이 고객 행적을 추적하는 일은 "오랜 기간 다양한 채널에서 끌어모은 양적 데이터와 질적 데이터를 결합하여 고객의 행동 및 동기를 분석한다"라는 뜻이다.[59]

고객 행적을 분석한다는 것은 점점 더 고객이 한 말과 음성 패턴을 살핀다는 뜻이기도 하다. 음성인식 산업의 종사자 일부는 특정인의 배경과 행동을 분석해 도출한 아무리 뛰어난 결과물도 그 사람의 말과 언어 패턴, 더 나아가 음성의 물리적 특성과 연관 지어 내놓은 분석 결과에 미치지 못할 것이라는 믿음을 퍼트린다. 목표는 분명하다. 그건 바로 길들이기식 감시를 활용해 극단적일 정도로 고객을 개인화하는 일이다. 이 목표를 현실로 만들기 위해 기업들은 말, 음성 등 새로운 데이터에 접근하려 안간힘을 쓰고 있다.

보이스 캐처

기업마다 사용하는 재료는 달랐지만, 음성 비서의

성격을 만드는 기본 조리법은 모두 같았다. 우선 음성 비서에 사람 마음을

끄는 인격을 부여한다. 그다음엔 음성 비서에 사용자 데이터를 관리할 능력을

부여하고 사용자가 원하는 일을 되도록 막힘없이 성공적으로 돕게 한다.

마지막으로는 음성 비서를 기기에 장착하여, 업계가 마찰 없는 혜택이라

부르는 미끼로 사용자를 유인하고 될 수 있으면 많은 곳에서

다양한 음성 데이터를 거두어들이게 한다.

2장

음성 데이터는

얼마나 강력한가

아비는 아내의 생일 선물을 사려고 어느 온라인 스토어의 콜센터에 전화를 건다. 선물로 미리 생각해둔 등산화가 있지만, 그 스토어는 처음이라 궁금한 점이 있었다. 그는 스토어 콜센터가 소비자에게 더 비싼 제품을 구매하도록 유도하는 지능형 예측 선별기를 사용한다는 걸 모른다. 아비가 전화를 걸면 서비스를 제공하는 소프트웨어 기업의 컴퓨터는 전화번호로 그들이 서비스를 제공하는 다른 기업에 노출된 아비의 데이터(아비가 전화했을 때 했던 말과 문법 유형을 AI로 분석한 결과)를 찾는다. 컴퓨터는 아비가 참모 성향이 강하고, 헌신적이고 규칙을 잘 따르고 성실하다고 결론짓는다. 그리고 기업 직원 중 참모 성향에게 환심을 잘 사고, 특히 이런 사람이 좋아할 만한 물건 중 더 값나가는 제품을 구매하도록 잘 부추기는(이를 업셀링^{upselling}이라 부른다) 인간 상담원을 그에게 연결한다. 이런 방식이 늘 통하는 건 아니지만 이 경우엔 상담원이 오래된 대본으로 아비에게 고급 등산화를 판매하는 데 성공한다. 아비 것도 사도록 설득해보지만, 거기에는 실패한다.

에프라트는 고급 드레스 부티크에 생전 처음 들어가본다. 판매원 재키는 에프라트를 반갑게 맞이한 다음 먼저 책상으로 안내한다. 이들은 관심 품목에 관해 이야기를 나누고 특정 옷을 찾는다. 에프라트는 모르지만, 재키 책상 안에는 아마존 에코가 있다. 재키가 "행복한 하루"라고 에코를 부르면 에코는 필요한 대화를 녹음하기 시작한다. 재키의 목적은 몇 달 전에 아마존이 내놓은 특정 판촉 혜택을 에프라트에게 적용할 수 있는지 알아보는 것이다. 아마존은 성인 에코 소유자 모두를 대상으로, 특정 상점에서 음성으로 신원을 확인하도록 허용하고 그 상점을 방문하는 사람에게 적립 포인트를 주는 서비스에 가입하도록 초대했다. 쇼핑객은 이들 상점에서 산 물건 가격에 따라 더 낮은 포인트를 얻는다. 이 서비스에 가입한 상점이 늘어날수록, 그리고 그 상점에서 구매를 많이 할수록 쇼핑객은 더 많은 포인트를 얻는다. 재키는 에프라트가 포인트 적립 시스템에 등록했고 부티크를 찾은 게 이곳이 아마존 리스트에 있어서라는 걸 알게 된다. 하지만 에프라트는 개인정보 처리 방침을 읽지 않은 탓에 이 드레스 부티크가 에프라트의 직업, 주소지, 가족 소득, 고가 제품을 사는 빈도 등을 알려주는 음성 서비스를 이용한다는 사실을 모른다. 재키가 고객에게 보여줄 물건을 고를 때 이런 데이터는 매우 유용하다. 재키는 에프라트가 말한 선호 상품을 예의 바르게 무시하고 서비스가 알려준 에프라트가 가진 구매 능력에 필적하고 그녀 주변에 있는 멋쟁이 이웃들이 살 법한 물건을 권한다. 이게 먹힌다. 적어도 재키는 그렇다고 믿는다. 에프라트는 고가 드레스 두 벌을 손에 들고 매장을 떠난다. 재키가 자신을 조종하려는 시도를 할 수 있도록 해준 데이터에 대해서는 까맣게 모르는 채로 말이다.

이 2개의 가상 시나리오는 음성인식 산업이 개인화 능력을 적용했을 때 발생하는 문제에 대해 냉정하게 보여준다. 재키가 고객을 식

보이스 캐처

별하는 데 사용하는 앱은 아직은 시중에 나와 있지 않지만 이를 시행할 기술은 이미 존재한다. 2019년 아마존이 '음성 특징을 활용한 사용자 식별'이란 이름으로 특허를 받았다.[1] 아비의 사례에서처럼 업셀링 판매 전략은 지금도 일상적으로 이용된다. 아비의 전화에 적용된 지능형 예측 선별기는 음성인식 기업 매터사이트Mattersight가 이미 2011년부터 팔아온 제품이다. 아마존의 음성 식별 특허 앱은 당황스러운 상황을 모면하기 위한 용도를 전면에 내세운다. "사용자가 모르는 사람이나 알긴 아는데 이름을 기억 못 하는 사람을 만났을 때 특정 사회적 상황에선 그 사람의 이름을 대놓고 물어보는 게 어색한 상황에서 사용할 수 있다"라고 앱 설명에 써놓았다. 물론 기업은 그걸 다른 용도로 사용할 수 있다. 매터사이트는 2014년에 '독특한 예측 행동 식별 능력'으로 특허를 받았는데 이에 대해 "비용은 10~25% 정도 줄이고 판매 실적은 늘려주는 효과가 있다"라고 선전한다.[2]

기업 및 대학 연구자들은 개인이 가진 물리적 음성과 그가 말할 때 선택한 단어가 그 사람이 누군지, 기분이 어떤지, 어떻게 행동할지를 모두 알려주며 자신들이 조금씩 그 패턴을 찾아나가고 있다고 믿고 있는 것이다. 기업은 상품 판매의 개인화를 향해 치열하게 경쟁하면서, 음성 비서를 통한 음성인식이 고객의 개인적 특성을 이해하는 효과적인 방법이 될 것이라고 약속한다. 기술 신봉자는 음성인식이 대체로 표적 고객 눈엔 보이지 않기에 그들을 신경 쓰이게 하지 않으면서도 이걸 쓰는 기업이나 집단은 비용을 절약하고 고객을 잘 파악하게 될 거라 말한다.

음성인식 연구자는 이미 그들이 음성으로 그 사람의 신원, 체형,

나이, 계층, 특정 질병, 특정 감정 및 성격을 식별해낼 수 있다고 주장한다. 또한, 그들은 음성만이 아니라, 말 내용으로 패턴을 이해하는 법을 개발했으며 심지어 때와 장소에 어울리는 음성과 말로 우리를 설득할 수 있다고도 단언한다. 실로 대담무쌍한 주장이다. 하지만 실제로 연구자가 주장한 대로 기술이 작동하지 않을 수 있다. 그런데도 고객 센터 기업은 이미 이런 생각을 실행하고 있다. 고객 센터 기업은 그들이 말과 음성지문으로 개인을 확실히 이해하고 이를 바탕으로 응대한다고 주장하지만 사실 그 이해는 주관적 판단과 개념 정의, 시스템이 가진 불가피한 허점으로 걸러진 결과다.

기업이 음성에서 읽어내는 것

—

보는 눈이 많은 구글과 아마존은 자신들의 기기, 검색 엔진을 사용하는 고객에게 정보를 캐묻는 시점과 방법을 공개하는 일에 다른 고객 센터 기업보다 훨씬 더 신중하다. 음성 비서에 포함된 서비스 약관은 이들이 분명 그런 활동을 하고 있음을 드러내지만, 그 방법에 대해선 아무 이야기가 없다. 구글과 아마존이 가진 의도를 유추하려면 이들 기업이 음성인식 기술이 가진 미래를 통제하기 위해 획득한 특허를 살펴보면 된다. 그 문서는 기기가 사용자 음성을 통해 특수한 개인 데이터를 지속해서 얻고 사용하는 방법에 관한 내용으로 처음부터 끝까지 점철돼 있다.

오늘날 음성인식은 주로 은행, 투자 회사, 통신사 등 계좌 또는 계정에 들어가려는 사람의 본인 인증 같은 신원 확인에 점점 많이 사용된다. 음성 인증은 지문, 안면인식, 행동 패턴(키보드나 마우스 사용법 등)과 더불어 독특한 신원 확인 방법에 속한다. 고객 센터는 그들의 도메인에 이르는 관문으로, 기존의 암호학 기술을 이용한 비물리적(소프트웨어적인) 방법 대신 이런 방법을 갈수록 많이 활용하는 추세다. 음성식별 기업인 뉘앙스의 웹사이트엔 이렇게 적혀 있다. "개인 식별 번호PINs, 비밀번호, 본인 확인 질문은 본질적으로 불안정하다. 사기꾼들은 온라인에서 신원을 구매하고 소셜 미디어에서 자잘한 개인 데이터를 쉽게 찾을 수 있다."

또 전통적 비밀번호는 기업에 비용을 발생시킨다. 문제는 콜센터들이 여전히 고객들의 답변(잔액이 얼마인지, 명세서를 어디로 보낼지 등)을 전달하기 위해 버튼을 누르는 방식의 상호 소통식 음성 응답IVR 시스템을 사용한다는 것에서 시작된다. 뉘앙스는 IVR 첫 단계인 개인 식별 번호와 비밀번호 입력으로 "신원을 확인하는 과정에서 실패하는 경우가 흔하다"라고 지적한다. 이는 고객이 번호를 기억하지 못하거나 버튼을 잘못 누르는 경우가 많기 때문이다. 어쨌든 고객은 상담원과 연결되거나, 여러 차례 전화를 시도한 끝에 나중엔 곧바로 0번을 눌러 상담원과 이야기하지만, 상담원과의 통화도 이름, 주소, 생일, 비밀번호 같은 신원 확인 데이터를 재차 읊어야 한다는 점에서 수고스러울 수 있다. 그렇기에 고객은 자신의 생리학적 데이터를 IVR과 상담원에게 기꺼이 넘길 태세가 돼 있다고 음성 인증 업체는 말한다.

음성 인증에는 다양한 방식이 있겠지만 기본은 같다. 우선 디지털 녹음으로 독특한 음성 특징을 감지하는 음성 모델을 만든다. 그 특징은 말의 리듬, 톤, 속도만이 아니라 화자의 자음과 모음 소리에 반영되는 비강 길이와 형태 같은 성대 특징과도 관련된다. 이 모델은 쌍둥이도 구별하고 목감기에 걸렸거나 훌쩍거리는 소리를 내도 인식할 수 있을 정도로 탄탄하다고 전문가는 주장한다.

음성 데이터를 만드는 방법은 기업마다 다르다. 구글, 아마존 같은 기업은 발신자에게 음성 인증 설차를 거치라고 요구한다. "제 음성이 제 비밀번호입니다" 같은 문장을 다섯 차례 반복하는 방식으로 확인하는 절차인데, 이렇게 하면 성문(후두부에 있는 발성장치) 분석 모델이 만들어지고 앞으로 사용할 암호도 만들 수 있다. 하지만 사람들은 고객 센터가 고객이 가진 음성지문을 데이터베이스로 만든다는 사실도 모른 채 생체인식에 동참하는 경우가 많다. 어느 경영진이 한 말처럼 "보다 나은 서비스를 위해 고객님의 통화가 녹음될 수도 있습니다"라는 수수께끼 같은 말로 기업은 자신들이 하는 성문 분석과 음성 저장 활동에 대한 책임을 다했다고 한다. 아마존은 음성지문과 음성 명령의 문자 기록을 클라우드 서버에 올려두고 다양한 앱을 개인화하는데 쓴다. 이 방식에 따르면 고객은 온라인 쇼핑몰에서 계산할 때 네 자릿수 인증번호를 입력하지 않아도 된다.[3]

구글은 이 문제에 관해 조금 덜 분명하다. 이들도 마찬가지로 음성지문과 문자 기록을 클라우드로 보내지만 신속하고 안전한 처리를 위해 상당 부분을 기기에서 해결하고 음성 발화 모델만 복잡한 분석이 가능한 클라우드로 보낸다.[4] 고객 센터는 클라우드 서비스를 사용할 수도, 지역 컴퓨터 서버를 택할 수도 있다. 목적은 음성지문을 기록·

보관하고 분석하여 그 사람이 다시 전화할 경우 참고 모델로 사용할 준비를 해놓는 것이다. 고객 센터는 각 개인의 음성 모델을 아마 배경 소음에 기초한 음질과 시스템 내 다른 목소리와의 유사성 정도에 따라 정확성을 나타내는 값을 도출할 수 있다. 그래서 그 사람이 다시 전화하면 컴퓨터가 발신자 음성에 가중 모델값을 사용해 컴퓨터 또는 상담원이 발신자에게 정보를 더 요구할지 말지, 한다면 뭘 요구할지 결정한다. 이런 접근법은 정직한 고객을 인증할 때만이 아니라 거짓 주장을 하는 고객을 경계할 때도 쓴다. 성공 여부를 떠나 일단 사기 행각이 의심되는 사람들의 음성지문을 갖고 있으면 은행이든 투자 기업이든 그 외 다른 기업체든 차후에 그런 일을 당하지 않도록 대비할 수 있다.

기업은 자사 웹사이트를 통해서든 다른 공적 발언을 통해서든, 목소리가 궁극의 인증 방법이라 주장한다. 뉘앙스 CTO 조 페트로Joe Petro는 이렇게 말한다. "첫 7~10단어만 들으면 알렉사 등의 요즘 음성인식 기기에 대고 말하는 사람이 누군지 우리는 상당히 정확하게 알 수 있습니다."[5] 그러나 한 최고 보안 전문가는 영국 신문《가디언》과 했던 인터뷰에서 "요즘엔 음성을 실시간으로 모방할 수 있는 기술이 있어요. 범죄자가 이미 당신의 음성 조각(유튜브 영상이나 팟캐스트에 올라온 목소리)이 있다면 당신 목소리와 매우 흡사한 목소리를 만들어낼 수 있습니다"라고 했다.[6] 기업들은 그들이 보유한 시스템은 쌍둥이 목소리도 구별할 수 있다고 주장한다. 하지만 2017년 5월, 쌍둥이인 BBC 기자가 HSBC 은행의 음성 인증 시스템을 뚫었던 사례를 발표한 바 있다. 뉘앙스 보안 전략 이사 브렛 바레넥Brett Barenek은 사기

행각이 점점 지능적으로 변해간다고 인정했다. 인간이나 컴퓨터 도우미를 속여 본인 인증을 받을 목적으로 타인의 어투를 흉내 내는 것이 그 예시다. 브렛은 음성과 발화 패턴을 기록하는 악성 소프트웨어는 곧 등장하겠지만 지금까지는 그들이 뉘앙스가 개발한 생체 인증 방식을 뚫지 못했다고 말한다.[7] 하지만 사이버 범죄자들이 보안 소프트웨어를 뚫을 기술을 꾸준히 개발 중임을 인정하면서 새로운 무기 경쟁이 벌어지고 있음을 인정했다. 현재 음성지문 수집은 빠르게 이루어지고 있다. 그러나 절대 바꿀 수 없는 신체 일부가, 도둑이나 정부 기관에 해킹당할 우려가 있는 암호로 저장되는 것에 대해 시민들이 어떻게 생각하는지를 묻는 지도자는 별로 없다.

BBC의 실험 결과에도 불구하고, 2018년에 HSBC는 음성 인증 시스템에 한 달에 1만 명 이상을 가입시키고 있다고 말했다. 그해 하반기에는 뉘앙스가 기업과 고객을 위해 3억 명 이상의 음성을 수집해두고 있다고 보고했다. 상업적 관심 탓에 우리는 음성 데이터를 남에게 넘겨주는 일이 현대 생활의 일상이라고 느끼게 됐다.[8] 많은 연구자와 경영자가 확신하듯, 본인 인증은 컴퓨터의 음성인식으로 인간을 이해하는 수만 가지 방식 중 하나다. AI의 도움을 받아서 음성을 체계적으로 탐구하는 학자도 있고 소비자 경험을 자세히 파악하는 데 음성을 부분적으로라도 활용하는 상업용 기술로 특허를 내는 연구 개발자도 있다.

카네기멜론대학교 컴퓨터 공학 교수 리타 싱[Rita Singh]은 두 가지 일을 다 하는 사람이다. 그는 음성으로 사람의 어떤 부분을 파악할 수 있는지에 관한 자신의 연구를 설명하면서, 자신은 사람들이 사용하는

보이스 캐처

언어나 내용에는 관심이 없고 오로지 몸 안에서 일어나는 일을 음성이 어떻게 반영하는지에만 관심이 있다고 강조한다.[9] 싱 교수는 목소리가 그 사람에 관해 말하는 바는 오랫동안 과학자, 의사, 철학자, 사제, 공연 예술가, 점쟁이 등 사실 수많은 직업인에게 일종의 신호 역할을 해왔다고 지적한다.[10] 20세기의 음성 연구는 언어 생리학과 그것이 인간에게 포함된 나머지 부분과 같은 관련성에 국한됐다. 이들 연구는 음성과 말이 내포하는 어떤 특징을 성대 해부학, 음성을 만들어내는 생체 역학적 메커니즘, 생리학, 신경학적 특징 등과 체계적으로 관련시켰다. 동시에 정량적 진단 작업으로 음성 특징과 인간이 가진 어떤 특성 사이에 있는 관련성을 탐구했다.

싱은 수학적 공식으로 가득한 자신의 책에서 관련성을 추적한다. 골격에서 세포 기능에 이르는 요인들이 어떻게 음성을 통해 사람 성별을 판단하는 능력에 영향을 미치는지를 상세히 이야기한다. 남성과 여성은 갑상선 연골 크기와 전면 각도가 다르다는 것도 예시가 된다.[11] 특정 감정 역시 신경 사이에 있는 관계로 목소리를 내는 데 영향을 미친다. 후두 근육을 움직이는 후두 신경은 무엇보다도 미주 신경(심장, 인두, 성대, 내장기관 등에 폭넓게 분포하여 부교감신경 및 감각, 운동신경 역할을 수행하는 신경)과 연결돼 있음이 밝혀졌고, 미주 신경은 감정에 대한 신체 반응과 매우 밀접한 관련이 있다.[12] 사람들은 말할 때 자신도 모르게 미묘한 사적 정보를 다음 예처럼 꽤 상세하게 알려주고 있는 것이다.

- 체중이 더 나갈수록 남자는 약간 더 높은 목소리가 나고 여자는 약간 더

낮은 목소리가 난다. 이런 변화는 체중이 호르몬 수준만이 아니라 성대의 특정 치수에 영향을 미치기 때문이다. 연구자는 음성 주파수만으로도 5세 아이의 체중을 어림짐작할 수 있을 정도다. [13]

- 통계학적 연구는 음성의 어떤 특징은 사람 키도 7.6센치 오차 내에서 어림짐작할 수 있음을 보여주었다. 키 큰 사람은 대체로 성대도 더 길고 폐도 더 크기 때문에 목소리가 다르다. [14]

- 음성은 그 사람의 심징 박동 수치도 나타낸다. [15] 그 이유는 아마도 아드레날린 수치 같은 스트레스 증세와 관련이 있을 것이다.

- 음성은 그 사람의 건강 상태도 간략하게 알려준다. 건강한 사람은 상당히 높은 모음 소리를 내고 광범위한 소리를 낼 수 있으며 떨림이 적다. [16]

- 음성의 조직적 결함은 특정 질병의 생체 지표다. 루게릭병이라고도 알려진 근위축성 측삭 경화증[ALS]은 파킨슨병과는 다른 음성 결함을 보인다. 또 파킨슨병의 음성 결함은 치매 환자가 띠는 음성 결함과도 다르다. [17]

- 여성이 피임약을 복용한 지 몇 달이 지나면 음성으로 그 사실을 알 수 있다. 약이 배란을 억제해서 신체 호르몬 수치가 바뀌기 때문이다. 연구자는 음성 범위 및 성질을 정량적으로 측정하여 이런 변화를 알아낼 수 있다. [18]

- 우울증, 조현병, 자살 위험 같은 정신 질환은 특정 음성 생체 지표를 보인다. [19]

- 음성은 주변 환경을 반영하기도 한다. 예컨대 연구자는 누군가가 움직이면서 말하는지 아니면 정지 상태로 말하는지를 알 수 있다. [20]

20세기 연구자는 이런 발견을 하면서 음성지문과 신체 특징 사이에 있는 패턴에 깊이 파고 들었다. 싱의 주장에 따르면 이런 접근법의 어려움은 실제로 그 관계를 관찰해야 한다는 사실에 있다. 보통 관찰자는 그 대상의 병세가 깊어지는 과정이나, 음성과 감정의 미묘한 관계를 꾸준히 추적할 정도로 오래 관찰하지 못한다. 그 해결 방법은 무엇일까? 이때, 기계 학습과 심층 신경망 같은 AI 기술이 대안이 된다. 기술은 인간 눈에는 잘 안 보이는 패턴을 발견하도록 해줄 것이다. 나이, 체중 같은 다양한 신체 특징을 통제하면서 컴퓨터에 음성지문을 잔뜩 입력하면 질병, 카페인 섭취 여부, 감정에 기초한 신경 전달 물질 등의 신체적 특징과 특정 음성지문의 관련성을 찾아낼 수 있다. 일단 관련성을 찾아내면 컴퓨터가 개개인이 보유한 음성지문으로 이를 테스트할 수 있다. 싱은 음성이 여러 가지 이야기를 해주리라고 생각한다. MIT의 한 프로젝트는 AI를 활용해, 짤막한 음성 조각만으로 대략적인 디지털 몽타주를 그려냈다. 이와 관련해 다음과 같은 대목이 나온다. "다행히 AI는 아직은 음성만으론 그 사람의 생김새를 정확히 모른다. 그러나 신경망은 음성에서 성별, 나이, 인종 등 다수가 공유하는 특성 지표를 인식한다."[21] 여기서 '아직'이라는 말을 쓴 것에 주목하라. 이것은 우리의 몸과 영혼에 뚫린 새로운 입구를 향한 낙관주의와 약간의 경외심마저 드러내는 말이다. 싱은 목소리로 방대한 개인적 특성, 아마도 얼굴 생김새, 몸 크기, 정신적 질병, 신체적 질병, 나이, 지능, 성적 지향, 약물 복용 여부, 감정 등을 식별하는 일이 매우 간단해질 거라 말한다.[22]

실로 놀라운 의제다. 아직은 대학의 컴퓨터 공학 실험실, 심리 프로그램, 경영 대학에서 배양 중인 기술에 불과하지만, 학술 영역 외부의 거대 조직들도 이를 눈여겨보고 있다.[23] 컴퓨터 공학자들 사이에서 그가 쓴 책이 나왔다는 소문이 돌자, 싱은 정보기관으로부터 질문을 받았다.[24] 미 해안 경비대와 국토안보부에서 연구비를 지원한 결과로 나온 기술이었지만 조직은 군사 및 안보 목적으로 음성을 수집하려는 관심 외에도, 다양한 사업적 목적을 위한 음성 기반 AI 예측 기술을 개발하려 애쓰고 있다.[25]

싱은 음성과 인간 특성 간의 관계가 어떻게 분석되고 이용될 수 있는지를 자신을 비롯한 연구자들이 이제 막 보여주기 시작했을 뿐이라고 말한다. 이런 정보가 어떻게 남용될 수 있는지도 아주 잘 안다. 심리적 우울이나 파킨슨병 초기 단계 또는 단순히 피임약을 복용하고 있다는 사실을 알려주는 음성인식이 고용인이나 잠재적 고용인 또는 보험 회사에 어떻게 비칠지는 훤하다. 음성 신호는 판매자, 여타 조직, 심지어 다른 개인들이 사회적 편견을 부추길지 모른다.

싱은 글만이 아니라, 말에 대한 걱정도 이야기한다. 기계 학습 패키지를 쉽게 구할 수 있다면 어설픈 사람들이 타인 음성을 분석하려는 유혹을 느끼게 될 것이고 결국 그들은 그 방법만큼이나 의심스러운 발견을 하게 될 것이라고 말이다.[26] 그는 음성인식에 문화적 차이가 반영될 수도 있다고 주장한다. 특정 사회 환경에 있는 사람이라면 어떤 음성에서 표현된 감정에 동의할 수 있지만 다른 문화권 사람은 같은 감정에 동조하지 않을지도 모른다. 가령 음성에서 긴장이 느껴지는 부분을 찾는 건 어렵지 않지만, 음성 특징을 긴장의 원인과 연결 짓는 일은 어렵다. 전문가들이 가장 희망을 걸었던 누군가 거짓말을 하고 있다는 사실을 알리는 음성 긴장이라는 지표는 (적어도 지금까진) 인간도, 기계도 감지해내지 못한다고 결론지었다.[27] 싱은 음성을 성격과 결부시키는 일에 대해선 특히나 더 조심스러워한다. 사람들은 음성으로 타인의 다양한 성격(열성적임과 무심함, 오만함과 겸손함, 민감함과 둔감함)을 끊임없이 구별해낼 수 있다고 그는 연구 결과를 바탕으로 인정한다. 하지만 성격은 매우 주관적인 특징이므로 프로젝트 핵심인 음성 자동화 프로파일링에 적합하지 않다고도 주장한다.[28]

싱이 생각하는 이상적인 음성 프로파일링 사업은 아마도 신체적 질병을 알아내는 의료 기관과 일하는 기술 기업인 듯하다. 싱은 2018년 하반기에 군 안보기관에서 발행하는 온라인 잡지를 통해 자신이 한 스타트업 기업의 공동 설립자이자 학술 책임자라고 했다. 이 기업에선 의료 기관이 파킨슨병과 알츠하이머 같은 질병을 조기에 진단하고 오락용 마약을 포함한 다양한 약물 중독을 더 쉽게 식별하도록 돕는 AI를 만든다고 한다.[29] 이보다 먼저 질병과 음성인식을 관련 지은 기업이 있다. 매사추세츠 주에 있는 보컬리스 헬스Vocalis Health라는 이스라엘계 스타트업이다. 2012년에 비욘드 버벌Beyond Verbal이라는 이름으로 창립해 투자를 받아온 이 기업은 수많은 감정 집단을 만들고 다양한 수준으로 그 강도를 분류하여, 개별 소비자가 표현하는 감정 상태를 판매자가 알아볼 수 있도록 돕는 AI 소프트웨어를 만들었다.[30] 하지만 이 분야의 경쟁이 너무 치열한 탓에 이들은 개발해둔 감정 기술 사용권을 다른 기업에 넘기고 자신들은 음성을 이용한 질병 감식으로 초점을 옮겼다. 2020년 7월에는 보컬리스 헬스는 웹사이트에 자사 훈련 세트가 선의에 기초한 것임을 강조하면서 그들이 1만 명이 넘는 만성 질환자의 음성 기록과 그들에 관한 수백만 개 자료를 보유하고 있다고 했다.[31] 보컬리스 헬스는 "우리는 코로나를 분류, 검사, 추적 관찰하는 것을 목표로 음성 수집 계획을 실행하기 시작했다"
라고 언급한다. 이 기업 웹사이트에 따르면, 더욱 포괄적인 목표는 등
록된 음성 기술을 이용해 음성으로 건강 상태를 감지하고 추적 관찰
하는 AI 기반 플랫폼을 만드는 것이다.[32]

초기 단계 연구를 보면 머지않아 이 기술이 활용될 확률이 높다.
비욘드 버벌의 음성지문 기록 기술을 사용한 매요 클리닉Mayo Clinic 의
사들이 2018년에 쓴 논문은 음성 특징과 관상 동맥 질환의 관련성을
보여주었다. 그게 다가 아니다. 저자들에 따르면, 그들과 유사한 방법
을 사용한 다른 연구들도 음성 신호 분석이 자폐 장애를 86%의 성공
률로 식별해냈고 발작성 기침과 백일해 기침의 구별은 90%, 파킨슨
병 진단은 91%의 성공률을 나타냈다고 한다.[33] 매요 클리닉 저자들
은 이런 결과에 낙관적이다. 하지만 표본 크기가 작고 아직 여러 가지
결함이 있기에 앞으로 연구가 더 필요하다고도 지적한다. 학문적 차
원에서는 신중론이 우세하지만 보컬리스 헬스를 이끄는 사람들은 만
성 신체 질환으로 초점을 옮긴 결정이 옳았다고 확신한다.

한 고위 간부는 만성 질환이 급성 질환보다 감지하기도 추적 관찰
하기도 더 쉬우며 물리적 질환이 정신적 질환보다 사업화에 더 유리
하다고 했다. 이 간부는 음성 기술의 가장 효과적인 사용처는 만성 질
환을 앓거나 그런 질환의 발병을 걱정하는 사람들을 대상으로 삼은
곳이라고 생각한다. 보컬리스 헬스는 스마트폰이나 AI 스피커로 음성
을 수집하여 특정 질병의 변화 상태나 발병 여부를 추적한다. 따라서
병원과 보험 회사가 그들의 음성 추적 기술 앱을 깔도록 장려한다. 그
러면 환자가 병원과 보험 회사들이 주는 도움으로 음성 기술을 사용

하게 될 것이고 이들 기관은 보컬리스 헬스에게 그 비용을 갚게 된다. 앱은 정기적으로 마이크로 개인 음성을 자연스럽게 채집해 클라우드로 보낸다. 보컬리스 헬스 소프트웨어는 그걸 분석해 몸의 이상 여부를 확인한다. 아무것도 발견되지 않으면 아무 연락도 가지 않지만, 문제가 발견되면 병원에서 그 사람에게 전화를 걸어 병원에 와서 검사를 더 받아보라고 말할 것이다. 간부는 이 비전에 대해 투자자의 열의가 대단하다고 말했다. 매요 클리닉 연구자들의 두 번째 논문이 그들이 원하는 대로 주요 저널에 실리게 된다면 기업이 보유한 신뢰성은 한층 올라가게 될 것으로 보인다. 하지만 음성-건강 관련 기업이 의료 환경의 유익한 동반자가 되려면 한참을 더 기다려야 한다. 기업 웹페이지에 쓰인 한 줄은 이것이 얼마나 험난한 여정이 될지를 보여준다. "보컬리스 헬스의 제품 및 해법은 규제 당국에게 승인을 받아야 할 내용들이 있으며 아직은 판매하지 않고 있습니다."[34]

AI로 음성을 활용하려는 시도가 천천히 진행되고 있지만, 그 적용 범위는 훨씬 다양하다. 상업적 목적으로 누군가의 감정과 성격을 식별하는 일도 그중 하나다. 이런 노력은 처음부터 간단치 않았다. 화자마다 다양한 감정을 해석하는 문화가 다르며, 성격이란 게 본래 주관적이기에 음성지문에 신뢰할 만한 꼬리표를 달기가 어려운 탓이다. 그런데도 개인을 식별하는 새로운 방법을 판매하기 위한 열띤 탐구로, 음성인식 기업은 AI 기술을 구축하고 비즈니스에 활용한다. 그리고 음성 또는 음성과 발화 패턴을 결합한 결과물들로 개인의 감정과 성격을 식별할 수 있다고 고객을 설득한다. 기업마다 목표를 이루는 방식은 제각각일 것이다. 하지만 음성인식 기업의 고객이 될 기업들이, 전화나 채팅을 걸어오고 이메일을 보내는 사람들을 이해하고 효과적으로 만족시킬 수 있는 법을 발견했다고 믿는 데는 모두가 한마음이다.

2019년에 음성인식 기업인 인보카Invoca는 자사에서 하는 고객 센터의 사업 접근법을 포괄적으로 설명하는 〈감정이 승리한다Emotions win〉라는 안내 책자를 돌렸다. 'AI 시대에 고객이 기대하는 것'이란 부제는, 지금은 복잡한 컴퓨터 학습으로 인간을 상당 부분 이해할 수 있는 시대이며, 그렇기에 스트레스를 받는 소비자들은 기업이 자신의 감정 상태를 알아보고 응답하는 높은 감정 지능을 갖길 바란다는 믿음을 반영한다. 인보카는 판매자에게 AI를 사용하라고 권한다. AI는 고객 개개인이 느끼는 감정을 감지하는 동시에, 고객의 특수한 관심사로부터 이익을 얻으려면 상담원이 무슨 말을 해야 할지를 알려준다는 이유 때문이다. 책자에는 다음과 같이 쓰여 있다. "고객 경험에 새로운 개척지가 떠오르고 있다. 현재 판매에서나 소비자가 높은 감정 지능을 통한 대화를 선호한다는 측면에서나, 직접 대면과 통화가 다른 모든 채널을 앞선다. 따라서 AI를 인간 대화와 결합한다면 지금 당장은 물론이고 앞으로 오랫동안 엄청난 기회가 되어줄 것이다."[35]

고객 센터 기업은 전화를 걸어오는 고객을 파악하기 위해 이제 막 딥러닝의 사용이라는 기회와 씨름하기 시작했다. 여기서 관건은 고객이 당장 하는 말을 센터와 기업이 고객에 관해 그간 모아온 다른 데이터와 결합해 재빨리 응대 전략을 분석해내는 데 있다. 하지만 인간의 대화와 AI 대화를 결합한다는 인보카의 주장에 우려도 제기된다. 기업에서 판매를 담당하는 간부는, 자사 상담원에게 지속적인 지도와

보이스 캐처

교육이 필요한 건 인정하면서도 "그런 지도를 맡을 인적 자원을 고용할 재정적 여유가 없습니다"라고 말한다.[36]

사실 AI가 발신자에 관해 내린 평가는 상담원이 식별할 수 있는 것보다 훨씬 앞서며 기술은 급속도로 발전하고 있다. 불과 몇 년 전만 해도 발신자 분석법은 발신자와 통화 내용에 있는 몇몇 특징에만 초점을 맞췄다. 컴퓨터는 주로 구매 내용이나 투자 금액을 보고 은행이나 증권회사에 얼마나 중요한 고객인지를 판단할 수 있었다. 고객이 상담원에게 타 경쟁사를 언급하는 경우, 그 대처 방법에 관한 조언 메시지를 상담원에게 보낼 수 있게 된다. 컴퓨터는 더 고가의 제품을 제안하면 고객이 어떻게 반응할지를 고객과의 이전 통화에 기초해 예측할 수도 있었고 제품 권유를 언제 어떻게 개인화할지를 상담원에게 알려줄 수도 있는 것이다. 그뿐 아니라 발신자가 그 기업의 광고나 특별 판촉 행사를 언급하는지에 따라 일련의 판촉 활동이 얼마나 효과가 있는지를 측정하고 그 반응에 따라 판촉 활동을 수정하거나 개인화할 수도 있다. 고객 센터는 이런 활동이 유용하다고 여긴다. 하지만 이 업계에 통화 분석 소프트웨어를 공급하는 기업은 훨씬 더 큰 그림을 그린다.

영국 반도체 업체 다이얼로그테크DialogTech는 이렇게 홍보했다. "다이얼로그테크 플랫폼은 누군가가 여러분 기업에 전화를 걸 때 어떤 마케팅 상호 작용이 그 전화에 영향을 미쳤는지, 발신자가 누군지, 어디서 전화를 거는지 등을 알려줍니다. 고객 센터는 다양한 마케팅 채널, 광고, 검색어, 웹페이지를 보고 전화를 거는 사람 중 구매 의사가 가장 높은 사람을 우선적으로 배치해 그 사람이 즉시 응답받도록 하죠. 만약 어느 보험회사가 구글에서 저렴한 자동차 보험을 검색한 일리노이 주에 사는 주민 전화를 다른 발신자보다 더 중요하게 여긴다면 우리 소프트웨어는 그 발신자에게 즉시 응답하여 그를 고객으로 만들 기회를 극대화하도록 할 것입니다."[37]

2017년 포레스터의 보고서는 통화를 미개척 금광이라 불렀다. "통화 중인 고객은 자신이 누군지, 뭘 원하는지, 기업과의 경험에 대해 어떻게 생각하는지에 관한 고품질 데이터를 줄줄 읊어준다"는 것이다. 하지만 그간 고객이 다양한 채널로 선사해준 데이터(영업 직원, 챗봇, 고객 센터 등에 한 말)를 사업적 통찰에 활용하기는 어려웠다. 적어도 큰 규모로는 말이다. 사실 사람들이 하는 말을 분석하는 일 자체가 어렵다. 말로 표현되지 않은 맥락이 존재함은 물론이고 표현 방식도 거의 무한대에 가까울 정도로 다양하다. AI의 최신 형태는 이 문제를 해결하리라고 포레스터는 단언했다. AI, 특히 딥러닝은 말 내용과 대화 맥락을 동시에 이해한다는 점에서 복잡한 고객의 대화를 다루는 데 안성맞춤이다. 그 말에 따르면, AI는 판매자에게 이전엔 얻을 수 없었던 실행 가능한 통찰력을 선사할 수 있을 것이다.[38]

음성인식 기업은 음성 데이터가 마련해준 새로운 기회에 환호했다. 요즘은 콜마이너라는 음석 분석 기업이 말하는 다크 데이터를 이용해야 할 필요성을 강조하고 있는데, 이는 고객 센터가 수집하는 데이터 양뿐만 아니라, 언제, 어떻게, 어떤 관계에서 말하는지를 보여준다. 콜마이너는 웹사이트에서 "다크 데이터는 기업이 일상적인 활동을 하면서 수집·저장했지만 현재는 사용하지 않는 데이터입니다. AI는 이런 데이터를 처리하고 분석하여 실용적으로 바꿔줍니다"라고

언급한다. 그리하여 잠자던 데이터는 활용 가능하고 가치 있는 자원으로 만들어진다.[39]

콜마이너는 포레스터를 명시적으로 언급하면서 자사의 고객 및 잠재적 고객 기업을 향해 "여러분이 가진 데이터의 빗장을 풀어주세요. 음성은 미개척 금광입니다"라고 설득했다. 주요 고객 센터 기술 공급 기업인 NICE도 같은 기조로, 자사의 AI 기반 활동이 기업이 고객과 나눈 대화를 가치 있는 통찰로 바꿔주고 고객 센터 운영, 고객 경험, 나아가 기업 전체를 완전히 탈바꿈시켜놓을 거라고 말했다.[40] 이런 장황한 수식어 뒤에는 몇 가지 기본 목표를 달성하기 위한 많은 어려운 기술이 숨어 있다. 그것은 통화 효율성, 첫 통화에서의 문제 해결, 통화에 대한 발신자의 만족, 기업에 대한 발신자의 존중과 지속적 구매 의지, 동일 기업 제품을 실제로 다시 구매했는지의 여부, 고객에게 더 고가 제품을 판매하는 상담원의 능력, 개인화하여 다음 통화에 적용할 발신자에 관한 데이터 수집 등이다. 소프트웨어 기업은 웹사이트, 트위터, 인스타그램, 페이스북, 이메일 등으로 개인과 기업이 하는 모든 소통을 추출하고 분석할 AI 프로그램을 만들어왔다.

다이얼로그테크에 따르면, AI 프로그램의 목표는 새 판촉 활동이 반향을 불러일으켰다면 어떤 채널, 광고, 키워드, 웹페이지가 판매에 가장 영향을 미쳤는지, 왜 전화 통화는 고객 설득에 성공했는지 또는 성공하지 못했는지를 알아내는 능력에 있다.[41] 하지만 개인화 작업에 가장 중요한 것은 여전히 전화 통화에서 주고받은 대화 내용이다. 콜마이너는 그들의 웹사이트에서 "모든 채널을 AI를 활용하여 고객과 나눈 대화를 전부 분석하고, 그중 활용 가능한 데이터를 찾는다"라고 강조하면서도[42] "대화의 90% 이상은 여전히 전화로 이루어진다"라고 말한다.[43] 따라서 콜마이너와 그 경쟁사들이 발신자에 관해 어떤 판단을 끌어내는 데는 전화 통화에서 사용된 언어 및 어조가 여전히 가장 중요하다.

음성인식 기업은 그들의 시스템으로 들어오는 어마어마한 양의 고객-상담원 대화를 AI로 분석함으로써 특정인이 그 기업을 친구나 동료에게 추천할 가능성의 값인 순 추천 고객 지수NPS, Net Promoter Score, 기업이 자신의 문제를 얼마나 쉽고 빠르게 해결해줬는지에 대한 고객 평가인 고객 노력 지수CES, Customer Effort Score, 포괄적인 고객 만족 지수C-SAT를 예측할 수 있다고 자랑한다. 전통적으로 기업은 고객 설문 조사를 통해 이런 지수를 측정해왔고 경영자 다수는 응답률이 낮은 그 결과가 과연 믿을 만한지 확신하지 못했다. 지금 소비자는 콜센터가 자신이 한 말을 긍정적 또는 부정적 판단으로 바꾸고 있다는 사실을 전혀 모른다.

고객과의 상호 작용에서 또 하나의 투명하지 않은 부분은 고객 센터가 데이터를 활용해 발신자의 감정 상태, 성격, 정서를 파악하고 그에 응대한다는 점이다. 업계는 정서sentiment를 특정 기업이나 상품을 향한 태도와 감정 조합으로 정의한다. 고객 센터 컴퓨터가 실행하는 음성인식 절차는 일단 대화의 기본 정보(고객 이름, 날짜와 시간, 상담원 이름)로 시작된다. 이어서 문자·음성 변환 소프트웨어가 포착한 음성을 텍스트로 바꾼다. 컴퓨터 시스템은 이 글에서, 훈련 세트가 특정 태도나 성격으로 분류한 단어 및 어구 패턴을 자동으로 찾는다. 컴퓨터는 이와 같은 방식으로 음성과 침묵까지도, 업계가 감정이라 부

보이스 캐처

르는 의미 단위로 번역해낼 수 있다. 고객 센터 컴퓨터는 이런 절차를 출발점으로 삼아 여러 가지 결론을 끌어낸다. 컴퓨터는 특정 통화 중에 사용한 단어와 드러난 감정을 분석하여, 상담원과 고객이 나눈 대화 특성과 고객이 느낀 만족도에 따라 다른 통화들과 비교할 수 있도록 하는 수치로 바꾼다. 또한 언어 및 감정 분석을 정서를 나타내는 또 다른 수치와도 결합한다. 음성인식 기업들은 감정과 정서를 감지한다고 주장하지만, 각자 고객의 음성을 분석하는 자신들만의 비밀 분석 알고리즘이 있어서 감정과 정서를 각기 다르게 해석한다.

베린트Verint는 특이하게도 그 해석법을 공개하는 음성인식 기업이다. 그들은 2018년 보고서에서 음성 특징보다는 단어 및 문구를 감지하는 방법이 음성인식에 더 효과적이라고 밝혔다. 그들은 10년 이상 연구 개발을 해오면서 감정을 감지하는 가장 정확한 메커니즘은 말을 어떻게 하느냐가 아니라 어떤 말을 하는가라고 결론지었다. 음조·어조 같은 음향적 요소는 오류가 많을 수 있다. 발신자가 별 불만이 없는데 그냥 높은 목소리를 낼 수도, 빠르게 말할 수도 있고, 속에 있는 불평 불만을 덤덤하게 표현할 수도 있기 때문이다. 베린트는 자사가 분노, 짜증, 신남, 혼란스러움 같은 감정 반응 유형을 추론해낼 수 있다고 단언한다. 그런 감정이 자신들이 정의한 대로 대화에서 나타나면 그걸 추적할 수 있고, 그런 반응을 기업이나 기업 제품에 대한 정서로 분류할 수도 있다는 것이다.[44] 베린트의 경쟁사들은 다른 방식을 따른다. 말과 음성 신호를 결합하여 감정을 파악하는 방식이다. 기업 컴퓨터는 말하는 속도, 전체적 강도, 걱정·좌절·안도의 상징으로서 강도 변화 같은 특징을 측정한다. 감정 및 정서에 관한 판단은 주로 통화가 끝나고 나서 이루어진다. 콜마이너가 '고객 경험의 가장 강력한 요소'라고 부르는 걸 식별하기 위해서다.[45] 하지만 고객 센터는 갈수록 정서와 감정을 실시간으로 추적한다. 이때 고객의 기분이 부정적으로 변하면 컴퓨터나 감독관이 상담원에게 고객을 더 만족시킬 법한 방향으로 대화를 바꾸라고 지시할 수 있다.

뉴라스위치Neuraswitch는 이 방향으로 개인화를 추구하는 기업이다. 기업 공동 창립자 중 한 사람인 스콧 엘러Scott Eller는 고객의 말만 분석해서는 상담원이나 기업이 고객 만족도를 측정하기에 충분치 않다고 말한다. 고객이 전화를 끊을 때 "어쨌든 고마워요"라고 했을 경우, 텍스트로 변환된 내용을 평가하여 모든 게 다 잘 해결됐다고 보고할지도 모른다. 하지만 컴퓨터의 음성-감정 감식기는 고객이 그 말을 할 때 빈정대는 어투였는지를 알아낼 수 있다. 엘러의 말에 따르면, 해당 기업과의 거래를 끊을 가능성이 큰 반응이었는지까지도 알 수 있다. 뉴라스위치는 모든 통화에서 고객이 보이는 감정 반응을 통화 매니저가 실시간으로 확인할 것을 권한다. 발신자의 감정 반응이 좋지 않을 때, 이를 복구할 기회가 아직 남아 있을 때 매니저가 상담원에게 개입할 수 있게 한다는 전략이다.[46]

베린트는 상담원과의 대화에서 부정적인 감정이 들어간 말을 추적하고, 고객이 그 기업과의 관계를 끊을지도 모를 위험을 실시간으로 감지하는 능력을 강조한다. 그 프로그램은 이어서 발신자가 기업에 얼마나 중요한 고객인지를 분석하여 상담원이 할 일을 제안한다. 소개 영상에서, 발신자가 분노를 표출하면서 '답답하다'는 단어를 쓸 경우 상담원의 화면에 경고 창이 뜨고 그 안에 '고객 이탈 위험. 최상

위 등급 고객임. 200달러 구매권 제의 허용'이라는 글이 뜬다.[47] 말인 즉슨 이 시스템이 덜 중요한 고객에겐 그런 제의를 하지 않는다는 뜻이다.

베린트가 단어로 고객 감정을 이해하는 반면 코기토Cogito는 음성을 이용한다. 코기토는 MIT 교수인 알렉스 펜틀랜드Alex Pentland의 의학 실험실에서 독립한 기업으로, 모든 통화에서 상담원의 응대 방향을 안내하고 고객 경험을 자동으로 측정하는 전 세계에서 유일한 앱을 개발했다.[48] 이 기업은 '음성인식'을 실행하고 상담원에게 고객이 느낄 법한 정서를 감지한 '자동 생성 경험 지수'를 전달한다. 이 시스템은 또한 발신자의 '감정 상태'를 실시간으로 평가한 발신자 음성 어조만이 아니라 주장의 일관성을 포함하여 결과를 제공하고, 시스템이 발신자를 분류한 결과에 기초해 상담원이 어떤 말로 응대할지도 알려준다.[49] 목표는 상담원이 더 나은 결과를 추론하도록 화법을 조정하고 돕는 것이다.[50]

그다음엔 지능형 행태별 전화 연결이 있다. 이 방법을 옹호하는 사람들은 지능형 형태별 전화 연결로 고객을 더 만족시키고 매출을 증가시킬 수 있다고 생각한다. 2010년대 초, 매터사이트는 성격에 기초해 발신자와 상담원을 연결한 최초 기업이었다. 이 기업은 심리학자 타이비 칼러Taibi Kahler의 아이디어를 빌려 "여러분과 내가 소통하는 방식이 우리 자신의 성격을 드러낸다"라고 주장하면서, 발신자가 하는 말과 화법을 바탕으로 한 알고리즘으로 6개의 성격 유형을 파악한다. 연결자(따뜻하고 민감하며 배려심이 많은 성격), 조직가(논리적이고 체계적이며 책임감 있는 성격), 조언자(헌신적이고 규칙을 따르며 양심적인 성격), 창작자(창의적이고 장난기 많고 즉흥적인 성격), 몽상가(조용하고 내성적이며 상상력이 풍부한 성격), 실천가(적응력이 뛰어나고 설득력 있으며 매력적인 성격)가 그 유형이다. 매터사이트 간부 앤디 트라바[Andy Traba]는 사람들을 특정 범주로 구별하기 위해 사용하는 어휘는 기계 학습을 통한 패턴 인식을 바탕으로 한다고 말한다.[51] 이 범주화는 통화가 끝나고 나서 이루어진다고 그는 설명했다.

> 먼저 통화를 스테레오로 녹음합니다. 거기서 발신자와 상담원을 정확하게 구별할 수 있어야 해요. 그리고 그 음성 파일을 텍스트 파일로 변환시키고 매우 정교한 언어 분석을 통해 거기에서 개인에 관한 추정 또는 판단을 위한 패턴을 인식하는 거죠. 그 판단은 발신자 성격일 수도, 통화 중에 내보인 긍정 또는 부정 감정일 수도, 나아가 아기를 갖는다든지 결혼을 한다든지 등 특정 사건에 관한 언급일 수도 있습니다. 혹은 발신자가 제품에 관해 문의하거나 어떤 고충을 호소하는 내용일 수도 있을 것입니다. 대화 중에 심기가 불편해졌는지 여부도 포함됩니다. 이 모든 지점을 식별 또는 범주화할 수 있게 되면 그다음엔 상담원에 관해서도 똑같은 분석 과정을 거쳐요. 발신자가 하는 말에 대해서 상담원이 하는 행동, 응대가 대화에 어떻게 영향을 미쳐 긍정적·부정적 결과를 끌어냈는지를 분석하는 것도 과정 중 하나입니다.[52]

이 기업은 이런 정보를 발신자 전화번호와 연결한 결과를 발신자가 문의한 기업만이 아니라 그들의 다른 고객 기업들과 같이 연계된

보이스 캐처

데이터베이스로 보낸다. 트라바는 "고객에게서 받은 수십억 건의 전화 통화를 분석했고 통화 내용의 전부를, 개개인의 성격 유형과 행동 특징이 담긴 1억 개가 넘는 전화번호 데이터베이스에 합쳤다"라고 말했다.[53] 그러나 고객 기업은 분석된 데이터를 직접 받을 수 없다. 매터사이트에 따르면 그들은 사생활 침해를 금지하고 있다. 단, 매터사이트는 다양한 기업과 거래하는 개인 성격은 결국 같다는 가정하에 에이전시의 상담원에게 응대를 개인화할 수 있도록 한다.

매터사이트는 대표적인 고객 센터 기업 NICE가 소유한 곳이고, 그들의 고객사들은 《포춘》이 선정한 100대 기업에 속해 있기도 하다. 매터사이트가 성격과 행동에 대한 다양한 정의를 기반으로 전화 연결을 범주화한 것은 전반적인 고객 센터 활동에 상당한 영향을 미쳤다. 다른 기업들도 성격 및 행동에 관한 다양한 정의에 기초하여 전화를 상담원과 연결하는 또 다른 기술을 사용한다. 뉴라스위치는 말이 아닌 음성으로 사람 감정을 판단한다. 그다음 음성 꼬리표를 사람의 통화 안팎에서의 행태 데이터와 연결해 성격 프로파일을 만든다. AI는 고객의 성격 프로파일과 가장 잘 들어맞는 상담원에게 그를 연결해준다.[54] 사실 다양한 정의를 기반으로 전화 연결을 하는 모든 기업이 말이나 음성 신호를 사용하는 건 아니다. 그런데도 발신자가 말하는 내용과 그 방식을 분석하여 프로파일을 만들고 앞으로 그 사람에게 보낼 메시지를 개인화하는 일은 고객 센터 업계에서 가장 중요한 일이다. AI 기술을 적용해 언어 및 음성인식 기반의 개인화를 극대화하면 고객 센터 일이 자연스레 확장된다. 매터사이트의 앤디 트라바는 이렇게 말했다. "IP 주소와 연계된 데이터가 있듯이 전화번호와 연계된 데이터도 있습니다. 앞으로는 손가락 지문만큼이나 고유한 음성지문과 연계된 데이터도 생기게 될 것이죠. 그러면 이들 봇이 데이터베이스를 살핀 다음 '아, 이 음성지문은 앤디 트라바 것이구나. 이 사람은 이런 성격을 지녔고 이런 언어를 쓰는 사람과 이야기하는 걸 좋아하지'라고 파악할 것으로 보입니다."[55]

모든 통화 분석 기업의 주장은 자사의 AI 기반 알고리즘은 고객 내면을 정확하게 반영한 프로파일을 만들어내리라는 것이다. 그러나 작업의 핵심인 감정과 성격의 주관적인 특성은 대체로 이것이 가끔만 성과를 거두는 값비싼 추측 게임이라는 것을 암시한다. 이런 컴퓨터 곡예를 이어가면서 기업들은 어떤 사람들에게 다른 사람보다 더 많은 혜택을 주기도 한다. 고객 센터에 전화를 거는 사람은 자신에게 유리한 방향으로 통화를 이끌어가는 법을 모르리라는 점, 또는 심지어 그런 차별적인 개인화가 존재한다는 사실조차 모를 것이라는 점이 바로 음성인식 기업들의 핵심 전략인 탓이다.

기업들의 속임수

스마트폰과 AI 스피커처럼 음성을 새로운 통로로 수집·활용하려는 노력도 한창이다. 기업은 이런 기기로 수집한 음성 데이터를 어떻게, 얼마나 돈을 버는 데 활용하는지에 대해 고객 센터보다 더 알지 못한다. 애플은 구글이나 아마존과는 달리 일반 소매(아마존) 또는 광고(구글과 아마존)보다는 하드웨어에서 수익을 더 많이 올린다. 애플은 개인정보 처리 방침에서 음성 비서인 시리는 그냥 스마트폰이나 스피커 제품에 딸린 기능일 뿐 음성을 수집해 이윤을 추구하지는 않음을 강력하게 암시한다.

반대로 구글은 음성으로 이윤을 얻는다는 사실을 인정한다. 구글은 개인정보 처리 방침에서 자세한 설명은 피하지만, 자사가 사용자의 '음성 및 오디오 정보'를 분석하여 모든 종류의 상업 광고 활동을 위한 프로파일 작성에 사용할 수 있다고 명시해두고 있다.[56] 이 기업은 구글 홈, AI 스피커 구글 네스트Google Nest, 네스트 온도 조절기, 네스트 카메라Nest Cam 같은 가정용 기기에 대고 말하는 개인에 관한 예외 조항을 새롭게 만들어나가고 있다. 구글은 개인정보 처리 방침의 일부가 아닌 별도 방침으로, 오디오 녹음 기록을 광고에서 분리하고 데이터를 개인화에 이용하지 않을 것이라며 기기 사용자들을 안심시키고자 한다. 하지만 오디오 녹음 기록을 텍스트로 옮기고 분석하여 개인화된 광고를 보여줄 수는 있다. 게다가 홈 스피커에 내려받은 다른 기업의 음성 앱에 대고 말을 하면 구글은 그 말의 텍스트 기록을 해당 기업으로 보낼 것이다. 이때 제3자 기업은 그 음성 기록을 자신들이 가진 다른 데이터와 결합해 다른 데서 활용할 권리가 있다.[57]

아마존은 그들이 만든 AI 스피커에 깔린 음성 앱을 사용하는 기업들도 이와 똑같이 한다고 말한다. 하지만 음성으로 어떻게 이윤을 얻는지는 구글보다 덜 솔직하다. 빽빽하게 올려놓은 FAQ 더미 사이에 이런 말이 끼어들어가 있다. "알렉사는 제3자 서비스를 포함한 음성 비서가 수집한 고객의 음성 기록 등 데이터를 활용해, 사용자 경험

과 자사 서비스를 향상시킨다."[58] 또 다른 문서 〈알렉사의 이용 약관〉
에는 기능을 설정해두면 기업들이 사용자 음성을 인식할 수 있으므로
스피커로 아마존 물건을 살 수 있고, 사용자가 요청한 음악이 알렉사
음악 목록에 없으면 아마존 음악을 구독하라는 식으로 제품을 추천
할 수 있다고 알린다. 이용 약관에는 또 아마존이 에코 기기에 설정된
음성 앱의 소유 기업에 사용자 집에 있는 다른 사용자와 당신을 구별
할 수 있게 하는 식별 숫자를 제공하여 그들이 사용자를 인식하고 서
비스를 개인화하도록 돕는다는 말도 적혀 있다. "사용자는 자동 음성
인식 기능을 *끄거*나, 음성인식에 기초한 타사의 개인화 기능을 *끄거*
나, 사용자가 만든 어떤 음성 파일도 지울 수 있습니다"라는 말도 들
어가 있다.[59] 하지만 그 방법을 알려면 FAQ 목록을 더 자세히 뒤져봐
야 한다.

말하자면 행간 여백 없이 수십 페이지에 걸쳐 인쇄된 개인정보 처
리 방침, FAQ, 이용 약관을 읽어도 주요 음성인식 기업들이 고객이
한 말로 정확히 뭘 하는지 알 수 있는 건 거의 없다는 이야기다. 하지
만 이들이 사람들의 음성에서 뭘 알아내는지, 그 데이터를 어떻게 활
용할지를 어느 정도는 파악할 수 있다. 그들이 제출한 특허를 보면
된다.

익명을 요구한 한 특허 변호사는 나와의 인터뷰에서 아마존, 구글,
애플, 마이크로소프트 등 주요 테크 기업이 지금 음성 특허를 끊임없
이 쏟아내는 중이라고 지적했다. "그들은 태양 아래 모든 것에 다 특
허를 걸려 합니다. 그들에겐 확실히 그렇게 할 재정 능력과 인적 자원
이 있어요"라고 말이다. 이들 특허 중 다수는 몇 년이 지나도록 아직

상업화되지 않았다. 이유는 다 제각각이겠지만 특허 변호사는 이렇게 말한다. "전혀 만들 계획이 없는 기기에 대해 특허를 신청할 때도 있습니다. 그저 다른 기업이 못 만들게 하려는 이유로요. 선두 기업은 그들의 분야를 그렇게 봉쇄할 수 있어요. 제조업에서 가끔 이런 현상을 볼 수 있죠. 아이디어가 있고 연구개발팀은 그 아이디어를 현실화하는 법을 알지만, 실제 제품으로 현실화하는 데까진 10년 이상이 걸리는 때도 있으니까요. 일단 특허를 따놓으면 최종 제품이 딴 데서 튀어나올 걱정은 안 해도 됩니다. 그래서 대기업은 자체 법무팀이 있는 겁니다. 소속 법률가는 오로지 연구개발팀 사람들을 만나 월별 성과를 확인하고 특허를 마구 쏟아내기만 해요."[60]

때문에 특정 시기에 출원된 특허의 전반적인 흐름만 봐도 업계의 전략적 방향을 어느 정도 짐작할 수 있다. 지난 몇 년 동안 구글과 아마존이 받은 특허 내용을 보면 사람들이 어느 플랫폼에서든 음성 데이터를 포함한 생체 데이터를 자유롭게 제공하는 대신 기업이 보급하는 개인화 서비스를 부정적 효과 없이 받을 수 있는 세계가 그려져 있다. 두 기업이 특허에 담은 최첨단 개인화의 꿈이 우리 미래의 삶을 과연 어떻게 바꿔놓을 수 있을지 다음 이야기로 상상해보자.

음성 데이터가 만든 편리한 일상

오늘은 평범한 날은 아니다. 토요일 아침이고 당신 생일이다. 침대 옆에 놓인 에코가 아침 8시에 당신을 깨운다. 에코는 당신이 연동해놓은 달력을 바탕으로 작동했다. 보통 때처럼 당신은 에코에게 뉴스를 틀어달라고 말하며, 에코는 음성으로 당신을 인식한다. 에코를 사자마자 앱으로 기기에 당신이 누군지 입력했기 때문이다. 기기는 당신이 몇 살인지 오래전부터 알았다. 2018년에 아마존이 등록한 특허 제10096319호에는 에코의 음성 처리 서버가 사용자 나이나 성별뿐 아니라 당신이 외국인 억양으로 말하는지, 어떤 경우엔 당신 모국어가 뭔지도 파악할 수 있다고 써놓았다. 이 기술은 음성 데이터를 처리하여 사용자가 평상시 감정 상태인지 아니면 이상 상태인지를 판단할 수도 있다. 만일 이상 상태라면 기분 전환이 될 만한 무언가를 제시한다.[61] 며칠 전, 당신에게도 그런 일이 있었다. 당신은 전날 밤 일어난 비행기 추락 사고를 떠올리며 우울한 상태에서 알렉사에 날씨를 묻고 뉴스를 알려달라고 부탁했다. 뉴스 읽기가 끝나자 에코는 경쾌한 록 음악을 틀고는, 당신이 아마존 음악 구독자라는 사실을 알고 그 노래를 아마존 음악 즐겨찾기에 넣고 싶은지 물었다. 하지만 오늘은 에코가 뉴스만 전하고 조용하다. 당신은 속으로 생각한다. "오늘은 평상심의 날이군."

당신은 길모퉁이에 사는 언니 질에게 아침 식사를 하러 가겠다고 말했다. 2주 전에 질과 컴퓨터 공학자인 남편 잭은 5살, 10살짜리 두 아이를 즐겁게 해주고 훈육하는 것을 도울 홈 네트워크 서비스를 설치했다. 그들의 클라우드 컴퓨터는 지금 집 안 곳곳에 설치해놓은 특수 마이크로 누가 집 안 어디에 있는지 그 패턴을 실시간으로 인식 중이다. 예컨대 남자 어른 하나와 여자 아이 하나가 같은 방에 있으면

　　　　　　　　　　　　　　　　　　　보이스 캐처

특허를 받은 구글 회로가 특정 음성의 높낮이로 나이 데이터를 추론한다.[62] 일정 시간이 지나면 이 시스템의 홈 관리자는 식구들이 언제 식탁에 앉는지, 언제 거실에 있는지, 아이들이 텔레비전을 얼마나 오래 보는지, 언제 전자 게임을 하는지 등의 정보를 알아낼 수 있다. 잭이 가진 목표는 가족이 같이 식사하는 시간을 늘리고, 아이들이 텔레비전 같은 전자 기기와 보내는 시간을 줄이는 것이다. 그는 자신의 가족이 한 달에 얼마나 이런 활동을 하는지를 시스템이 보고해주길 원한다. 그런 다음엔 시스템에 텔레비전 시청 시간을 조절하고 아이가 정해진 게임 시간을 넘기면 자신에게 알려달라고 말할 것이다.

당신은 오늘 질과 잭의 집에 방문하면 그 시스템에 방해가 되지 않을까 걱정이다. 식사 시간이 줄어들고, 아이들은 당신에게 PS6를 같이 하자고 할 것이며 틀림없이 정해진 게임 시간을 초과할 것이다. 하지만 오늘은 토요일이고 당신 생일이다. 질과 잭, AI 시스템이 그에게 조금은 배려해주기를 바라본다. 잭이 사용하는 홈 서비스에 대해 읽은 적이 있다. 그 내용에 따르면 잭이 쓰는 건 구글이 내놓은 전체 서비스의 극히 일부분에 불과했다. 어떤 부모들은 홈 모니터 시스템이 마이크가 달린 카메라를 사용해 아이들이 남을 비하하는 말을 하거나 언성이 높아지는 상황을 음성 지표로 포착해 아이들이 싸우는지 아닌지 모니터링하기도 한다. 구글 특허에는 홈 네트워크 서비스에 사람의 감정을 감지하는 기능도 있다고 나와 있었다.

거주자의 기분 좋은 감정은 보통 웃음이라는 시각 지표와 청각 지표를 동시에 포착해 알아맞힌다. 이와 반대로 특정 거주자에 대해 이미 아는 특징을 바탕으로 감정 맥락 데이터를 보고 개인화한 추론을 할 때도 있다. 예컨대 '수아'라는 사람이 행복할 때도 슬플 때도 우는 사람이란 것을 시스템은 안다는 이야기다. 그러니 수아가 운다는 사실만으로는 그녀가 느끼는 감정을 정확하게 추론하기 어렵다는 것을 시스템은 안다. 하지만 수아가 기분이 좋을 땐 보통 미소를 짓고 슬플 땐 굳은 표정을 짓는다는 것도 알고 있다. 시스템은 수아가 굳은 표정으로 운다는 시각 지표가 잡히면 그녀가 슬프다고 추론한다. 다른 식구에 대해선 또 다르게 유추할 것이다. 왜냐하면 방금 예시는 수아만의 감정 지표를 사용한 경우이기 때문이다.[63]

구글이 펼치는 냉정하고 원활한 AI 인터페이스에 마음이 짠해질 때도 있다. 공동 양육권 합의가 이루어졌을 때 헤어진 부모는 공동 양육 기술로 아이가 두 집에서 같은 규칙을 따르도록 할 수 있다. 이런 기술은 부부 사이가 좋아 보이는 질과 잭이 가질 관심사는 아니지만, 혹시라도 그들이 헤어진다면 고지식하고 엄격한 아빠 잭은 공동 양육 기술을 활용할지도 모른다.

언니 부부 집에서 아침 식사를 기분 좋게 하고 난 후에도, 당신의 음성 프로파일은 당신을 온종일 따라다닌다. 그날 오후 커피숍에서 구글이 만든 특허 앱이 당신의 태블릿 화면을 어둡게 바꾼다. 낯선 이의 목소리가 바싹 가까이 다가오는 걸 듣고, 당신의 데이터를 보호하려고 그러는 것이다. 문득 친구 디에고와의 생일 저녁 식사에 입고 갈 괜찮은 옷을 사러 가야겠다는 생각에 길을 나설 때도 당신의 음성 프로파일이 앞장선다. 당신이 옷을 입어보면서 무의식적으로 내뱉는 말을 판매 직원의 아마존 앱이 녹음한다. 이렇게 모은 데이터가 당신이 하는 직접적인 설명보다 당신이 뭘 좋아하고 싫어하는지 더 정확하게 알려줄 수 있다. 아마존 앱의 특허 설명에, 오디오 데이터는 사용자가 실제로 한 말의 내용은 물론이고 말의 속도 및 어조를 분석해 "사용자의 기분을 더욱 정확히 알려준다"라고 나와 있다. 사용자가 "난 괜찮아"라고 할 때 강한 어조와 빠른 속도로 말하면 힘없고 느린 어투로 말할 때보다 긍정적인 의미일 수 있다는 뜻이다.[64] 판매 직원은 아마존에서 추천하는 선택에 따라, 당신이 지난번에 그 가게에서 옷을 살 때 가장 긍정적인 음성 반응을 보였던 옷과 유사한 것을 꺼내 보인다. 당신은 처음 제시된 옷 뭉치에서 푸른색 계열 블레이저를 고른다. 집에 비슷한 블레이저가 이미 다섯 벌이나 있지만, 당신은 음성인식이 하는 판단이 옳다고 생각한다.

레스토랑에 도착하니 친구 디에고가 조금 불편한 표정으로 앉아 있다. 지난 몇 주 동안, 그는 지하철에서 스마트폰에 자료를 읽어달라고 하면 어찌 된 셈인지 구글이 자신을 영어에 서툰 사람으로 규정하고 기존 단어를 더 쉬운 단어로 바꾸어 읽어준다는 사실을 깨달았다. 그는 자신에게 그 자료를 제공하고 구글로부터 데이터를 받는 제3의 서비스 업체가 자신을 일이나 교육 수준이 다소 낮은 사람으로 오인하는 듯해서 걱정이다. 당신은 알고리즘 편향(한쪽으로 치우침)이 있을지도 모른다고 생각한다. 디에고는 평생 미국에서 살았지만, 멕시코 억양이 아주 약간 있었다. 그리고 당신은 구글 웹사이트를 찾아보다가, 전화기에 대고 말할 때 배경 소음이 언어 능력 점수를 떨어뜨릴 수도 있다는 사실을 알게 된다. 디에고는 건설업체에 다니므로 이따금 시끄러운 공사 현장에서 통화할 때도 있다. 그 웹사이트에는 사용자의 인간관계, 사회적 행동이나 활동, 직업에 관한 개인정보는 점수 계산에 포함하지 않도록 선택할 수 있다고 나와 있다.[65] 당신은 다음 날쯤 그 방법을 알아내는 걸 도와주겠다고 친구에게 약속한다.

이어서 디에고는 식당에 오기 전 음성 인증을 할 때 이상한 일이 있었다고 말한다. 아마존 에코에 문제가 좀 있어서 고객 센터에 전화하니 상담원이 이 문제를 해결하려면 잠시 기기가 상담원의 것으로 인식하도록 해야 하는데 그렇게 해도 되겠냐고 물었다고 했다. "난 아마존을 믿어. 내가 먼저 전화해서 아마존 상담원이 그렇게 말한 거기도 하고 말이야. 그러니까 최소한 그 사람이 진짜 아마존 상담원이긴 하겠지?"라며 그는 억지웃음을 지었다. 당신은 그를 안심시키기 위해 당연히 아마존 상담원이 확실하다고 말해주지만, 당신도 속으론 확신하지 못한다.

오후 10시가 훌쩍 지났다. 당신과 디에고는 당신이 사는 아파트에 가서 디저트를 먹기로 한다. 아파트 알람 시스템이 당신의 음성을 인식하고 문을 열어준다. 구글 특허가 정확히 예견한 대로, 당신이 집에 온 걸 인식한 스마트폰 앱이 "10대 아이 하나가 통금 시간을 넘겼다"라고 알려준다. 구글은 구글 홈과 네스트 제품으로 이웃끼리 네트워크를 만들 수 있도록 하는 기술을 개발했다. 이 네트워크 앱은 말 안 듣는 10대 아이가 제시간에 집에 들어오지 않으면 인증받은 개인들에게 알리기도 하고, 어느 가정의 식구 하나가 독감이나 다른 전염성 질환에 노출됐을 때 인증받은 개인들에게 공지를 보내 어린아이나 노인이 감염되지 않도록 조심하게 한다.[66] 당신은 스마트폰 알람에 한

숨을 내쉬며, 속으로 "또 10대 아이 뒤꽁무니를 쫓는군"이라고 생각한다. 하지만 이 알람에 흥미를 느낀 디에고는 코로나19 바이러스 때문에 모두가 힘들었던 기억을 떠올리면서 "그거 정말 유용한 기술인데"라고 말한다.

당신과 디에고는 그 엇나간 10대를 같이 찾아 나서지 않기로 한다. 대신 지난해에 본 텔레비전 프로그램 중 가장 웃겼던 걸 보면서 생일을 계속 즐기기로 한다. 이것도 구글이 특허받은 기술이다.[67] 지난 1년간 당신은 구글이 당신이 시청한 프로그램들을 전부 작은 단위별로 쪼개 수집하고, 텔레비전에 내장된 카메라와 마이크로 당신의 표정과 음성을 포착해 컴퓨터가 판단한 감정에 따라 분류하도록 설정해뒀다. 이제 당신과 디에고는 구글에 당신을 웃게 한 장면들을 틀어달라고 할 수 있다. 구글은 하나에 25분 길이로, 그걸 보면서 당신의 반응을 찍은 사진과 함께 틀어준다. 당신과 디에고는 이 경험이 영 어색하다. 구글이 보여주는 클립 대부분이 딱히 인상적이지 않은 탓이다. 사진을 보니 구글은 당신이 무척 재미있어한다고 표정을 잘못 읽은 듯하다.

그래도 당신은 영상을 보며 즐거운 시간을 가졌다. 디에고는 자정 무렵 집으로 돌아갔고 당신은 음성인식이 가진 개인화 기능을 하나 더 써보기로 한다. 음성으로 침실 조명을 켜고 알렉사에 클래식 음악을 틀어달라고 하곤 요즘 읽고 있는 역사 소설을 집어 든다. 갑자기 침대 옆 에코에 불이 들어온다. 에코가 당신이 킨들에서 읽고 싶어 할 만한 역사 소설에 관해 메시지를 보낸 것이다. 현재 이벤트 알림을 통해 아마존은 그 시간에 침실 조명을 켜고 클래식 음악을 틀어달라고 하면 당신이 책을, 특히 역사 소설을 읽는다는 뜻이라 해석했다.[68] 그리고 그땐 당신이 주로 킨들로 책을 읽으므로 아마존 컴퓨터는 당신에게 그 습관을 장려하는 데이터를 준 것이다. 당신은 자신이 너무 정해진 행동만 한다는 사실에 한숨이 나온다. 이전에는 잠들기 직전 내일은 무슨 새로운 일이 일어날지 궁금해했지만, 지금은 아마존의 책 추천과 디에고 문제와 개인화된 영상을 생각한다. 그러면서 온갖 기업이 목소리로 자신을 범주화하는 일과 그런 사실을 자신이 얼마나 자연스레 받아들이고 있는지에 새삼 놀란다. 당신은 "저들이 우리에 관해 알려고 정말 열심히 애쓰는 것만은 분명하지"라고 생각하며 잠이 든다.

음성 데이터를 넘기는 세상

———

위의 이야기는 모두 지어낸 것이고, 특허 서류에 빽빽하게 적힌 건조한 문장의 제안 사항들을 이리저리 섞어서 만들었다. 아마존과 구글은 음성인식 기반 특허를 내는 수많은 기업 중 일부일 뿐이다. 기업들은 궁극적으로 개인이 진지하게 생각해보지도 않고 자신의 음성 데이터를 넘기는 세상을 만들려 한다. 디에고의 언어 점수 사례는 신기술 자체가 혁신에 해로울 수도 있음을 경고하고 이를 바로잡을 필요가 있음을 보여준다는 점에서 이례적이다. 하지만 크게 해롭지 않아 보이는 다른 사건들도 기업이 사용자가 불편할 수도 있는 목적을 위해 특허 기술을 사용할 수 있음을 보여준다. 당신은 그런 기술 덕분에 편리함을 느낄 때도 있지만 그 못지않게, 음성 앱으로 은밀히 관찰당하는 게 싫을 수도 있다. 가게에서 옷을 입어보면서 반무의식적으로 혼자 툴툴거리다가 감탄하며 낸 소리가 어떤 기준이 된다는 게 그럴듯하게 들리기도 하지만 가게 주인이 그걸 당신의 성격 지표로 저장해둔다고 생각하면 약간 불안해질지도 모른다. 기업이 당신의 감정을 이상 상태나 보통 상태라 규정하는 게 음악을 권해올 땐 괜찮지만 그 외에는 썩 탐탁지 않게 느껴질 수도 있다. 만일 당신을 '비정상'이라 규정한 걸 당신이 아닌 다른 사람이 알게 된다면 문제가 될 수도 있다.

당신은 음성인식이 대단한 기술이니 약간의 희생을 감수할 가치가 있다고 느낄 수도 있고, 그렇지 않을 수도 있다. 물론 구글과 아마존의 경영진은 당신이 음성 비서가 가치 있다고 느끼도록 적극적으로 돕고 싶어 한다. 그들은 당신이 음성 비서에 기꺼이 음성을 들려주고 응답을 듣기를, 불안한 부분에 대한 찜찜함에서 벗어나기를 바란다. 동기는 경제적이지만 방법은 당신이 예상치 못한 것일 수도 있다. 구글이 AI 스피커로 상당한 이윤을 얻는다는 말도 있지만 구글의 잦은 파격 할인 행사 때문에 구글이 남는 게 있겠냐고 의문을 제기하는 사람도 있다.[69] 아마존에서 하드웨어 담당 수석 부사장으로 있는 데이브 림프Dave Limp는 2019년 하반기에, 이들은 기기 판매로는 별로 돈을 못 번다고 시인했다.[70] 음성인식 기기는 광고 제약이 커서 광고 수익도 얼마 안 된다. 대신 아마존은 현재 미국인들이 다양한 환경과 상황에서 습관적으로 자신의 음성을 기기에 넘기도록 하는 시스템을 만들고 있다. 데이브는 자신의 목표는 고객이 제품을 살 때가 아니라 사용할 때 돈을 버는 것이라 말했다.[71] 그 핵심 논리는 일단 미국 대중이 AI 스피커가 사회에 스며드는 것에 편안함을 느끼고 나면 그걸 자주 쓰게 될 것이고 그러면 이윤은 저절로 생기리란 것이다. 개인화된 광고, 웹과 앱 구매, 음성으로 작동하는 물건 구매, 음성 관련 서비스 구독 등 음성과 관련된 모든 것이 자연스럽고 마찰이 없으며 거부하기 힘들게 된다. 아마존과 구글은 음성인식 세품을 파는 데는 서로 치열하게 경쟁하지만 기기의 길들이기식 기능을 늘리고 감시 기능을 줄이는 전략은 놀랍도록 유사하다. 두 기업 모두 홍보 활동과 초저가 전략을 통해 이 나라 구석구석으로 음성인식 기기를 퍼뜨린다. 그리고 두 기업은 자신들의 음성인식 기기를 부엌, 침실, 호텔, 자동차, 학교, 가게 등 곳곳에 배치하는 일련의 조직과 제휴를 맺고, 인구 다수가 사실상 언제 어디에서든 편안한 마음으로 음성 비서를 사용하도록 만들고자 한다.[72]

보이스 캐처

음성인식 연구자는 이미 그들이 음성으로

그 사람의 신원, 체형, 나이, 계층, 특정 질병, 특정 감정 및 성격을

식별해낼 수 있다고 주장한다. 또한, 그들은 음성만이 아니라,

말 내용으로 패턴을 이해하는 법을 개발했으며

심지어 때와 장소에 어울리는 음성과 말로 우리를 설득할 수

있다고도 단언한다. 실로 대담무쌍한 주장이다.

3장

일상에 파고든

음성인식

2018년 닉 스탯^{Nick Statt} 기자는 테크 사이트, 버지^{The Verge}에 "아마존은 알렉사가 우리 생활에서 사용하는 운영 시스템이 되길 바란다"라는 제목의 기사를 올렸다. 부제는 '머지않아 우리는 전자레인지와 서브우퍼(초저음역대의 재생을 담당하는 스피커)까지도 알렉사로 작동시키게 될 것'이었다.[1] 이 기사에서 스탯은 최근 아마존이 알렉사 하드웨어를 속사포처럼 발표하는 상황을 설명했다. 일주일 전 아마존은 스탯의 동료가 대형 사건이라 부른, 알렉사의 여러 연동 기기들을 줄줄이 공개하는 대규모 행사를 열었다. 독립형 에코 스피커가 최초로 출시되고 나서 4년이 지난 시점이었다.[2] 그동안 아마존은 발 빠르게 집 안팎으로 범위를 확대해나갔다. 그리하여 지금껏 아마존이 공개한 제품에는 다음과 같은 것들이 있다.

- 에코 닷^{Echo Dot}: 이전 버전보다 음질이 더 향상된 에코의 하키공 모양 버전
- 에코 서브^{Echo Sub}: 에코 스피커에 깊은 소리를 내기 위한 서브우퍼
- 에코 링크^{Echo Link}: 알렉사를 다른 스테레오 장비에 연결하는 수신기
- 에코 인풋^{Echo Input}: 알렉사의 기능을 다른 스피커에 연결하는 기기
- 파이어 TV 리캐스트^{Fire TV Recast}: 알렉사 음성 명령으로 영상을 틀고 녹화할 수 있게 하는 기기

- **아마존 가드듀티**^{Amazon GuardDuty}: 에코에서 유리 깨지는 소리나 일산화탄소 경보를 인식해 사용자에게 이메일을 보낼 수 있는 기능
- **아마존 베이직 전자레인지**: 알렉사의 음성 지시로 작동하는 전자레인지
- **에코 벽시계**: 알렉사의 음성 지시로 타이머, 알람을 맞추고 시간을 바꿀 수 있는 시계
- **아마존 스마트 플러그**: 연결된 모든 전자 제품을 알렉사로 켜고 끌 수 있는 플러그
- **2세대 에코 플러스**: 조명, 카메라, 온도 조절기 등의 온갖 스마트 홈 기기를 음성으로 조종하는 허브 기기
- **2세대 에코 쇼**: 스크린 달린 에코. 이전 버전보다 화면이 더 크고 스피커 음질도 향상됐으며 음성 통제 허브 기능이 탑재됨
- **링**^{Ring} **스틱 업 캠**^{Stick Up Cam}: 알렉사 요청에 응답하는 실내외용 보안 카메라로, 에코 쇼에서 장치의 비디오 영상을 보여줌. 링^{Ring}의 웹사이트는 "알렉사 현관문 보여줘"라고 말하면 에코 쇼에 현관문 상황이 바로 뜸[3]
- **에코 오토**: 알렉사를 자동차에서 사용할 수 있게 만든 음성 스피커

스탯은 일련의 음성 기반 제품들이 광범위한 길들이기 및 습관화 전략을 구현한 것이라고 봤다. 그는 이렇게 썼다. "기업은 분명 알렉사와 에코 라인, 그리고 음성 비서와 통합되도록 만들어진 모든 기기가 집안 전체를 주도하기를 원한다"[4] 시장 조사 업체 포레스터의 분석가 제니퍼 와이즈^{Jennifer Wise}도 이 말에 동의하면서 다음과 같이 말한다. "겉보기엔 지금 이런저런 제품이 마구잡이식으로 출시되는 것 같지만 여기엔 분명 더 장기적인 목표가 있다. 이들 제품이 고객 생활

보이스 캐처

속으로 파고드는 관문이라고 한번 생각해보라. 아마존이 사람들의 생활 곳곳에 깊이 스며들었다면 아마존의 음성 비서 외에 다른 음성 비서는 선택하기 어려워질 것이다."[5] 스탯은 아마존이 이 기기들을 우리의 소비 패턴을 들여다보는 창窓으로 사용하면서, 그들에게 이익이 되는 방향으로 우리의 행동을 조정하기 위한 도구로 사용할 것이라고 덧붙였다. 그는 "제품 라인에 추가된 유인 혜택(각종 편리한 AI 음성 기반 기능과 낮은 가격) 덕분에 습관화가 널리 확산될 것이다"라면서 "기업이 당신을 기업 생태계로 끌어들일수록 당신은 점점 더 그 생태계를 떠나기 어려워질 것이다"라고 말했다.

시장 동향을 소개하는 기자들은 구글 역시 같은 길을 따를 거라 예상했다. 두 기업이 시장에 스피커를 쏟아내면, 결국 사용자는 자기 목소리를 기업에 넘겨주는 일이 간단하고 자연스럽고 도움이 된다고 여기게 될 것이다. 이를 습관화하게 하려는 것은 충분히 이해할 법하다.[6] 와이즈는 알렉사 사용을 습관화하는 한 가지 전략은 음성 비서를 모든 종류의 제품과 연결하는 것이라 말한다. 전자레인지처럼 얼핏 관련 없어 보이는 물건까지도 말이다. 아마존은 사람들을 알렉사와 밀착시키기 위해 이 기기로 무엇이 먹히고 무엇이 안 먹히는지, 가격은 어떻게 매기면 좋을지를 끊임없이 실험한다. 그래서 에코 기기 가격을 말도 안 되게 낮게 유지하기도 한다.[7] 구글 또한 마찬가지다.

스탯과 와이즈의 말대로 아마존과 구글은 음성인식 기기가 일상화된 세상을 만들고 싶다는 공통의 목표를 가진다. 그러므로 두 기업은 고객을 두고 치열하게 경쟁하지만, 공동의 사회적 목표를 위해 서로 협력하기도 한다. 사람들이 음성인식 기기를 사도록 유인하고, 기기에 의한 감시를 우려하지 않도록 안심시키고, 언제 어디서나 자신의 음성을 넘기는 걸 습관화하도록 만들면서 말이다. 구글과 아마존은 이런 활동을 직접 하기도 하고 음성인식 업계의 다른 기업과 함께하기도 한다. 때로는 다른 기업이 주도권을 쥐는 경우도 있다. 그리하여 업계 전체가 사회에 있는 핵심 영역 전반에 음성인식 기술이 확산되도록 하면서 사용자의 습관화도 부추긴다.

보급의 날: 아마존 프라임 데이

—

많은 미국인에게 아마존 프라임 데이는 AI 스피커의 습관이 시작된 날일 것이다. 프라임 데이는 아마존 창립 20주년을 기념하기 위해 2015년 7월부터 시작됐으며 2019년까지 미국과 중국을 포함한 18개국에서 기념되고 있다. 이름은 아마존 프라임 멤버십 계약에서 따온 것으로, 아마존 비디오와 아마존 뮤직의 일부분을 포함한 빠른 배송 및 기타 서비스를 제공한다. 미국 금융 서비스 기업 코완Cowen Inc.은 2019년 중반 미국 가정 53%가 프라임 멤버십을 보유하고 있으며 이는 약 6,000만 명에 이르는 것으로 추산했다.[8] 프라임 데이의 특가 판매는 실제로 하루 이상 지속되며, 2019년에는 48시간 동안 할인이 계속됐다. 프라임 멤버에 가입하기만 하면 누구나 할인을 받을 수 있지만, 아마존은 프라임 데이를 완벽하게 충성 고객을 붙잡기 위한 행사로 여긴다. 미국 내 판매량의 60%를 기존 프라임 멤버가 차지하기 때문이다. 따라서 이 행사는 프라임 멤버로 남아 있는 것에 대한 일종 보상 및 강화책인 동시에 신규 회원 가입을 유인하는 장려책이기도 하다. 아마존은 30일 무료 멤버십에 가입해 행사 혜택만 받고 나중에 멤버십을 취소하는 사람이 있단 걸 아주 잘 안다. 그런데도 기업은 2019년 프라임 데이 첫날 멤버십에 가입한 신규 회원의 숫자가 이전 어느 해보다도 많았음을 자랑스럽게 여겼다. 이 행사 기간의 판매 금액은 실로 어마어마하다. 36시간 동안 진행된 2018년 프라임 행사 때는 상위 48개 소매업 회사에서 발생한 인터넷 거래 중 86%를 아마존이 차지했다.[9] 아마존은 이틀 동안 진행된 2019년 행사가 끝나고 나서야 전해를 훨씬 능가하여 1억 7,500만 개 품목을 팔아치웠다고 발표했다.[10]

아마존은 특히 프라임 데이를 활용해 국내외의 가정마다 알렉사 음성 제품을 들이도록 했다. 기기 다수의 가격을 현저히 떨어뜨려서 사람들이 다투어 구매하도록 유도하는 방법으로 말이다. 에코 AI 스피커의 가격은 50%가 떨어졌고, 에코와 에코 쇼(허브도 포함해)는 무려 49.99달러, 에코 닷은 22달러, 파이어 TV 스틱은 14.99달러에 팔렸다.[11] 할인 행사는 효과가 있었다. 2019년 7월 아마존에서 발표한 보도자료 제목은 "알렉사, 프라임 데이 어땠어?"였고 내용은 이러했다. "프라임 데이는 이틀이란 기간만 놓고 볼 때 아마존 기기 판매를 위한 가장 큰 행사였다. 세계에서 가장 많이 팔린 제품은 에코 닷, 파이어 TV 스틱과 알렉사 음성 리모컨, 파이어 TV 스틱 4K와 알렉사 음성 리모트였다."[12] 아마존은 홈 네트워크 기기도 꽤 많이 팔았다. 링 보안 카메라(아마존 자체 링)와 에코비 스마트 온도 조절기(아마존이 이

기업의 주요 투자자다) 같은 기술이 여기에 속하는데 둘 다 알렉사로 조종할 수 있다.[13]

프라임 데이의 성공을 본 구글 역시 대대적인 할인 행사로 반격에 나섰다. 월마트, 베스트 바이, 이베이는 구글 상품을 매력적인 가격에 내놓아 프라임 데이에 대적했다. 놀랄 일은 아니지만 아마존은 구글이 만든 AI 스피커를 팔지 않았다. 구글은 아마존에서 했던 파격 할인에 맞서고자 월마트와 손잡고 스피기 라인을 아마존과 비슷한 가격에 내놓았고 미국 대형 유통업체 베스트 바이도 이 할인 경쟁에 스스로 동참했다. 월마트, 가정용품 및 잡화판매 소매업체인 베드 배스 앤드 비욘드Bed Bath & Beyond Inc., 베스트 바이는 구글 홈 맥스 AI 스피커를 150달러 더 싸게 내놓았다. 원래 399달려인 구글 홈 맥스 AI 스피커를 249달러에 판매한 것이다. 이들 판매처는 아마존의 경쟁 상품들의 할인율을 따라잡기 위해 구글 홈과 구글 홈 미니(에코닷의 경쟁사) 기기의 가격을 재조정했다. 월마트도 음성 스마트 보안 제품과 구글의 음성 비서 제품, 네스트 보조 제품(카메라, 온도 조절기, 연기 감지기)의 가격을 인하했다.

매력을 최대한 선전하면서 감시 사실을 최대한 축소하는 전략은 프라임 데이를 넘어서까지 상당한 반향을 불러일으켰다. 파크 어소시에이트Parks Associates의 커넥티드 홈 연구소장인 브래드 러셀Brad Russell은 사실 알렉사와 구글 어시스턴트를 가정에 보급하는 일은 세 단계로 이루어진다고 말한다.[14] 그는 프라임 데이 같은 행사를 통해 AI 스피커, 스마트 온도 조절기, 스마트 카메라를 사는 일은 홈 네트워크 구축의 가장 낮은 단계라 말한다. 이것들은 홈 네트워크의 기본이 되는 일종의 DIY 독립형 기기이기 때문이다. 이 단계는 쇼핑객이 아마존 사용자가 될지 구글 사용자가 될지를 정하는 수준에 불과하며, 그들은 냉장고와 레인지 같은 주요 가전제품을 아마존이나 구글 어시스턴트와 연결한다는 생각도 거의 하지 않는다. 대신 특정 기능을 갖춘 기기를 하나하나 직접 고른다. 쇼핑객은 각각에 속한 기능마다 그에 속한 제품군 중 최고 제품을 찾으려 한다. 그들이 특정 제품에 끌리는 요소는 제품의 디자인, 사양, 작동 방식, 신뢰성, 사용자 지원 같은 것이다.

이제 두 번째 단계에서는 전국 마케팅 그룹NMG, Nationwide Marketing Group 이 개입한다.[15] 이 단체의 대표 톰 힉맨Tom Hickman은 NMG는 5,500개의 중소 규모 소매업자가 힘을 모아 베스트 바이, 홈 디포 등의 대형 체인에 맞서 경쟁한다고 말한다. 지금 전략은 판매처를 돕는 데 초점을 맞추고 있으며, 그들이 개인화된 홈 네트워크를 구축하기 위해 조언이 필요한 사람들에게 도움을 줄 수 있도록 한다. 그렇게 마법 같은 일이 일어난다. 모든 스마트 물건이 서로 연결되며 현실의 문제를 해결하게 되고, 부엌에서 저녁 식사 준비를 하면서 초인종 소리에 응답하는 일도 가능해진다.

나는 힉맨에게 사람들이 왜 음성 비서들을 원할 거라고 생각하는지 이유를 물었다. 그러자, 그는 다음과 같이 설명했다.

> 아내가 저녁 식사 준비를 하느라 손에 밀가루 반죽을 묻혔습니다. 그때, 누군가 초인종을 누르면 네스트 초인종에 있는 카메라 화면이 조리대 위 구글 허브에 등장해요. 구글 허브는 아내에게 케이크 만드는

법을 알려주던 참이었을 거예요. 아내는 카메라에 비친 방문객이 누군지 확인하고 그냥 스피커를 통해 "아저씨, 그건 그냥 현관문 앞에 두고 가세요"라고 하거나 "옆문으로 오실래요?"라고 합니다. 그게 바로 실용적 홈 네트워크입니다. 용도가 서로 다른 두 개의 기기를 동시에 사용하는 거죠. 홈 네트워크가 그리는 미래를 상상해본다면 이런 경우도 있을 수 있어요. 가령 고기를 녹인다 해보죠. 홈 네트워크가 구축된 집의 냉장고에는 온도 측정 센서기 달려 있어서 그게 특정 온도에 도달하면 전자 조리기가 켜지고 예열이 시작돼 바로 다음 일을 할 수 있게 되죠.

모든 게 서로 연결돼 있으면 실제 생활이 조금 더 편리해집니다. 음성 인식 기기에 대고 "지금 냉장고에 있는 재료로 30분 만에 조리해서 여섯 명이 먹을 키슈quiche(달걀을 주재료로 한 프랑스의 대표적인 달걀 요리)를 만들 수 있을까?"라고 묻는다고 해봐요. 품목 유통기한과 그걸 언제부터 보관했는지도 아는 냉장고는 이렇게 대답하겠죠. "네. 오늘 재료를 살펴보니 키슈 6인분을 만들 수 있을 것 같아요. 냉장고에 지금 사용할 17가지 재료가 있네요. 조리 시간이 45분 정도 걸리니까 지금 오븐을 예열할게요."

힉맨에게 음성인식 기술의 매력은 분명했다. 요즘엔 모든 일이 주방을 중심으로 돌아가니 음성인식 가전제품의 쓸모를 찾는 건 어렵지 않다고 그는 말한다. "전자레인지가 네스트 프로텍트에 말을 걸어야 할 이유가 대체 뭐냐고요? 음, 그건 네스트 프로텍트가 단순히 연기만 감지하는 게 아니라 오븐에서 한 시간 반째 음식을 가열 중이란 사실도 안다는 겁니다. 그 연기가 불꽃 연기나 플라스틱 연기가 아니라 음식 연기라는 것도 알고요. 그래서 저녁 식사 때 식사할 음식을 누군가 또 태우는 바람에 당신이 집에 가는 길에 먹을 걸 사가야 된다고 알려줄 수도 있죠."

당신이 사는 동네에 있는 독립 판매처에 가면 모든 제품이 전시돼 있고 NMG에 제대로 교육받은 영업 사원이 있다. 누군가 가게로 와서 일련의 제품이 전시된 걸 보고 "와! 이게 다 홈 네트워크예요?"라고 한다면 거기서부터 이게 얼마나 유용한 시스템에 대해 설득이 시작될 것이다. NMG는 사람들이 음성인식 기기에 애착을 느끼게 하도록 영업 사원을 훈련한다. 영업 사원이 이렇게 말한다. "제가 생활을 더 편리하게 만드는 법을 알려드릴까요? 제 아내는 자동차에서 건조기를 작동시킨답니다. 그래서 집에 도착하면 방금 건조가 끝난 빨래를 바로 갤 수 있지요. 전에는 건조가 끝난 지 한참 지나서 빨래가 전부 꾸깃꾸깃해져 있었어요. 그래서 저녁 식사를 준비하면서 세탁실로 가서 다시 건조기를 켜야 했고 저녁을 먹다 말고 다시 가서 빨래를 개야 했지요."

요즘 대부분의 가전제품 기업은 알렉사나 구글 어시스턴트 또는 둘 다 연동되도록 제품을 만든다. 그 선두주자에 속하는 삼성은 자사에서 만든 스마트 가전제품을 스마트싱스SmartThings Inc.* 허브를 통해 둘 다와 연동시켰다. 물론 자사가 만든 빅스비 음성 비서와도 연동된

---

* 스마트싱스는 스마트 홈, 컨슈머 사물인터넷을 위한 오픈 플랫폼을 개발하는 기업이다. 이들은 2014년 8월 삼성에 인수됐다.

다. 삼성은 빅스비 사용을 유도하기 위해 2019년에 빅스비2를 출시했다. 냉장고 등 가전제품만이 아니라 삼성 스마트폰까지 구글과 연동시키려고 음성 비서를 업그레이드한 것이었다. 삼성은 이 작업을 이끌 적임자로 시리를 만든 애덤 체이어^{Adam Cheyer}를 고용했고, 자사의 음성 비서가 미국 내 선두주자 대열에 동참하길 얼마나 열망하는지를 보여줬다.[16] 그런데도 2019년 중반 톰 힉맨은 삼성의 큰 계획을 잘 몰랐던 듯하다. 내가 삼성의 부상 가능성을 묻자, 그는 "삼성은 사방에 쫙 깔린 구글과 알렉사에 비하면 수많은 제조업체의 하나일 뿐이다"라고 주장했다. 요컨대 NMG는 시장에서 알렉사와 구글 어시스턴트를 적극적으로 민다는 뜻이다.

인터뷰 후반쯤, 나는 음성인식 기기가 보유한 데이터를 바탕으로 고객에게 물건을 팔고 싶어 하는 판매자가 있다고 지적했다. 힉맨은 "때로는 그렇게 해서 소비자의 마음과 생각을 파고들려는 판매자가 있다는 걸 나도 잘 압니다. 하지만 그게 적용되는 과정에는 어려움이 많죠"라고 대답했다. 내가 구글이 소유한 현재 개인정보 처리 방침은 이런 활동을 막지 않는다고 하자 그는 그런 경험이 "개인정보 처리 방침에 그다지 관심을 두지 않았던 사람들에게 경종을 울리게 될 것"이라고 말했다. 그러면서 이것은 가전제품을 사는 사람들이 그런 음성 서비스를 원하는지, 아닌지의 문제이며 NMG가 소매업자와 할 이야기는 아니라고 했다. 확실히 힉맨은 NMG 소매업자를 고객에게 매력적인 홈 네트워크라는 선택지를 제안하는 존재로 봤고, 그 위험 여부는 고객이 스스로 결정해야 한다고 믿고 있었다.

고객이 책임져야 한다는 생각은 NMG의 협력 기업 중 최고가 제품을 만드는 컨트롤4의 웹사이트에도 드러나 있다. 컨트롤4는 부엌과 세탁기를 넘어 알람 모니터링, 오디오/비디오 미디어 등 홈 네트워크 시스템을 위한 고급 음성인식 기술을 개발한다. 컨트롤4 웹사이트의 한 영상은 음성으로 연결된 홈 시스템을 매력적으로 묘사한다. 잠재 고객에게 "스마트 홈은 모든 기술이 모여 당신 삶을 단순하게 만들어 줄 때 가장 의미 있죠"라고 말한다. 비디오에서 식구 중 한 명이 스마트폰 앱과 아이패드 모양의 홈 네트워크 제어판 버튼을 눌러 조명과 음악을 켜는 장면을 보여준다. 이어서 해설자가 음성만으로 더 편안하고 더 편리해진 기능을 선전하는 동안 카메라는 아마존 에코를 보여준다. 컨트롤4는 온갖 제품을 다 그들이 만든 시스템에 연결할 수 있다고 강조하면서 애플 TV, LG, 소노스, 삼성 등 로고를 보여준다.[17] 만약 데이터가 어떻게 사용되는지 알고 싶다면 작게 쓰인 '개인정보 및 보안'이란 제목 링크로 들어가면 된다. 그곳에서 모호하게 적힌 보장 정책을 확인할 수 있고, 자세히 찾아보면 이 기업의 '최종 사용자 사용권 계약'이란 부분이 나온다는 것을 알 수 있다. 그 부분을 찾아서 읽어보면 "컨트롤4는 컨트롤4를 공급하는 업체(위의 홈 네트워크 제공 업체)가 일으킨 문제에 대해서는 어떤 것도 책임지지 않으며, 제3자가 컨트롤4를 통해 제공하는 콘텐츠에서 발생하는 문제에 대해서도 책임지지 않는다"라는 사실이 명시되어 있다.[18] 아마존 같은 기업이 사람들의 음성 데이터를 멋대로 활용할 수도 있다는 사실을 컨트롤4는 알고 있지만 절대 책임은 지지 않겠다고 말하는 것이다.

정착지 1: 집

—

가정에서 사용하는 음성인식 기기들이 가장 쉽게 정착할 만한 주택 건설업도 이와 똑같은 태도를 보인다. 건설업자는 집을 팔기 위해 사람들이 기기를 사용하는 동시에 습관화하도록 한다. 레너Renner, KB 홈KB Home, 셰아 홈스Shea Homes, 브룩필드 레지덴셜Brookfield Residential, 톨 브라더스Toll Brothers와 같은 굵직한 주요 건설사는 2018년경부터 홈 네트워크 기술을 빠른 속도로 도입했다. 그리하여 몇몇 시장에서만 실험적으로 설치하던 가정용 음성인식 기기들을 전 주택 표준으로 만들었다. 이들 건설사는 홈 네트워크 시스템을 갖춘 주택이 주택 구매자를 끌어들일 거라 보고, 아마존 및 구글과 제휴한 사실을 이 시스템에 대한 신뢰성의 척도로 볼 수 있다고 홍보했다. 톨 브라더스는 보도자료를 통해, 2018년 7월 이후로 "계약을 맺는 모든 자사 주택에 볼드윈의 자동 잠금장치, 캐리어의 무선 온도 조절기, 무선 차고 개폐 장치가 전 주택 인터넷 배선 또는 몇몇 공간을 위한 인터넷 패키지에 포함될 것"이라고 발표했다. 이 기업은 아마존과 구글의 음성 호환을 약속하고 고객에게 컨트롤4와 알람 닷컴 패키지를 추가로 구매할 수 있게 했다.[19]

몇 개월 뒤 KB 홈은 캘리포니아의 오렌지 카운티, 네바다의 라스베이거스, 덴버의 콜로라도, 플로리다의 잭슨빌에 지은 신축 주택에 구글과 손잡고 홈 네트워크 기술을 도입했다고 발표했다. KB 홈의 웹사이트에 따르면, 홈 네트워크 기술로 그 집에 사는 사람들은 물 흐르듯이 거주 생활을 누릴 수 있을 것이며 모든 게 핸즈프리가 될 것이다. 뭐든 그냥 "헤이 구글"로 시작하면 됐다.[20] 레너도 이에 뒤질세라 아마존 홈 서비스 팀과 함께 표준 스마트 홈 시스템을 알렉사 위주로 만들었다. 레너는 인터넷 설비 협회라 불리는 조직으로부터 집 전체의 인터넷 수신 신호가 매우 견고하다고 인증받았고, 그들이 만든 주택은 아마존에 의해 작동·유지되는 세계 최초로 인터넷 인증받은 주택 디자인이라고 홍보했다.[21] 2020년 여름에는 새로 지은 모든 집에 링, 루트론Lutron, 슐라지Schlage, 소노스처럼 신뢰받는 제조사에서 제작한 스마트 홈 제품이 아마존의 홈 네트워크 전문 지원 시스템과 함께 설치됐다.[22] 레너는 주택에 설치된 홈 네트워크 기술 덕분에 이제 주택 구매자가 조명, 현관문 잠금장치, 온도 조절기를 알렉사에 핸즈프리 음성 명령으로 통제할 수 있게 될 것이라고 강조했다. [23]

사실 주택 건설사가 이런 기술을 구매자에게 제안하기로 한 것은 상당한 고민 끝에 내린 결정이었다. 표적 고객을 끌어들일 수 있는지, 사용하기 편리한지 아닌지가 음성인식 기기를 고르는 기준이었다. 세아 홈스에서 내장 제품 구입을 담당하는 토니 칼라한Tony Callahan 부사장은 홈 네트워크 설치는 예비 주택 구매자 다수를 만나보고 나서 내린 결정이라고 내게 말했다.[24] 처음에는 아마존, 구글, 애플, 삼성 제품과 연동시키려 했다. 그러나 한 기업과의 연동은 어렵지 않지만 4개의 회사 모두와 연동시키는 일은 어렵다고 그들은 결론 내렸다. 특히 애플은 제품 안에 애플 칩을 따로 넣어야 하는 경우가 종종 있어서 더 그랬다. 세아는 해결책으로 사람들이 가장 많이 사용하는 아마존과 구글의 음성인식 기기를 제시했다. 칼라한은 "시장 조사 결과 고객은 아마존을 가장 선호했고 그다음이 구글이었다. 애플을 언급하는 고객은 손에 꼽을 정도였고 삼성은 단 한 명도 없었다"라고 했다.[25] 셰아 경영진은 이 조사를 바탕으로 홈 네트워크를 구축했다.

칼라한에 따르면 이런 기술을 설치하는 데는 상당한 비용이 들어간다. "정확한 숫자는 말해줄 수 없지만, 비용이 꽤 많이 들어갑니다. 그래서 이걸 못하는 업자가 아직 많은 거죠. 이것 때문에 타격이 크고, 남는 게 하나도 없을 정도이며, 사실 우리 이윤은 더 숨어들었어요. 그래도 이렇게 하는 이유는 이게 집을 파는 데 도움이 되기 때문입니다. 우리가 예비 주택 구매자에게 물어보니 다들 이런 고객 개인화된 서비스를 원했어요." 사람들이 이런 홈 네트워크 시스템을 원하는 게 보안과 오락 때문이었는지 묻자, 칼라한은 단호하게 대답했다.

아니요. 사람들은 편리한 것을 원합니다. 온종일 밖에서 열심히 일하고 집으로 돌아온 맞벌이 부부는 아이 숙제를 돕기도 하는 걸요. 이때 미리 오븐 예약 타이머를 켰다면 중간에 일어나서 오븐을 확인하러 가지 않아도 되고, 스마트폰이나 음성 조종기로 확인할 수도 있어요. 생각했던 것보다 아이 숙제가 늦어지면 오븐 타이머를 조금 뒤로 재조정할 수 있습니다. 샤워하기 전엔 음성으로 순환 펌프를 미리 켜놓으면 물을 틀 때 바로 뜨거운 물이 나오고요. 밤에 잠자리에 들 때 "알렉사, 잘 자"라고 말하면 알아서 현관문이 잠기고 전기 스위치가 모두 꺼집니다. 그러다 문득 "내가 차고 문을 내렸던가?"하는 생각이 떠오를 수도 있죠. 그럼 그냥 앱을 보면 돼요. 그러면서 "음, 내렸군" 하면서 안심하거나 "앗, 깜빡했네. 내려!"라고 말하면 됩니다. 다시 말하자면, 이런 시스템이 갖춰져 있으면 정말 편리하단 이야기입니다.

고객의 집에 흘러 다니는 데이터를 활용할 생각을 해본 적은 없냐고 물으면 주택업자들은 하나같이 발끈해서 자신들이 하는 일은 건설업이지 고객 데이터 사업이 아니라고 강변했다. 하지만 내가 인터뷰한 주택 판매자와 건설업자는 고객이 사는 집에 설치할 가전제품을 선정하면서 감시에 대한 문제도 고려했다는 이야기는 전혀 하지 않았다. 요컨대 애플이 다른 경쟁사보다 개인정보 보호를 더 중시한다고 세상을 설득하려 한 사실은, 건설업자가 고객을 위해 더 나은 기술 패키지를 소유한 기업을 고를 땐 아무 요인도 되지 않았던 듯하다.

정착지 2: 자동차

집이 음성 비서를 사용하도록 사람들을 길들이는 최적의 장소라면 자동차는 두 번째 장소다. 사람들이 자동차 내·외부에서 만들어내는 데이터는 양도 어마어마하고 아주 사적인 데이터도 많을 것이다. 매셔블Mashable이라는 웹사이트는 2018년에 이렇게 썼다. "음성 비서는 현대 가정의 필수 도구가 됐다. '스마트' 부엌이나 거실도 그렇지만 자동차는 더 그렇다." 디지털 컨설팅 기업 캡제미니Capgemini의 2017년 조사를 살펴보면, 응답자 중 85%가 "집 밖에서 자동차나 자전거나 기차를 탈 때 음성 비서를 사용하고 싶어 한다"라는 사실을 발견했다.

거실에서 음성 비서를 사용하고 싶다고 한 응답자가 88%였으니 비율이 비슷하다.[26] 그러니 음성인식 기업이 사람들을 설득하는 주요 경쟁 무대로 자동차를 선택한 사실도 이해가 된다.

2019년 뉘앙스는 자동차를 둘러싼 음성 경쟁의 중요성이 나날이 커진다는 사실에 주목하고 자동차 관련 부서를 세렌스Cerence라는 독립 기업으로 분리했다. 뉘앙스는 꽤 오래전부터 구글, 애플, 사운드하운드 그리고 다소 뒤늦게 뛰어든 아마존과 함께 자동차 음성 소삭을 습관화하는 데 앞장서왔다. 세렌스의 자동차 전략가 에릭 몬태규Eric Montague는 2019년 "지금 모든 주요 자동차 제조사들은 어떤 형태로든 뉘앙스 기술을 씁니다"라고 했다.[27] 자동차에 음성인식 기술이 들어가는 이유를 묻는 말에 그는 "운전자가 더 안전하게 자동차를 운전할 수 있도록 하기 위해서"라고 대답했다. 달리는 차 안에서는 음성인식 기술을 사용하는 편이 버튼 누르는 일보다 더 쉽다. 2019년 뉘앙스는 16종의 자동차 비서 관련 부품을 자동차 제조사나 오리지널 장비 제조사OEMs에 팔았다. 중간급 브랜드는 2~3종을 사고 최고급 브랜드는 16종을 다 산다. "많은 제조사가 자동차의 정보 오락 시스템을 혁신적으로 하는 일을 최우선으로 삼는데, 그 이유는 타 경쟁사와 차별화하기 위해서거나 장착된 신기술의 수준에 따라 브랜드 평가가 나뉜다는 이유 때문이죠. 예컨대 메르세데스 벤츠는 언제나 새로운 혁신, 기능, 특징에서 앞서나가고 싶어 합니다"라고 그는 말했다. 그 말을 입증이라도 하듯 메르세데스 벤츠의 수석 소프트웨어 엔지니어는 2019년 음성 앱 개발자 회의에서 자사의 저렴한 모델에 속하는 200시리즈에 뉘앙스가 만든 최신 음성 통제 기능 일부를 넣기로 했다고 발표했다. 이는 전략적인 이유다. 그들의 연구 결과, 저렴한 모델을 구매할 확률이 높은 젊은 고객이 다른 어느 세대보다 최신 기술을 원하는 것은 물론이고, 그 사용법도 더 잘 안다는 사실이 드러났기 때문이다. 메르세데스 경영진은 젊은 운전자를 고객으로 더 끌어들일 필요가 있다고 느꼈고, 200시리즈에 고객이 기대하는 수준 이상의 음성 인식 기술을 장착했다.[28]

세렌스는 자동차 제조사에 별도의 브랜드 이름 없이 부속 기기를 공급한다. 그래서 운전자에겐 대체로 잘 알려지지 않았지만 이들은 사실 자동차 운영 시스템에 깊숙이 관여하며 자동차에 탄 사람들에 관해 엄청난 양의 데이터를 꺼내 처리할 수 있다. 2019년 소비자를 위한 전자제품 전시회에서 세렌스는 개발 마무리 단계인 소프트웨어 패키지를 하나 선보였는데 운전자가 말, 음성, 표정, 눈으로 자동차와 고차원의 커뮤니케이션을 할 수 있는 기능이 들어간 것이었다. 세렌스 드라이브(합병 전에는 이름이 드래곤 드라이브였다)라는 고급 이동 비서는 "버튼을 누르거나 스위치를 돌리거나 스크린을 터치할 필요 없이 자동차를 조작하는 게 가능할 뿐 아니라 사용자 경험을 한결 향상시킨다"라는 전제를 바탕으로 한다. 고가 모델에는 이미 있는 다중 마이크 장치, 시선 감지 및 손짓 명령을 더 정교한 수준으로 끌어올려 만들어내기도 했다. 운전자는 음성 명령 및 눈동자의 움직임으로 앞창에 펼쳐진 전통적으로는 중앙 콘솔에 있던 기호(위젯)를 작동시켜 전화, 연락처, 날씨, 내비게이션, 음악 등 서비스와 데이터를 조절하고 고를 수 있다. 합병 전에 뉘앙스가 낸 보도자료에는 이 드라이브가 머리 움직임과 음성을 모두 감지하므로 자동차 내부에 있는 기기를 전부 터치 프리로 조종할 수 있음을 강조한다. 운전자가 조수석 창을 보면서 "창문 열어"라고 말하면 그쪽 창문이 열리는 것이다. 운전자와 동승자가 하는 말을 넘어 "드래곤 드라이브는 이제 그들 기분, 즉 인지 및 감정 상태까지 감지한다"라는 말도 적혀 있다. 뉘앙스와 MIT 기반 스타트업 어펙티바^{Affectiva}가 합동으로 개발한 이 기능은 카메라로 운전자의 표정과 마이크로 음성 높낮이를 식별하는 것에서 시작한다. 어펙티바의 삼성 AI 소프트웨어는 음성 비서에 운전자와 동승자의 인지 및 감정 상태를 알리며, 이들이 사용자 상황에 맞게 응답 스타일과 목소리 톤을 적절히 조정하여 응대할 수 있도록 한다. 이 기술은 더 '공감적인' 도움으로 운전자의 부주의, 졸음, 실수를 막아서 조금 더 안전한 운전을 가능하게 한다.[29]

이런 기능이 엄청나 보일지 몰라도 자동차 음성에 대해 세렌스가 가진 애착은 시리, 구글 어시스턴트, 알렉사의 유용함 앞에서 빛을 바래고 만다. 이 기업들이 자동차 기능 조작에는 전문일지라도 그걸로 구글, 애플, 아마존의 음성 비서처럼 고객을 자동차 바깥세상과 연결하진 못할 것이다. 세렌스가 제공하는 기술이 아무리 인상적이라 해도 스마트폰과 홈 스피커로 하던 걸 점점 자동차 화면 및 음향 시스템으로도 하고 싶어 하는 운전자를 만족시키지도 못한다. 아마존의 후원으로 2019년에 JD 파워가 실행한 조사에 따르면 미국 소비자의 59%가 집에서 쓰는 음성 비서를 지원하는 브랜드의 자동차를 살 의향이 있다고 응답했다.[30] 아마존 관계자는 이 조사 결과가, 홈 네트워크로 습관화를 유도한 전략이 사람들이 집 밖에서도 같은 음성 비서를 원하도록 유도하는 데 성공했다는 의미로 받아들였다. "우리는 음

성 영역에서 티핑 포인트에 도달했습니다"라고 그는 말했다.[31]

　많은 자동차 제조사가 세렌스 같은 기업의 도움을 받아, 운전자가 애플, 구글, 아마존에서 사용하던 음성 및 터치 기능을 자동차 마이크, 스피커, 화면에도 그대로 사용할 수 있도록 노력했다. 그러나 아직은 전화 걸기, 역동적인 지도, 음악 앱, 데이터 및 오락 기능들은 자동차의 음성 시스템으로까지 제대로 통합되지 못했고 그저 운전자의 스마트폰 기능을 미러링하기만 한다. 아마존이 구글이나 애플보다 훨씬 적은 수의 스마트폰에 사용되고 있었지만 아마존은 느긋했다. 애플과 구글의 카 미러링 기술 출시보다 몇 년 늦은 2017년에서야 아마존은 에코 오토를 가지고 자동차라는 경쟁 열차에 올라탔다.[32] 2019년 중반 아마존은 아마존 오토를 25달러라는 초저가에 팔았다. 공짜로 내려받을 수 있는 구글 및 애플 자동차 앱과 경쟁하기 위해서였을 것이다.

　많은 자동차 제조사들이 구글이나 애플, 아마존을 그들의 시스템에 더 깊이 들여오는 것에 대해 장기적으로 이익이라고 여기기 시작했다. 뉘앙스의 CTO 조 페트로는 장비 제조사가 이제 자율주행 자동차까지 바라보고 자동차 안을 고객이 편안하게 여기는 음향과 시각 시스템을 갖춘 데이터 및 오락 공간으로 생각하기 시작했다고 설명했다. 주요 음성인식 기술에 대한 이들의 지대한 관심은 음성인식 기술에 앞장선 거대 기업들이 수많은 사람에게 이런 기기 사용을 얼마나 효과적으로 습관화시켰는지를 보여준다. 2019년 제너럴 모터스는 2018년 이후 모델 소유자에게, 자사의 기존 음성 시스템에 알렉사를 사용할 수 있게 하겠다고 발표했다. 이 또한 음성인식 기술의 위력을 입증하는 사례일 것이다.[33] 운전자가 사용하는 음성 비서를 자동차에서도 사용할 수 있게 해야 한다는 문제를 포괄적으로 해결하기 위해 아마존과 뉘앙스는 2019년 말 다중 비서 기능을 출시했다. 운전자마다 자기가 선호하는 음성 비서를 부를 수 있게 한 것이다. 구글과 애플은 아마존이 이끄는 프로젝트에 바로 동참하지 않았지만, 음성 산업 전문가 브렛 킨셀라는 소비자의 기대는 결국 구글이나 애플이 자사만의 단독 비서 방침을 강화하기 어렵게 만들 것이라 예견했다.[34]

하지만 메르세데스 벤츠 같은 자동차 제조사는 자사의 음성 비서가 자동차의 모든 것을 지휘하는 것처럼 고객에게 비치길 원한다. 비록 자사 자동차의 음성 비서 자체는 구글 어시스턴트, 시리, 알렉사처럼 통합 정보를 갖고 있지 않다는 사실을 고객이 알고 있다 하더라도 말이다. 조 페트로는 인지적 중재를 통해 이 다중 비서 기능을 소리 없이 통합하는 뉘앙스(지금은 세렌스) 기술에 주목하라고 말한다. 인지적 중재는 뉘앙스 소프트웨어가 장비 업체에서 허용한 데이터나 오락 제공 시스템 중에 가장 적당한 정보 시스템을 고르는 과정을 말한다.[35] 따라서 당신이 "헤이 벤츠, 내일 날씨는 어때?"라고 물으면 인지적 중재는 이를 '아, 이 질문은 알렉사를 불러와야겠어'라거나 '이건 구글을 불러와야겠네'라고 파악할 것이다. 혹은 뉘앙스가 아마존이 검색 엔진으로 쓰는 마이크로소프트 빙Microsoft Bing을 끌어와 데이터로 사용할지도 모른다. 어떻든 운전자나 동승자는 결국 메르세데스 음성 비서의 목소리만 듣게 될 것이다.

페트로와 몬태규는, 이 모든 기능에는 사용자의 음성 데이터를 자동차 데이터를 다루는 모든 행위자가 공유한다는 문제가 있음을 지적한다. 음성 작동 소프트웨어와 인지적 중재 과정은 너무도 복잡해서, 어떤 명령은 시스템이 응답하지만, 또 어떤 명령은 답변을 위해 클라우드 시스템으로 가야 한다. 명령 종류에 따라, 창문을 내리라든가 타이어 압력이 어느 정돈지 묻는다든가 하는 식의 자동차와 관련된 명령은 그냥 자동차 내에 머문다. 하지만 뭔가를 찾고 싶어 한다면 당신 말은 클라우드를 거쳐 당신이 찾는 콘텐츠로 연결된다. 당신이 "빈자리가 있는 타임스퀘어 근처 주차장 중에 가장 저렴한 곳을 찾아줘"라고 말하면 클라우드가 내용을 분석하고 2시간 동안 주차가 가능한 곳을 찾아준다. 클라우드 덕분에 자동차 제조사는 운전자의 음성 명령을 바탕으로 운전자 선호에 관한 데이터도 소유할 수 있게 됐다. 같은 브랜드의 다른 모델을 사거나 빌리는 운전자는 모든 걸 처음부터 다시 설정할 필요가 없는 것이다.

이처럼 고도로 정교해진 운전자 이해 수준은 그저 시작에 불과하다. 2020년 소비자 전자제품 행사에서 벤츠는 숨결과 심장 박동으로 운전자를 인식하는 시스템을 선보였다.[36] 아마존 부스는 알렉사 및 링과의 홈투카 통합 시스템, 자동차 내 알렉사 음성 기능, 자동차 제조사와 판매업자가 자동차에 기술을 더 많이 가져오도록 도울 아마존 클라우드 서비스를 자랑했다.[37] 운전자의 목소리와 자동차에 타고 있는 다른 목소리들을 구분하기 위해 뉘앙스는 자동차 안의 모든 소리에 귀를 기울이고 각 목소리의 주인을 판별한다. 운전자가 자동차의 모든 기능을 다루는 주인이며, 창문을 내리고 내비게이션을 다룰 권한은 오직 운전자에게만 있어야지 뒷좌석에서 비명을 지르는 아이들에게 있어선 안 되기 때문이다. 그게 다가 아니다. 뉘앙스의 최신형 자동차 음성 비서는 내장 카메라와 소프트웨어 키트의 도움으로, 운전자가 어디를 보는지를 감지하고 이를 바탕으로 명령에 답한다. "저긴 몇 시에 문을 열지?"라고 운전자가 좌측 가게를 보면서 묻는다고 하자. 그 즉시, 뉘앙스는 운전자가 보는 방향 근처에 대해 자동차 비디오 시스템에 물을 것이고, 뉘앙스의 인지적 중재 처리 시스템은 이 질문을 내비게이션 기업의 시스템으로 보내게 된다. 그럼 이 시스템은 답을 찾아 다시 뉘앙스 음성 시스템으로 보내고 이를 운전자에게 알려줄 것이다.

사람들이 자동차에서 무슨 말을 언제, 어디서, 무슨 감정으로 하는지는 마케팅과 그외 목적을 위한 프로파일 작성에 큰 잠재적 가치가 있다. 에릭 몬태규와 조 페트로는 뉘앙스가 음성 데이터를 특정 자동차 관련 경험을 위해서만 사용한다고 강조한다. 하지만 페트로는 음성인식의 효율적 사용을 위해서 뉘앙스는 음성인식을 자동차 제조사에 완전히 공개한다고 했다. 그는 "만약 우리가 데이터로 무언가를 훈련한다면 우리 고객은 우리가 정확히 무슨 목적으로 데이터를 사용하는지 알게 됩니다. 일반적으로 말해 데이터는 시스템을 향상하기 위해서만 사용되니까요"라고 그 이유를 설명했다. 자동차 제조사가 사람들이 자동차에서 하는 행동이나 말을 기록·보관하는가에 관한 질문에는 "그렇게 하도록 허용한 고객 데이터만 보관해요. 기본 설정은 그렇게 돼 있지 않죠"라고 대답했다. 하지만 고객은 기록 보관을 쉽게 허용한다. 새 차를 구매하는 순간, 자동차의 음성 비서가 당신에 대해 더 잘 알수록 더 개인화된 응답을 받을 수 있다고 안내하기 때문이다. 뉘앙스와 같이 일하는 자동차 제조사가 혹시 제시한 목적 외에 다른 목적으로도 데이터를 사용하느냐는 질문에 페트로는 "대부분 경우엔 모두가 최대한 규칙을 지키려 노력합니다"라고 말했다.

하지만 날마다 생성되는 운전자 데이터의 양을 생각하면 그 유혹은 엄청날 것으로 예상된다. 컨설팅 기업 스트래티직 애널리틱스Strategic Analytics의 자동차 전문가 로저 랭토트Roger Lanctot는 자동차 제조사들이 방대한 음성 데이터로 뭘 하고 싶은지에 대해 이제 막 생각해보기 시작했다고 말한다. 가장 쉬운 가정은 차주의 습관 및 관심을 분석해 그들이 다음 모델을 사게 하는 제일 나은 방법을 알아내는 일이 될 것이다. 고객 유지는 자동차 제조사에 핵심적인 목표이고, 따라서 그들은 이런 분석을 위해 음성 비서 기술을 사용하려는 강한 유혹을 받을 것이다. 다른 목적은 좀 더 논쟁의 여지가 있다. 랭토트는 어느 자동차 업계 간부가 운전자 데이터를 별도의 사업 라인으로 사용하자고 제안한 이야기를 해주었다. 그 제안을 들은 상급자는 꼭 내가 인터뷰한 주택 건설업자처럼 "우리는 자동차를 만드는 기업이지, 데이터를 파는 기업이 아니다"라고 대답했다고 한다. 하지만 랭토트가 지적하듯 자동차 제조사는 실제로 구매자를 돈으로 바꾼 역사가 있다. 어떤 제조사는 타이어, 엔진 오일 등 기업이 고객을 확보할 수 있도록 그들의 고객 명단을 알려주는 대가로, 또 다른 제조사는 보험료 할인 혜택을 기대하고 데이터 공유에 동의한 차주의 운전 습관 정보를 보험회사에 제공하는 대가로 돈을 받았다.

사람들이 어디서 운전하는지, 무슨 말을 어떻게 하는지에 관한 초단위 정보는 자동차 제조사에, 개인화된 오디오 또는 비디오 광고를 만들거나 데이터에 기초한 구독 서비스를 팔거나 매우 구체적인 정보에 기초한 광고 문구를 다른 기업에 귀띔할 기회를 준다.[38] 2018년 자동차 매체 《오토모티브 뉴스 유럽Automotive News Europe》이 기사에서 지적했듯 스마트 정보 시스템은 자동차 제조사의 수익원으로, 운전자에게 주차장을 찾아주거나 주유 대금을 지불할 수 있게 하는 등의 또 다른 앱 및 서비스 시장을 만들어낸다. 이와 관련해 내비건트 리서치Navigant Research의 수석 분석가 샘 아부엘사미드Sam Abuelsamid는 "플랫폼을 가진 기업은 어디가 됐든 수익의 일정 비율을 가져갑니다. 그 자잘한 수수료가 쌓여 결국 큰돈이 돼죠"라고 말했다. 자동차 안에서 사람들이 뭘 하는지 알 수 있으면 자동차 제조사는 수익원도 만들고 사용자 경험도 향상할 수 있다.[39]

주요 자동차 제조사는 결코 그 가능성을 얕보지 않았다. BMW는 운전자 정보를 추적한다고 인정하면서도 그 목적이 이타적인 것처럼 들리게 했다. BMW 디지털 제품 담당 수석 부사장은 "가령 누가 어떤 음악을 듣는데 조만간 그 가수의 대형 콘서트가 열린다는 사실을 우리가 안다고 해봅시다. 그러면 우린 아마 그 정보를 영업 담당자에게 전해 특별 티켓을 제안하도록 할 것입니다"[40]라고 언급했다. 볼보는 운전자 데이터의 사용을 간접적으로 인정했다. 《포춘》 기자에게 자사 기술은 전 세계에서 법, 보안, 개인정보 의무에 대해 온전하게 책임지고 시민이 자신의 사적 데이터가 공유될지를 통제하도록 하는 유럽 연합 법률을 준수한다고 이야기한 것이다.[41] 2020년 7월에 '음성'과 볼보의 '개인정보 처리 방침'을 구글로 검색하자 '정보에 관하여: 음성 메시지' 대목이 나왔다. 거기에는 유럽 연합 법률에 맞게 운전자가 자동차에 대고 말할 때 "볼보는 제3자 서비스 기업을 통해 음성인

148

식 및 서비스 기업의 서비스 향상을 도모한다"라고 되어 있다.[42] 이런 설명은 《포춘》과의 인터뷰에서 더 폭넓게 한 말과 맞지 않았다. BMW와 포드는 비슷한 주제를 검색했을 때 아무것도 나오지 않았다. BMW 고객 센터와 특별 상담원에게 전화해도 결과는 다를 바 없었다. 특별 상담원은 차를 살 때 개인정보 처리 방침에 서명해야 한다고 했지만, 내용이 자사 웹사이트 어디에 적혀 있는지 알려주지 못했다. 랭토트는 이런 데이터를 찾기 어렵다는 점에 동의하면서, 정교한 음성 비서에 대한 기업들의 접근은 아직 초기 단계라고 말했다. 만일 기업이 개인화된 광고 같은 활동을 통해 데이터로 돈을 벌고 싶어 한다면 가장 먼저 마주할 걱정은 '예민한 규제 당국과 우려 가득한 대중의 눈에 어떻게 하면 너무 거슬리지 않게 할 것인가'다.[43]

자동차 제조사는 자기들 스스로는 운전자의 음성 데이터를 마케팅에 활용하든 안 하든, 틀림없이 구글, 아마존, 애플이 그렇게 하는 건 허락할 것이다. 자동차 산업 분석가는 주요 음성 기업은 개인을 자동차와 연결함으로써 개인 일상을 통해 계속해서 그들을 추적하고 데이터를 수집할 수 있음을 잘 안다. AAA 교통안전재단이 가장 최근인 2016~2017년에 수집한 자료에 따르면 미국 운전자는 하루 평균 51분을 차에서 보냈다.[44] 애플이 자동차 연결을 돕는 가장 큰 이유는 그저 아이폰 구매를 장려하기 위해서인지도 모른다. 애플 브라우저는 수많은 애플 스마트폰 앱과 마찬가지로 개개인을 향한 광고가 목표다. 이와 마찬가지로 아마존의 관심은 사람들이 자동차에서 음성으로 물건을 구매하도록 하는 일이다. 자동차가 움직이는 상태든지 정차 또는 주차 상태든지 말이다. 자동차는 브라우저의 최종 개척지인

것이다.[45] 그뿐만 아니라 《월 스트리트 저널》에 따르면, 운전자와 동
승자는 안전띠에 묶인, 말 그대로 옴짝달싹 못 하는 청중이다.[46] 구글,
애플, 아마존이 자동차를 그들 운영 시스템의 잠재적 대리 기관으로
취급하는 상황에서, 《월 스트리트 저널》은 음성이 자동차의 영상 화
면 기능과 결합할 경우 기기 간 호환으로 엄청난 표적 판매가 가능해
지는 시나리오를 전망했다.

> 앞으로는 자동차 화면에 지역 식당, 병원 등 서비스 업종이 일상적인
> 운전 경로를 기초로 한 광고를 송출할 수 있다. 보험회사는 모범 운전
> 자에게 낮은 요율(요금 정도나 비율)을 제안할 수 있고, 자동차 제조사
> 는 시스템 데이터를 사용해 문제가 감지된 부품에 대해 서비스를 받
> 으라고 미리 알려줄 수 있다. 집에서 보다 만 TV 프로그램을 음성 명
> 령으로 차에서 계속 볼 수 있는 세상을 꿈꾸는 기업도 있고, 자동차
> 화면으로 주유 및 커피를 주문하고 대금을 지불하는 시스템을 실제로
> 만드는 기업도 있다.[47]

자동차 산업에 대해 아주 잘 아는 두 사람에 따르면, 구글은 이 정
도로는 충분치 않다고 보는 것 같다. 최근 구글은 현재 자동차 부속
기술(주로 세렌스가 만든)과 비슷한 심층 통합을 위해 개인화된 음성 시
스템을 개발 중이다. 이런 움직임은 논란을 불러일으켰다. 익명을 원
한 간부는 일부 자동차 제조사가 구글의 기술을 단념하게 만드는 두
가지 문제를 지적했다.[48] 하나는 브랜드 문제다. 이 간부에 따르면, 구
글은 세렌스와는 달리 이 시스템에 구글이라는 브랜드를 그대로 사

용하길 고집한다. 운전자가 시스템을 작동시킬 때 자동차 브랜드 대신 "헤이, 구글"이라고 부르길 원하는 것이다. 이것은 구글에는 도움이 되겠지만 차 주인을 위해 자동차의 기능 전반을 관리 감독하는 주체로 자리매김해온 자동차 제조사의 가치는 떨어뜨린다. 구글의 통합 음성 비서를 채택할 경우 발생하는 두 번째 문제는 기업이 수집하게 될 엄청난 데이터다. 자동차 제조사는 어쩔 수 없이 구글, 아마존, 애플과 이들 앱이 운전자 위치와 관심사를 알아내는 걸 받아들였다. 하지만 몇몇 자동차 제조사들은 구글에 사람들의 자동차 생활에 관한 지나친 정보(사생활 침해라 여기는 정보)를 허용하는 데 주저하기도 한다. 전 BMW 임원 하나는 《월 스트리트 저널》과의 인터뷰에서, 구글 경영진이 BMW 측에 조수석 탑승자의 몸무게로 아이인지 어른인지를 구별하는 센서를 부착하면 어떻겠냐고 물었다고 했다. 그 임원은 분명 사람들이 뭘 어떻게 말하는지를 포함한 많은 데이터가 운전자와 동승자를 다양한 용도의 표적으로 삼는 데 사용될 것이라고 예상했다.[49]

구글은 주로 개인화된 광고를 통해 돈을 벌어온 명백한 역사가 있음에도 수많은 자동차 제조사가 구글과 제휴하기로 했다. 가장 대표적으로는 르노-닛산-미쓰비시 얼라이언스(세계에서 가장 판매 규모가 큰 자동차 그룹 중 하나)가 구글과 손잡고 앞으로 매년 세계 시장에 판매하는 1,060만 대의 차에 구글 운영 시스템을 장착하기로 했다. 볼보도 이 대열에 동참했다. 《월 스트리트 저널》은 볼보 직원들이 외부자에게 그런 중요한 시스템을 넘겨주는 게 그리 좋은 생각이 아니라고 판단했지만, 기업 임원진은 결국 구글에서 제공하는 안드로이드 시스템이 시장에서 승리할 것이므로 구글과 제휴하는 것이 유리하다고 보았다. 르노도 제휴를 받아들이기 전엔 의구심을 거두지 못했다. 르노 CEO는 "데이터 통제권을 두고 구글과 합의에 도달하는 데 4년 이상, 거의 5년이 걸렸다"라고 말했다. 그는 데이터 통제권이 정확히 뭘 말하는지에 대해서는 밝히지 않았다.[50]

결국 볼보와 얼라이언스는 개인정보 처리 방침에서, 구글이 정확히 무슨 데이터를 사용하는지, 음성도 거기에 속하는지 아닌지를 명시해야 할 것이다. 자동차 운영 시스템에 동참하려는 구글 경쟁사의 조 페트로는 사람들이 차를 살 때 그런 약관을 함께 받을 테지만 그걸 읽는 사람은 별로 없을 거라 지적했다. 그는 기업들이 무슨 데이터를 사용하는지가 분명치 않다는 사실이 으스스하다고 표현했다. 이런 불신과 긴장을 반영하듯 익명을 요구하며 인터뷰에 응한 한 자동차 기업 간부는 구글 관계자와 나눈 이야기를 꺼냈다. 구글 관계자는 그에게 이렇게 말했다. "자동차 제조사가 지금 구글이 감추고 있는 걸 다 안다면 정말 두려울 겁니다. 그쪽 사람들은 구글이 뭘 하는지도 모를 겁니다."[51]

정착지 3: 호텔

———

아마존과 구글이 AI 스피커의 영향력을 퍼뜨리려 노력 중인 호텔 사업을 보자. 이 사업의 선두주자는 아마존이었다. 아마존은 2017년 베스트웨스턴Best Western, 윈 리조트Wynn Resorts, Limited, 매리엇 같은 매머드급 호텔과 제휴를 맺어 서비스를 시작했고, 구글은 2020년이 되어 시작했다.[52] 아마존은 아마존 비즈니스 주도로 출시한 접객용 알렉사가 AI 스피커를 객실 중심으로 만들어 모든 고객이 즐기는 고객 중심의 경험을 만들어낼 것이라고 자랑했다.[53] 호텔 경영진을 위해 만든 영상에는 호텔 객실에 있는 사업가가 책상 위 알렉사 에코에게 조명을 켜고, 자신의 플레이리스트를 틀고, 튜나 샐러드를 주문해달라고 하는 장면을 보여준다. 음식 주문을 부탁받은 알렉사가 혹시 적포도주를 추가하고 싶은지 묻자 여자는 "응, 아주 좋은 생각이야"라고 대답한다. 이어서 영상은 여자가 호텔 객실 소파에 앉아 알렉사에 아침 6시 15분에 깨우고 불을 꺼달라고 부탁하는 모습을 보여준다. 아침이 되자 여자는 "알렉사, 방 청소해줘"라고 말하고, 알렉사는 "시설관리과에 알렸습니다. 좋은 하루 보내세요"라고 대답한다. 나중에 여자는 짐을 싸면서 "알렉사, 집에 전화 좀 걸어줘"라고 한 다음 전화를 받은 아들에게 곧 집에 가서 보자고 말한다. 그리고 마지막에 "알렉사, 체크아웃 좀 도와줘"라고 하자, 알렉사는 "네, 알겠습니다"라고 대답한다.[54]

한 웹사이트는, 집에서 알렉사를 쓰던 호텔 투숙객은 "여행에 지쳐 집이 그리울 때 자기 집의 한 조각을 가져와 더 편안하게 지낼 수 있게 된다"라고 소개했다.[55] 하지만 호텔 업계는 이걸 설치하는 문제에 대해 생각이 갈렸다. 2019년에 열린 미국 숙박업 투자자 정상 회의에서 베스트웨스턴 호텔 앤드 리조트 CEO 데이비드 콩David Kong은 베스트웨스턴에선 아마존 기기를 이용한 파일럿 프로그램의 반응이 별로 좋지 않았으며, 투숙객 대부분이 객실에 들어서자마자 기기 연결을 해제했다고 말했다. 아마 알렉사가 자신들의 방에서 하는 말을 듣는 게 싫기 때문일 것이다. 사용자만 드물었던 게 아니라 고객 만족도도 올라가지 않았다.[56] 한밤중에 갑자기 알렉사가 작동되는 바람에 잠을 깬 손님이 불만을 제기했다고 콩은 덧붙였다. 사회자가 콩에게 당신도 호텔 방에서 음성인식 기기의 코드를 빼놓을 거냐고 묻자 콩은 그렇다고 대답했다.

하지만 영국의 여행 매거진 《트래블 위클리》에 따르면 에코를 설치한 일부 호텔은 더 운이 좋았다. 그 하나는 웨스틴 버팔로인데, 이들은 2017년에 기기를 도입하기 시작해 지금은 116개 객실 전체에 설치했다. 호텔 총괄 매니저의 말로는 에코가 투숙객에게 쉽고 재미나게 서비스를 요청하고 이런저런 추천을 받을 수 있게 해주며 전화기를 집어 드는 번거로움 없이 호텔 직원과 접촉할 수 있게 해준다. 게다가 호텔 입장에서는 가장 빈번한 요청이 뭔지를 알게 돼 고객의 필요를 더 잘 파악할 수 있고 더 나은 서비스를 할 수 있다. 사생활 침해에 대한 우려는 그다지 크지 않았지만, 혹시 그런 걱정이 든다면 기기를 꺼놓거나 플러그를 빼놓으라고 고객에게 권한다. 호텔 업계의 또 다른 전문가는 투숙객이 하는 우려들을 해결해야 할 과제라 보았다. "호텔 접객에 음성 기술을 성공적으로 활용하려면 반드시 심사 절차를 거쳐야 해요. 나는 이 심사에 분명 승산의 여지가 있다고 생각하지만 이를 위해선 온갖 복잡한 문제를 제대로 풀어내야 합니다."[57]

아마존은 단념하지 않았다. 오히려 호텔 판촉을 위해 만든 영상에서, 객실에 알렉사를 설치하면 고객 경험만이 아니라 호텔 효율성도 향상된다고 전보다 더 강력히 말한다. 그러니 고객 서비스를 개인화해야 할 뿐 아니라 고객 데이터를 전례 없는 방법으로 조직화하는 능력을 갖춰야 한다고 설득한다. "여러분의 고객은 자신만을 위한 맞춤형 호텔 서비스를 원해요"라고 말이다. 그리고 호텔은 알렉사를 가상 안내원으로 사용함으로써 비용을 줄일 수 있고 투숙객의 참여 및 피드백을 바로 얻어 투숙객의 필요를 충족시키는 데 반영할 수 있을 것이라고 강조한다.[58]

구글 역시 아마존과 비슷하게 접근한다. 구글의 제품 관리자는 "호텔 측은 객실마다 설치된 네스트 허브에서 구글과 함께 고객 경험을 개인화해, 고객이 음성 명령으로 요청하는 일상적인 서비스를 제공할 수 있어요"라고 말했다.[59] 구글과 아마존만이 아니다. 앤지 호스피털리티Angie Hospitality라는 기업은 가상 안내원을 제공한다. 이 기업은 투숙객과의 소통을 위한 기기 3종을 대여하거나 파는데 성능이 갈수록 정교해지고 있을 뿐 아니라 접객 소통에서부터 음악, 전화 업무, 난방, 체크아웃 등까지 점점 다양한 일을 해내고 있다.[60] 아마존과 구글이 파는 건 그동안 쌓아온 다양한 AI 기반 음성인식 기능과 더불어, 많은 투숙객이 이미 알렉사와 네스트에 익숙해진 상태다. 비록 호텔 방에서 음성 기기를 사용하는 데는 아직 주저하는 사람이 있지만 말이다.

볼라라Volara는 호텔용 AI 스피커 설비 기업이다. 처음엔 아마존 에코만 취급했지만 2020년부터는 구글 네스트 허브도 취급하기 시작했다.[61] 볼라라 CEO 데이브 버거Dave Berger는 데이비드 콩이 하는 주장을 강력히 비판하면서 일단 안정적인 인터넷 설비와 AI 기기부터 갖추는 게 먼저라고 주장했다.[62] 그는 점점 더 많은 사람이 가정에서 AI 스피커를 사용하면 호텔에서도 이걸 사용하는 투숙객이 늘어날 거라 주장한다. 볼라라는 아마존의 소프트웨어 개발자 키트를 사용해, 에코 계정이 없는 투숙객도 알렉사에 일반적인 질문을 할 수 있도록 하는 시스템을 만들었다. 물론 투숙객은 호텔과 호텔 서비스에 관한 질문도 하게 된다. 그렇게 볼라라는 호텔 투숙객이 알고 싶어 하는 게 뭔지를 기계 학습으로 알아낼 수 있다. 버거는 이들 질문이 80 대 20 규칙을 따른다고 말한다. 전체 질문 중 80%는 시스템이 바로 응답할 수 있는 질문이라는 뜻이다. 수건을 더 갖다 달라거나 음식을 갖다 달라는 식으로 질문하면 볼라라는 서비스 주문 관리 시스템에 요구 사항을 보낸다. 그러면 그게 호텔 컴퓨터에 통합된다. 나머지 20%는 투숙객이 원하는 게 뭔지를 이해하지 못하는 경우다. 그러면 AI 스피커는 그 요청을 호텔 관계자에게 보낸다.[63]

데이터 비밀 유지는 어떻게 하냐는 질문에 버거는 볼라라도 호텔 측도 투숙객의 음성지문을 채취하거나 그들이 했던 말을 기록한 내용을 통째로 받아보지 않는다고 말했다. 다만, 질문 의도를 파악할 수 있게 하는 핵심 문구나 단어만 인지할 뿐이라는 거다. 투숙객이 안내 데스크에 전화할 때 요청한 내용을 기록하는 것과 마찬가지라고 했다. 아마존 자체도 이 서비스에 관한 언론 보도를 위해 만든 질의응답 자료에서, "호텔 측은 투숙객이 알렉사에 무슨 말을 하는지, 알렉사가 무슨 대답을 하는지 들을 수 없다"고 강조한다. 하지만 투숙객이 알렉사에게 한 말을 아마존은 어떻게 사용하는지에 대해서는 아무런 언급이 없다. 아마존이 제공하는 개인정보 처리 방침은 만약 투숙객이 호텔에서 자신의 연락처로 전화하기 위해서 에코 계정에 접속한다면, 아마존은 그때 했던 말을 얼마든지 수집할 수 있다고 설명한다. 또한 수집했던 말에 특정 꼬리표를 달아놓고 투숙객이 호텔에 머무는 동안 이나 다른 곳에 갈 때도 추적할 수 있다.[64]

정착지 4: 교실

호텔은 아마존이 적극적으로 나서서 에코를 전파하려 애쓰지만, 교실에 전파하는 일은 주로 교사들이 자발적으로 나서서 주도해왔다. 이걸 집에서 사용해본 교사들이 수업에 효용 가치가 있음을 발견하고 교실로 가져온 것이다. Y 콤비네이터Y Combinator 벤처 캐피털 자금을 지원받아 만든 애스크마이클래스라는 초등학교 교육 사업 프로젝트를 보라. 마취과 전문의 아파르나 라마나단Aparna Ramanathan은 아이들이 집에서 알렉사와 대화를 나누는 걸 보고 사업을 시작했다. 라마나단은 영상을 사용하지 않아도 된다는 점이 마음에 들었고 음성 소통을 강조하는 아이용 앱을 만들면 돈을 벌 수 있겠다고 생각했다.[65] 처음엔 어린아이가 있는 가족을 상대로 판매를 시도했다가 실패를 맛보고는 영업 대상을 초등학교로 옮겼다. 알고 보니 일부 교사는 이미 에코를 각종 활동을 위한 타이머 등 간단한 용도로 사용하고 있었다. 이에 자신감을 얻은 라마나단과 테크에 관심이 많던 그의 남편은 2017년 말부터 에코용 교육 모듈을 만들었다. 2019년까지 미 전역의 교사 약 1,000명가량이 월 20달러를 내고 다양한 교실용 음성 프로그램을 사용했다. 라마나단은 나중엔 개별 교사보다 학교 전체를 상대로 이 모듈의 사용권을 판매하고 싶다고 말한다.[66]

애스크마이클래스 웹사이트는 자사 제품은 언제든지 명령만 내리면 수백 가지 활동 및 게임을 시작할 준비가 돼 있는 궁극의 보조 교사라고 말한다. 이 기업은 알렉사를 기반으로 두 가지 기능을 만들었다. 하나는 각종 교실 활동 모듈이고 나머지 하나는 '학생 고르기' 모듈이다. 후자는 학생 이름을 무작위로 불러줘서, 교사가 특정 학생을 편애한다는 아이들의 오해를 방지한다. 각 활동 모듈은 1~3분 길이로 카운트다운과 타이머 알림(지금부터 1분입니다)에서부터 이동 시간(알립니다. 아침에 걸어서 학교에 온 사람은 지금 하교할 준비를 하시기 바랍니다), 정서적 지지(화나거나 답답하거나 짜증이 난다면 경고등이 켜진 겁니다. 제가 도와드릴게요. 일단 여기 조용한 데서 저랑 함께 있어요)에 이르기까지 다양한 일을 한다.[67]

음성인식 기기를 학교에 가져다 놓으려는 사람들은 또 있다. 교육 잡지 《에듀케이션 위크Education Week》는 음성인식 기술이 가정에 확산되면서, 많은 아이가 아마존 에코나 구글 홈 기기에, 사람에게 말하듯 편하게 지시할 수 있게 됐다고 한다.[68] 또 이런 발전으로 교육자는 학생들이 AI 기계와 효과적으로 소통할 수 있도록 하는 데 자신들이 어떤 역할을 할 수 있을지 더 깊이 생각할 수밖에 없게 됐다. 어떤 교사는 AI 스피커의 등장을 찬양하고, 학생들이 집을 벗어난 곳에서도 이걸 사용할 줄 알면 나중에 직업 전선에 나갈 때도 도움이 될 거라 주장한다. 아이다호대학교 교육학과의 한 부교수는 아이다호 4개 지역

보이스 캐처

에 위치한 유치원부터 고등학교를 대상으로 한 연구에서, 학습이 더딘 학생의 소통 기술 학습을 돕는 일부터 특정 연구 프로젝트에 관해 학생들의 흥미를 유발하는 일까지 다양한 활용성을 목격했다.[69]

회의주의자들은 장점이 있다는 건 부정하지 않지만, 아이들이 하는 말이 보호될지에 대해서 우려를 표출한다. 미 교육부는 교실에서 음성 비서가 하는 녹음이 학생 개인정보에 관한 연방 법률을 어기는 상황들을 예측했다. 학생이 훈육을 받거나 의료적 응급 상황일 때도 여기에 포함된다. 라마나단은 학생 사생활이 보호될 필요가 있단 걸 잘 안다고 말한다. 자신의 알렉사 기반 기술이 상호 작용보다는 학생들에게 일방적으로 말하는 쪽으로 개발된 것도 바로 이런 이유에서라고 한다. 아이들이 음성을 녹음할 수 있는 기기에 대고 말하는 걸 교사가 불편하게 느낄 테니 말이다.[70] 몇몇 모듈(프로그램을 기능별로 분할한 일부분)은 아이들이 익명으로 알렉사에 대답하게끔 하지만 (예를 들어) 숫자 띄워 세기 게임 때처럼 교사가 이런 모듈을 사용하려면 부모 동의를 받아야 한다.

이처럼 찬반 논쟁이 뜨거운 가운데 정작 교사가 음성 수집을 당한다는 사실은 간과하고 있다. 아마존은 교사가 하는 모든 명령과 발언의 음성지문을 파악하고 모든 성인 사용자에게 하듯이 교사의 프로파일에 따라 그들을 분석할 수도 있다. 알렉사와 애스크마이클래스를 사용하려는 교사는 반드시 에코 계정을 만들어야 하기 때문이다. 이 데이터 덕분에 아마존은 교사 사생활을 표적으로 삼을 수 있을 뿐 아니라 그들이 교실에서 하는 말을 자신들에게 유리한 정보로 활용할 수도 있다.

AI 스피커들이 확산되는 과정은 출발부터 진지하게 이루어졌다. 2020년 초,《에듀케이션 위크》조사에 응한 교사 중 11%가 자신들의 학군에서 아마존 알렉사와 구글 홈 같은 음성 기술을 가르치고 배우는 데 많이 또는 일부 활용한다고 대답했다.[71] 미국 학교에서 음성인식 기술을 적극적으로 받아들이는 분위기에 맞추어 에머슨대학교는 이제 직업 자격증 프로그램을 음성으로 제공한다. 곧 학부 학생들도 부전공 과목은 음성으로 들을 수 있도록 할 계획이다. 이 대학은 아마존으로부터 알렉사 장학 기금을 받았다. 차세대 대화형 AI를 만들어내기 위한 지원금 명목이었다.[72]

《에듀케이션 위크》는 교실에 음성인식 기기가 확산되는 것을 장려하는 분위기에서 감시라는 부분은 아예 언급되지 않고 받아들여지는 경우가 많다고 한다. 비판하는 사람들은 음성인식 교육의 유혹에, 기기가 개인 행동을 모니터할 수 있다는 경고를 고려하지 않는다는 사실에 주목한다. 특히 부모나 교사로부터, 기술에 제 음성을 넘겨주는 일이 생활에 도움이 된다고 배우는 학생들에겐 이런 무시가 더 큰 문제가 된다. 학생 데이터의 개인정보 보호를 옹호하는 레오니 하임슨Leonie Haimson은《에듀케이션 위크》와의 인터뷰에서 다음과 같이 말했다. "여기서 학생들이 이들 기기를 안전하게 사용하도록 배우거나 위험 가능성을 경고받는다는 어떤 증거도 나는 찾지 못했습니다. 대신 학생들이 일찌감치 감시와 사생활 침해를 불가피하게 받아들이도록 무작정 길들이려는 움직임, 침해에 저항하는 대신 교실 경험을 기계화하려는 움직임은 있는 것 같네요."[73]

정착지 5: 소매업

—

음성인식 산업이 자신의 매력만 강조하고 감시는 최대한 별것 아닌 것처럼 취급하여 학교와 호텔을 성공적으로 파고들고 있는데, 주요 소매업계들이 이렇게 하지 않는다면 오히려 이상할 것이다. 지난 수십 년간 소매점마다 고객의 쇼핑 행태를 추적하기 위해 매장에 블루투스, 마이크, 비디오, 조명 등의 기기를 설치해왔다. 그러니 고객과 대화를 나누며 고객의 성향, 성격 같은 특징을 추론하는 기기를 여기에 추가하는 건 개인화된 판매 전략의 합리적 순서일 것이다. 게다가 다양한 추론 방법은 이제 하나로 합쳐지고 있다. 비록 현시점에서는 이런 통합이 소매상보다 아마존, 구글, 애플에 더 이익이지만 말이다.

이미 많은 사람이 쇼핑을 하면서 스마트폰의 시리, 구글 어시스턴트, 아마존에 말하는 습관을 들였다. 베드 배스 앤드 비욘드, 베스트 바이 같은 데서 제품 평가를 찾아보고 가격을 비교하려고 아마존 앱 또는 브라우저를 사용하는 사람도 많다. 아마존은 대화 데이터로 뭘 하는지 명확히 말하지 않는다. 기기에 있는 마이크를 처음 켜면 "아마존은 고객에게 서비스를 제공하고 그 품질을 향상하기 위해 클라우드 상의 오디오·음성 대화 등의 데이터를 처리·보유합니다"라는 공지를 받는다. 개인정보 처리 방침을 들여다보면 아마존이 사용자의 위치를 특정할 수 있을 뿐만 아니라, 사용하는 기기의 고유 식별 기능을 갖고 있다는 걸 알게 된다. 개인정보 처리 방침의 수집 정보가 제공하는 예시에는 "고객이 우리 알렉사 음성 서비스와 대화 등의 상호 작용을 하면 자사에 정보를 제공하는 셈"이라고도 쓰여 있다. 이어서 가령 고객이 알렉사에 말을 거는 등의 활동을 하면 이때 생성된 음성 데이터(이는 모든 음성 기록을 수집 정보로 간주한다는 뜻이다)를 자사에 제공하는 결과가 될 수 있다고 뭉뚱그려 이야기한다.[74] 또 다른 대목에는 그들의 기업이 "고객에게 더 유용하고 유의미한 아마존 광고를 제공하고 그 효과를 측정할 수 있도록 각종 광고 기업에 정보를 제공한다"라고 석혀 있다. 아마존이 이들 광고 기업에 당신의 이름이나 주소까지 넘겨주진 않을지라도 광고 기업이 당신에게 개인화된 광고를 보낼 수 있도록, 그동안 당신에 관해 추론해온 정보(당연히 당신의 음성인식도 포함될 터다)만이 아니라 당신의 위치 데이터를 사용하도록 도울 권한까지 자신들에게 있다고 주장한다.[75] 구글도 이런 개인화 작업을 수행한다. 두 기업은 쇼핑객이 제품에 대해 어떻게 생각하는지, 어떤 할인 혜택을 특별히 좋아하는지를 알아내기 위해, 쇼핑객이 기기에 대고 무슨 말을 어떻게 했는지를 참고한다. 그리고 앞으로도 계속 그렇게 할 것이다.

앞서 말했듯 이런 구조는 현재 오프라인 상점보다 아마존과 구글에 더 이익이다. 몇몇 쇼핑객 마케팅 기업(쇼핑객에게 물건을 판매하는 법을 알아내려는 기업)은 이런 상황을 바꾸기 위해 소매상에게 진열대에 AI 스피커를 두어 고객과 직접 소통하라고 설득한다. 바이너 미디어Vayner Media의 패트릭 기븐스Patrick Givens가 설명하듯 이 활동은 보통 에코에서 알렉사에 있는 비즈니스 기능을 사용하겠다는 결정으로 시작한다.[76] 그러면 기업은 알렉사로 활용할 수 있는 다른 일반 기능을 끄고 기업 이익(상점에서 상품의 이점에 대해 고객과 이야기를 나누는 일)과 관

보이스 캐처

련된 음성 앱만 집중적으로 활용할 수 있다. 첫 사례는 아마 2018년 2월 뉴욕의 보틀로켓 와인 앤 스피릿 상점이다. 이 상점은 디트로이트 기반 쇼핑객 마케팅 기업 마스 에이전시Mars Agency, 자회사 스마트아일SmartAisle과 합작해, 위스키 전문가를 흉내 내도록 고안된 음성 비서를 활용했다. 스마트아일이 추구하는 목표는 매장 내 직원 역할을 보강하고 매대 앞 쇼핑객에게 전문적인 추천·안내·정보를 제공하는 확장형 디지털 영업 비서를 공급하는 일이다. 스마트아일의 방식은 다음과 같다. 에코를 사용한 기업의 똑똑한 음성인식 기기는 매대 앞에서 물건을 고르는 고객에게 자연스레 말을 걸어 대화를 나눈다. 그다음엔 우리의 개인화된 데이터 기반 알고리즘이 쇼핑객의 이야기 또는 대답을 종합해 최적의 추천 제품을 결정한다. 그러면 반응형 조명이 매대 위 추천 제품을 비춰 쇼핑객이 수월하게 최종 선택을 하도록 돕는다.[77]

마스 에이전시는 보틀로켓에서, 매장에 들어선 사람들이 에코에게 위스키에 관한 정보를 얻고 앱이 그들에게 가장 좋다고 결정한 브랜드를 사도록 만드는 걸 목표로 삼았다. 보틀로켓 주인이 언론에 이야기한 전제는 "위스키를 사는 게 어려울 수 있다"라는 것이었다. 상점 밖에 놓아둔 입간판에는 "매대가 말을 할 수 있어요! 직접 들어와 확인해보세요"라고 적혀 있다. 안에는 수백 개의 위스키병을 진열해둔 기다란 직각 선반 앞에 동그란 매트가 깔려 있는데, 거기에 "여기서 선반에게 말을 걸어보세요"라고 적혀 있다. 진열대에 묶여 있는 에코에 "알렉사, 보틀 지니어스를 열어"라고 말하면 알렉사는 그에게 "선물을 하실 건가요?"하고 묻는다. 여자가 "선물할 거야"라고 대답하면 알렉사는 "위스키는 정말 좋은 선물이죠"라고 맞장구친다. 이어서 좀 더 상세히 묻고 답하는 일련의 과정(원하는 가격대도 묻는다)을 거쳐 알렉사는 최종적으로 네 개의 선택지를 각각의 설명과 함께 내놓는다. 각 상품을 설명할 땐 선반 조명도 그 상품을 비춘다. 쇼핑객은 그중 하나를 고른다. 그러면 알렉사가 "같이 다녀줘서 고마워요. 이 선물을 받은 사람이 당신에게도 한두 모금 맛볼 기회를 주면 좋겠네요. 조만간 저희 보틀 지니어스를 또 찾아주세요"라고 말한다.[78]

마스 에이전시의 기술 및 혁신 담당 수석 부사장 이선 굿맨Ethan Goodman은 보도 자료에서 이렇게 말했다. "우리는 스마트 매대를 위해 만든 보틀 지니어스 같은 음성 기술이 향후 5년 이내에 모바일을 뛰어넘는 선호 쇼핑 방식 또는 접속기가 될 거라고 믿어요."[79] 상점 주인에게는 음성 기술이 고용 비용을 줄이고 매장에 똑똑한 조언자를 둔다는 점이 매력으로 다가온다. 이것이 그저 허울 좋은 이야기로 들릴 수도 있지만 굿맨은 자신의 기업과 보틀로켓은 그 결과에 매우 만족한다고 한 인터뷰에서 말했다. 그는 그들이 위스키 판매점뿐 아니라 지금 에스티 로더 화장품 매장에서 사용 중인 음성 기반 가상 상담원도 (이번에는 구글 기기로) 만들었다고 말했다. 젯슨 에이전시Jetson Agency CEO 피터 펭Peter Peng도 새로운 음성 기술 개척을 향한 열광에 동참해, 2019년 자사가 음성 기술을 중앙으로 가져오는 계약을 음료 유통 기업 레미Remy와 맺었고 최근에는 P&G와도 같은 내용의 사업 의향서에 서명했다고 발표했다. 그는 "중요한 사실은 음성 상거래가 어디서든 가능하다는 겁니다. 사람들은 지금 집 안에서 이루어지는 것만 이야기하지만 사실 사업장에서 이루어지는 게 진짜 핵심이죠"

라고 내게 말했다.[80]

지금은 AI 스피커를 오프라인 상점에서 사용할 경우 판매자 입장에서 감시 부분, 적어도 개인 프로파일링 부분에서는 자유롭다. 에단 굿맨이 보틀로켓 실험으로 느낀 답답함 중 하나는 자신들은 기기 앞에 서 있는 쇼핑객에 관해 아무것도 모른다는 점이었다.[81] 길을 가다 말고 상점에 들어온 손님은 기기에 대고 말한 다음 위스키 한 병을 사거나 사지 않고 상점을 떠난다. 손님은 알렉사와 익명으로 대화를 나누고 상점은 (구매 시 사용한 신용카드를 통해) 손님 이름을 알지만, 그 사람이 알렉사에 무슨 말을 했는지 나중에 알아볼 수는 없었다. 굿맨은 마스 팀이 앞으로는 알렉사와 대화를 나눈 손님을 파악한 데이터를 바탕으로 알렉사가 하는 말을 좀 더 다양하게 만드는 안을 논의했다고 말했다. 지금까지는 사람들이 스마트 기기에 대고 궁금한 걸 묻고 이와 상호 작용하게 하려면 무슨 방법으로, 얼마나 독려해야 할지에 대해 많이 배웠다고 그는 말했다.

고객에게 익명성을 부여할 수밖에 없는 요인은 적어도 지금은 아마존이 특정 에코 계정주를 충분히 빨리 식별하지 못하기 때문이다. 음성 사업 전문가 브렛 킨셀라는 아마존이 집 안에서는 이미 아는 몇 사람을 음성으로 식별할 수 있다고 지적한다. 호텔과 자동차에서도 누군가 시스템에 접속하면 그의 음성지문을 찾아 그에 관해 알 수 있다. 하지만 아직은 아마존이 수십억 명의 음성지문을 재빨리 뒤져 특정인을 식별해내지는 못한다.[82] 아마존이 앞으로 음성지문 능력을 더 축적하면 아마 이것이 가능하게 될 것이다. 하지만 지금은 어쩔 수 없는 익명성이 오프라인 상점에 AI 스피커가 확산하는 데 도움이 될 것이다. 소매상도, 아마존도 쇼핑객이 기기와의 소통을 회피하게 만드는 공지를 하지 않아도 되기 때문이다. 아마존과 구글이 상점에서 AI 스피커에 말하는 사람을 식별할 수 있을 때쯤엔 쇼핑객은 이미 이들 기기와 말하는 게 보편적 습관이 되어 있을 것이다.

에코 또는 구글 어시스턴트가 우리 생활의 운영 시스템이 될지도 모른다는 생각은 현실에 더 가까워진 듯하다. 이런 미래를 만들기 위해서 구글과 아마존이 하는 노력을 보면 말이다. 멋진 기기, 매우 저렴한 가격(프라임 데이 때를 떠올려 보라), 온갖 제도적 정당화(가정에서의 편리함, 더 나은 학교 교육, 더 똑똑한 안내원)라는 매혹적인 패키지로 그들은 음성인식 도구가 세상과의 개인화된 소통을 돕는 경이로운 전달자라고 사람들을 설득하는 임무 수행에 나섰다. 하지만 알고 보니 음성인식을 지원하는 감시 문제를 덮어버리는 것은, 이 산업 자체가 계획한 온갖 매력과 우리를 안심시키는 말만이 아니었다. 앞으로 살펴보겠지만 미디어도 음성인식 산업이 저 스스로에겐 절대 부여할 수 없는 정당성을 각종 기기에 허락함으로써 이런 감시 활동 범위를 확장한다.

그러므로 아마존과 구글, 두 기업은 고객을 두고

치열하게 경쟁하지만, 공동의 사회적 목표를 위해 서로 협력한다.

사람들이 음성인식 기기를 사도록 유인하고,

기기에 의한 감시를 우려하지 않도록 안심시키고,

언제 어디서나 자신의 음성을 넘기는 걸

습관화하도록 만들면서 말이다.

4장

언론은

왜 호의적인가

"기술이 여러분의 왕국을 점령하고 있습니다." 2018년 5월 CNBC 앵커 미셸 카루소-카브레라Michelle Caruso-Cabrera는 〈파워 런치Power Lunch〉라는 프로그램에서 냉정한 어투로 시청자에게 알렸다. "아마존이 전국에서 가장 큰 주택 건설사와 손잡고 스마트 홈 기술을 판매, 서비스합니다. 지금 노스 버지니아 현장에서 다이애너 올릭이 이 소식을 더 자세히 전합니다."

　"하지만 화장실에서 으스스한 기분은 전혀 들지 않네요." 올릭이 레너 모델 하우스 화장실에 서서 말한다. "으스스한 기분은 들지 않는다"라는 말이 비꼬는 말인지 아닌지는 확실치 않지만, 다음 2분 동안 조명에서부터 창문 가리개에 이르기까지 각종 물건을 열성적으로 가리키면서 이 모든 걸 집주인이 음성과 터치 버튼으로 조종할 수 있다고 말한다. 냉장고를 가리키면서는 집주인이 인터넷으로 식품점에 연락하면 아마존이 그곳을 채워줄 거라고 말한다. 말미에는 그가 침대에 앉아서, 집 안 곳곳에서 에코 기기를 볼 수 있지만 레너 모델 하우스는 아마존이 만든 음성 비서를 천장과 벽 깊숙이 집어넣는 계획을 세우고 있다고 말한다. 레너 모델 하우스가 정확히 어떻게 이 기기를 숨기는지는 사업 비밀일 수도 있어서 자신이 말해도 될지 모르겠다면서 미래에는 알렉사가 마치 벌레처럼 집 안 어딘가에 숨어 있을 거라고 말한다.

〈파워 런치〉 보조 앵커인 멜리사 프랜시스가 끼어든다. "이 말이 떠오르네요. 사생활 침해. 아직 이와 관련된 법이 없지요?" 올릭이 슬쩍 비껴간다. "저는 냉장고란 말이 떠오릅니다. 어느 때나 금방 채워지는 냉장고 말이죠. 제 말은, 어쨌든 현관문 앞에만 가져다 놓는다면 그들이 우리 냉장고에 뭐가 들어가는지 알든 모르든 무슨 상관이냐는 거죠." 그 지점에서 카루소-카브레라가 "이세 에코는 어니에나 있습니다. 아마존은 어디에나 있습니다"라는 결론으로 뉴스를 마무리한다.[1]

시청자는 이 뉴스에 어떻게 반응해야 할까? 마무리 멘트인 "아마존은 어디에나 있습니다"라는 '사생활 침해'와 '식품 저장실' 사이의 긴장을 해결하려는 시도조차 하지 않는다. 대신 곧 아마존이 안방에 들어와 도청까지 하는 걸 피할 방법이 없게 될 거라 시사한다. "알렉사, 우리가 널 믿어야 하니?" 2018년 11월 미국 잡지 《디 아틀랜틱The Atlantic》에 실린 기사 제목은 우리가 처한 딜레마의 핵심에 더 가까이 다가가 있다.[2] 서글프고 굴욕적이기까지 한 반응(알렉사가 "네"말고 달리 뭐라고 대답하겠는가?)이 기사 논점을 제대로 보여준다. 에코는 심각한 결점이 있지만 절대 피할 수 없는 매력적인 기능이 있기에 우리가 신뢰하건 말건 아마 영영 우리 곁에 있게 될 거라는 이야기 말이다.

아마존과 구글이 홍보물, 가격, 제품 디자인을 전략적으로 만들어 내놓고 인테리어 물품 판매처, 주택 건설업자, 자동차 제조사 같은 업계와 손잡는 식으로 대중이 음성인식 기기를 원하고 사게 만드는 전략에 충격을 받을 필요는 없다. 실망스러운 것은 미디어에서 하는 이야기가 음성인식 기기가 가진 타당성과 정당성을 더욱 강화하고, 우리가 신뢰하건 말건 어차피 이것은 영영 우리 곁에 있게 되리라 체념하게 만든다는 점이다. 페넬로페 트롤리누Pinelopi Troullinou는 영국인을 대상으로 스마트폰을 사용하는 이유를 묻는 인터뷰를 진행하면서 미디어가 기술 타당성을 홍보하는 데 중요한 역할을 한다는 사실을 발견했다. 그가 인터뷰한 사람들은 편리함, 효율성, 오락성이라는 미디어 담론에 이끌려 사적 데이터를 넘겨주면서, 이런 데이터 이양은 스마트폰을 사용한다면 어쩔 수 없는 부분이라 여겼다.[3]

시리가 출시됐을 때 미국 미디어 반응은 트롤리누가 영국에서 발견한 것과 흡사했다. 미디어는 주로 편리함, 효율성, 오락성을 찬양하기 바빴다. 음성인식 기기를 통한 감시를 우려하는 산발적인 목소리는, 일각에서 하는 주장처럼 그리 심각한 문제가 아니라는 관련 기업의 모호한 장담에 파묻히기 일쑤였다. 이런 메시지 충돌을 마주한 사람들은 이미 일상에서 필수 부분이 된 기업을 두고 언론이 외치는 부정적인 말에 아예 귀를 막아버렸는지도 모른다. 혼란으로 득을 보는 건 음성 수집 집단이다. 미국인들이 체념하는 심정으로 음성인식 기기를 습관화하도록 주요 언론이 부추기는 환경에서 신뢰라는 문제는 점점 사람들의 관심에서 멀어지고 있다.

연결된 미래, 열광과 감시

2010년 애플이 시리를 출시했을 때 주요 언론은 음성 기술이 보유한 놀라운 가능성에 열광했고 이후로도 언론에서 하는 보도들은 대체로 그 논조를 이어갔다. 《뉴욕 타임스》 기자 제나 워덤Jenna Wortham은 시리를 만들어 애플에 판매한 SRI 인터내셔널에 관한 기사에서 SF 영화의 고전인 〈2001: 스페이스 오디세이〉를 소환했다. 워덤은 SRI는 "그 영화에 등장하는 음성 비서가 현실에 가까워지길 희망한다. 물론 악의적인 오작동은 빼고 말이다"라고 썼다. 그는 시리는 "스마트폰에서 음성으로 웹 검색을 할 수 있게 해준다. 시리 사용자는 '오늘 저녁 8시에 예약 가능한 이탈리아 식당 좀 알아봐 줘' 같은 명령을 내릴 수 있고 그러면 앱이 그걸 번역해 GPS 기능과 검색 알고리즘으로 답을 찾는다"라며 놀라움을 감추지 못했다.[4] 실제로는 시리가 그처럼 안정적으로 과제를 수행하진 못한다는 사실이 밝혀졌지만, 기술이 엄청나게 진보했다는 인상을 주기에는 충분했다. 《뉴욕 타임스》에 실린 또다른 기사는 시리의 "음성 비서 소프트웨어는 음성 질문을 듣고 의미를 추론해 그에 따라 반응하도록 만들어졌으며 이건 단지 시작에 불과하다"고 독자에게 장담했다.[5] 시리를 만드는 데 참여한 노먼 위나르스키Norman Winarsky는 《뉴욕 타임스》에 "시리는 우리가 앞으로 만들려는 목표의 최초 버전이고 어떤 면에선 가장 단순한 버전"이라고 말했다.[6]

《뉴욕 타임스》는 시리의 등장과 음성 비서에 대해 높은 관심을 보

보이스 캐처

였다. 클레어 케인 밀러Claire Cain Miller 기자는 구글이 시리에 응대하기 위해 발표한 초기 기능인 '보이스 액션(스마트폰이나 컴퓨터에 말을 함으로써 구글 검색을 사용할 수 있게 하는 구글 제품)'이 뭘 할 수 있는지 취재했고, 그 끝에 조만간 안드로이드 폰 화면을 터치할 일이 없어질 것이라는 결론을 얻었다.[7] 존 마코프John Markoff와 스티브 로어Steve Lohr 기자는 음성 비서에 관한 장문의 검토 기사를 썼다. 그들은 음성 비서를 만든 사람들은 언젠가는 이것이 의사, 운전자, 군사 번역가, 고객 센터 상담사를 대체하길 바란다면서 시리의 식당 예약 기능이 실제로 실행된다면 실로 놀라운 일이라 칭찬했다. 하지만 안정적으로 해내지 못할 수도 있다고 여지를 두었는데, 이것이 기사에서 음성 기술에 대해 의구심을 제기하는 단 두 마디 논평 중 하나였다. 나머지 하나는 아마도 고객 센터를 향한 말인 듯한, 한 비평가가 했던 다음과 같은 지적이었다. "AI 목소리는 불만을 알고 싶지 않은 조직을 보호해줄 완벽한 장벽이 될 수 있어요."[8] 마코프와 로어는 고객 센터가 발신자 음성을 분석해 감정을 알아내고, 데이터를 바탕으로 개인마다 다르게 접근하여 불만을 해결하는 방식을 긍정적으로 설명함으로써 지적에 에둘러 답했다. 요컨대 기사 논점은 정치인이나 사회 정책 전문가가 아닌 음성 기술자가 과학으로 미래를 설계한다는 것이었다. 이들은 마이크로소프트 컴퓨터 공학자 에릭 호비츠Eric Horvitz가 했던 말을 인용했다. "우리의 자손들은 자기를 보고 자기 말을 이해하는 기계에 대고 말하는 게 자연스러운 일이라고 생각할 것입니다."[9] 그런 시스템에 매혹당하지 않을 사람이 어디 있겠는가?

시리가 출시된 해에 음성인식에 관한 기사를 쏟아낸 건《뉴욕 타임스》만이 아니었다.《월 스트리트 저널》티모시 헤이Timothy Hay는 "최근 음성 기술이 한고비를 넘기면서 스타트업에서부터 거대 기술 기업에 이르기까지 모두가 이걸 이용하려 경쟁 중이다"라고 썼다. 그는 이런 경쟁이 하나도 나쁠 게 없다면서 "너도, 나도 이 분야에 뛰어들었지만 작은 기업은 결코 큰 경쟁 기업을 두려워하지 않는다"라고 설명했다. 실은 그 경쟁자 중 하나가 시리를 사들였고 블링고Vlingo라는 음성 검색 기업은 설립한 지 2년 만에 뉘앙스에 합병됐지만, 별문제 아니다.《월 스트리트 저널》이 보기엔 시장 경쟁이 제대로 작동하고 있다. 헤이는 뉘앙스에서 근무하는 간부가 이제 대중이 음성 기술 판매자의 설득에 화답하고 있다고 주장한 말을 의미심장하게 인용하면서 "이전에 부족했던 것, 즉 소비자 요구가 이제 실현되고 있다"라고 썼다.[10]

다른 언론 역시 음성인식이 티핑 포인트에 도달했다는 주장을 진지하게 다뤘다. 미국의 일간신문《필라델피아 인콰이어러Philadelphia Inquirer》는 독자에게 시리는 "일각에서 혁명적이라고 할 정도로 음성 통제 및 대화 기술에서 인상적인 발전을 이루어냈다"라고 알렸다. 한 통신 산업 분석가가 했던 말도 가져왔다. "사실상 이제 더는 키보드를 두드리지 않아도 된다. 말만 하면 스마트폰이 알아서 해준다. 스마트폰에 대고 나한테 '점심 먹을 시간이 있어?'라고 묻고 '제프한테 내가 시간을 낼 수 있다고 답장해줘'라고 말하면 된다."[11] 기사는 쇼핑객도 이 기술적 성취에 열광적으로 반응한다고도 했다. 2011년 가을《USA 투데이》는 시리가 탑재된 신형 아이폰 4S의 선주문 및 온라인 주문이 "잔뜩 밀렸다"라고 기사에 썼다.[12] 같은 신문에서 발행된 또 다른 기사는 "시리가 모두의 친구가 되고 있다"라고 썼다. 제퍼슨 그레이엄Jefferson Graham 기자는 시리가 "유머러스한 대답이 안에 많이 입력돼 있어 수백만 소비자에게 때로는 대담하고 때로는 재미있게 말하는 디지털 친구다"라며 경탄했다. "소비자들은 시리에 데이트나 결혼을 청하는가 하면 성생활에 관한 조언을 구하고 수학 문제를 풀어 달라고 하며 심지어는 시체를 어디에 숨겨야 할까 같은 해괴한 질문까지 한다. 놀랍게도 시리는 대부분 질문에 답한다." 기사는 코미디언 스티븐 콜베어Stephen Colbert가 시리에 자신의 쇼 대사를 써달라는 농담을 했고 싱어송라이터 조너선 맨Jonathan Mann은 시리와 함께 온라인 듀엣곡을 써서 유튜브에서 40만 조회 수를 기록했다고 썼다.[13]

시리를 언급한 기사들은 곧 애플 스마트폰이든 다른 스마트폰이든 음성 비서가 기본으로 들어가길 바라는 실용적 기대를 조명하기 시작했다. 음성 비서에 말하는 습관은 이제 그들에게 불가피해 보였다. 문제는 어느 음성 비서가 더 나은가 하는 것뿐이었다. 기술 분야 기자는 자신을 이 경쟁의 심판관으로 생각하는 듯했다. 어느 기자는 시리가 삼성 갤럭시보다 낫다고 썼고 CNN 기자는 휴대용 기기가 키보드를 치는 것이 아닌 음성으로 작동된다는 점은 높이 사면서도 지금 출시된 음성 비서는 하나같이 다 그저 그렇다고 평가했다.[14] 《USA 투데이》 기자가 시리가 장착된 스마트폰 사용자 몇 명에게 실제로 이용해보니 어떠냐고 물었을 땐 복합적인 반응이 돌아왔다. "판결은 50 대 50이다. 어떤 사람은 매우 흡족해하고 또 어떤 사람은 시리와 대화를 나누고 싶지 않다고 말한다"라고 그는 결론지었다.[15] 꽤 많이 제기된 불만은 기업들이 광고에서 주장한 것과 다르게 시리는 사람이 하는 말을 잘 알아듣지 못한다는 것이었다. 다른 기사에서도 비슷한 지적이 이어졌다.

2015년에는 일부 언론이 사용자의 요구 사항을 예측하는 데는 구글 어시스턴트가 애플 시리보다 더 나을 수도 있다고 말했다. 애플은 사용자 스마트폰에 있는 데이터(사용하는 앱, 달력과 연락처 정보, 발신자 데이터, 일부 이메일 데이터)를 활용하는 게 거의 전부지만 구글은 훨씬 더 많은 정보를 활용하기 때문이다. 구글은 그런 데이터 포인트만 사용하는 게 아니라 사용자가 하는 웹 검색과 인터넷 사용 습관, 그가 있는 장소, 각종 활동이 언제 일어나는지도 추적한다. 애플이 하는 제한된 접근법은 CEO 팀 쿡이 구글 등의 기업이 광고 수익을 위해 사적 데이터를 이용한다고 비판한 것과 관련이 있다. 어느 컨설팅 기업 대표는《월 스트리트 저널》과의 인터뷰에서 데이터 수집 및 사용 태도가 기업마다 다르다는 점이 스마트폰의 음성 비서라는 영역을 전쟁터로 만들었다고 말했다.[16] AI 스피커가 등장하면서 애플이 규정한 개인정보 접근법은 계속해서 시리가 가진 감시 능력을 제약했다. 이 사건은 이후 수년간 다양한 기사에서 언급됐다. 하지만 아이러니하게도 사람들이 AI 스피커에 내재된 알렉사와 구글 어시스턴트의 능력을 비교할 때마다 시리에는 손해였다.

음성 비서에 대해 미디어가 보내는 열광은 계속 커졌고, 영화〈그녀Her〉를 둘러싼 이야기로 정점을 찍었다.〈그녀〉는 시리가 출시된 2010년에서 알렉사가 출시된 2014년 사이인 2013년에 개봉했다. 일종의 판타지물인 이 영화는 가상 어시스턴트에 대한 어떤 고정 관념을 만들었다. 영화 이야기는 외롭고 공허한 삶을 살고 있는 시어도어

(호아킨 피닉스Joaquin Phoenix)와 진짜 사람 같은 음성 비서 사만다의 로맨틱한 관계를 중심으로 전개된다. 비록 사만다는 시어도어가 사용하는 스마트폰 안에 있지만, 사만다가 가진 목소리는 전혀 기계적이지 않다. 사만다와 시어도어의 끝없이 이어지는 대화는 주로 시어도어 집에서 이루어지고 점점 은밀해진다. 사만다는 시어도어에게 잠자는 모습을 지켜봐도 되냐고 묻고, 시어도어는 사만다를 더블데이트 파트너로 데리고 나가고, 그들은 대화로 섹스까지 한다(그 부분은 화면이 검게 처리된다). 하지만 시간이 지나면서 그들의 유대는 약해진다. 사만다는 시어도어에게 자신은 8,000명 이상의 사람들과 대화를 나누고 그중 641명과 "사랑에 빠졌다"라고 말한다. 얼마 뒤 사만다는 작별을 고하면서 시어도어에게 자신이 속한 기업이 옛날 운영 시스템으로 작동되는 스마트폰을 다른 운영 시스템으로 교체 중이라고 말한다. 외로움에 몸부림치던 시어도어는 실제 세상에서 오랜 친구인 에이미와의 우정에 기댄다. 에이미는 이런 관계를 받아들인다. 에이미도 남편이 자신을 떠난 뒤부터 스마트폰과 친밀한 관계를 이어왔지만, 시어도어처럼 결국 그 관계가 끊어졌던 경험이 있었기 때문이다.

〈그녀〉 작가이자 감독인 스파이크 존즈Spike Jonze는 영화 개봉 당시 영화의 아이디어는 시리가 출시되기 오래전부터 생각해왔으며(시리가 출시되기 10년 전부터라고 말했다) 자신은 느닷없이 시리가 아이폰에 출현한 것에 "한 방 먹은 느낌이었다"라고 말했다. 그러면서 "시리는 그저 음성을 읽기만 하는 시스템이다. 영화 아이디어는 사만다 자체가 의식이고 실체라는 거다. 그래서 무한히 확장될 가능성이 생기는 것이다"라고 재차 주장했다.[17] 존즈의 발언에도 불구하고 미디어는 사만다를 시리와 다른 모든 음성 비서들과 엮지 못해 안달이었다. 《뉴욕 타임스》는 온라인판에서 "이 영화는 〈SNL Saturday Night Live〉 조나 힐 Jonah Hill이 따라 만든 〈미Me〉부터, 헤아릴 수 없이 많은 유튜브 영상에 이르기까지 수많은 패러디를 만들어냈다"라고 썼다. CNN도 "시리에 그녀에 대해서는 묻지 마세요"라며 사만다를 농담 소재로 삼았다.[18] 시리에 묻는다는 것을 가정으로, 애플 프로그래머는 시리에 몇 가지 대답을 입력해뒀다. 가령 이런 것들이다. "그런 생각은 하지 않아요", "전 그녀가 AI의 평판을 망쳤다고 생각해요", "저는 순전히 허구적인 인물과는 별로 많은 시간을 보내지 않는답니다."[19]

하지만 사만다가 곧 현실화할 거라고 생각하는 전문가들의 말을 인용하는 기사가 넘쳐흐르면서 음성 기술에 대한 유혹은 더 강해졌다. 《뉴욕 타임스》는 섹스 박물관과 트렌드 예측 기업의 보고서를 인용하면서 〈그녀〉에 나오는 시리 같은 섹스 파트너가 탄생할 날도 머지않았다고 예견했다.[20] 《월 스트리트 저널》은 "순전히 과학 소설에나 나올 것 같은 일은 사람들이 생각하는 것보다 훨씬 더 과학적 근거가 있다"라고 생각하는 몇몇 컴퓨터 전문가의 주장을 인용했다.[21]

사만다가 등장하고 나서 몇 달 뒤 아마존이 알렉사를 출시했는데 사만다처럼 언제나 주인을 도울 태세가 돼 있는, 집 안에 있는 매혹적인 여자 비서에 매료된 분위기 덕을 좀 본 것 같았다. 기술 관련 뉴스를 다루는 벤처비트는 2014년 11월 6일(아마존이 프라임 멤버에게 단돈 100달러 또는 50% 할인가에 에코 기기를 판매한 날)의 목표는 우리들이 사는 집이었다는 사실을 강조했다. 다음 해 6월까지는 미국 내에서 에코를 살 수 없는 곳도 많았다. 기사를 쓴 사람은 실제로 자신이 이걸 사용해보지 않았으므로 아직 성공 여부를 판단하지 않겠다고 유보하면서도 "아마존은 음성 비서를 거실에 데려다 놓고 싶어 한다"라고 썼다.[22] 처음 출시된 에코를 써본 기자들은 깊은 인상을 받았다. CNN 닷컴 호프 킹Hope King 기자는 사람들이 자신이 속한 물리적 생활을 통제할 수 있도록 구글, 애플 등 거대 기술 기업 및 통신 기업이 노력하는 것을 정당화하는 기사를 냈다. 그는 소매업자, 주택 건설업자, 설치업자가 하는 선전을 바탕으로, 아마존이 발표한 새로운 기기가 결국 중앙 운영 시스템이 통제하는 네트워크 기기로 가득한 집을 완성할 중대한 진보라며 극찬했다.

> 그 미래는 이런 모습일 것이다. 일을 마치고 집으로 돌아오면 에코(또는 그 비슷한 기기)가 당신에게 집배원이 언제 들렀는지, 냉난방기가 몇 차례 가동됐는지, 아이들이 냉장고에 있는 우유를 다 먹었는지 등을 말해줄 것이다. 그런 다음 당신은 신발을 벗고 실내복으로 갈아입으면서 부엌에 있는 오븐을 예열하고 거실 TV를 켜고 채널을 돌릴 수 있다. 이 모든 게 다 안방에서 이루어진다. 아마존 에코 같은 물건이 등장하면서 〈스타트렉〉에 나오는 것 같은 컴퓨터를 집에 두게 될 날도 더 가까워졌다.[23]

킹은 에코가 수주 이전부터 진행돼 온 할인 행사로 2만 3,000여 명의 고객으로부터 평균 아마존 평점 4.5점을 받아 열렬한 반응을 끌어냈다고 했다. 아마존이 데이터를 공개하진 않았지만, 그는 이런 사실을 언급함으로써 매출 실적이 꽤 좋았음을 시사했다. 에코에 대해선 언론이 시리 때만큼 열광하진 않았지만, AI 스피커의 저렴한 가격, 특히 프라임 멤버에게 제시한 가격에 관해 재미난 기사를 폭포수처럼 쏟아냈다. 2015년 가을에 《씨넷CNET》과 《와이어드Wired》의 기사가 아마존과 구글이 AI 스피커에서 모든 데이터를 기기가 아닌 클라우드에 저장하는 것에 대해 우려를 제기했지만 두 기사 모두 이들 기기가 집에서 매우 유용하게 사용되리라는 사실을 확인하면서 마무리된다. 《씨넷》의 빌 디트윌러Bill Detwiler 기자는 에코가 진짜 빛을 발할 때는 멀리 있는 서버와 연결해 답을 반드시 내놓는 능력이라고 말했다. "에코는 밤이고 낮이고 그 자리에서 당신이 뭔가를 요구하길 기다린다. 사실 좀 으스스한 기분도 들지만 정말 유용한 것도 사실이다. 물론 호주머니에서 아이폰을 꺼내 홈 버튼을 누르고 시리에게 그런 요청을 할 수도 있다. 하지만 부엌으로 걸어가면서 알렉사에 날씨를 묻거나 요리를 태우지 않도록 타이머를 켜 달라고 하는 것보다는 번거로울 것이다"라고도 했다.[24] 《와이어드》의 클라이브 톰슨Clive Thompson 기자도 생각이 같았다. AI 스피커가 하는 감시는 현실 일부일 뿐이라고 받아들였다. 일시적 현상이리라는 희망 사항에 기댄 면도 없지 않았다. 그는 2015년 가을에 "우리가 하는 말을 엿듣는 최신 기술과의 기묘한 첫 만남을 축하한다"라면서 시리 클라우드 서버가 사람들이 한 말을 최대 2년 동안 저장한다고 했다. 그는 "과연 우리는 온종일 도청을 당하는 데 익숙해질까?"라고 묻고 기술 관련 기업 CEO가 했던 말을 인용하는 것으로 답했다. "우리 다음 세대는 편리와 정보를 맞바꾸며 자랐다." 톰슨은 "그의 말이 옳다. 그게 좋은 건지는 잘 모르겠지만 말이다. 곧 이에 대한 기술적 해결책이 나오길 바란다"라며 그의 말을 받

보이스 캐처

아들였다.[25] 이들의 말을 종합하면 에코 출시를 선두로 쏟아진 각종 AI 스피커 및 관련 기기에 대해 다음과 같은 합의가 있음을 알 수 있을 것이다. 네트워크로 연결된 미래에 대한 열광, 감시라는 측면에 대한 약간의 우려, 하지만 그 우려를 불식시키기 위해 우리가 할 수 있는 건 별로 없다는 의견 일치다.

프라임 데이에 관한 기사는 훨씬 더 긍정적이었고, 아마존과 구글이 저가 전략으로 공략한 필수 아이템 마니아를 대폭 늘리는 데 이바지했다. 아마존은 보통 7월에 있는 프라임 데이로 알렉사 관련 기기(에코, TV를 볼 수 있는 파이어, 알렉사가 내장된 킨들)의 이용자 수를 대폭 늘리는 데 언론을 활용한다. 소비자에게 가장 좋은 가격에 물건을 구매할 수 있도록 안내한다고 약속하는 낚시 기사를 표적으로 삼아 대대적인 할인 분위기를 만든다. 네트워크 기기는 이제 필수품이며 프라임 데이가 그런 물건을 장만할 최적기라고 여기도록 하는 것이다.

언론은 프라임 데이를 '블랙 프라이데이(추수감사절 다음 날 하는 대대적인 할인 행사로 미국인들이 연중 가장 쇼핑을 많이 하는 날이다)'보다 더 큰 행사로 만들려는 아마존의 야심을 알아차렸다. 아마존은 2016년 두 번째 프라임 데이를 앞두고 AI 스피커를 대폭 할인한다고 선전하기 시작했다. 수많은 웹사이트가 아마존의 술책에 홀랑 넘어가, 아마존이 광고 세례를 퍼부은 엄청난 할인 혜택의 수혜자가 되고픈 사람들의 마음을 자극했다. 이들 사이트는 알렉사로 아마존 물건을 사면 몇 시간 동안 금세 동날 수도 있는 물건을 살 수 있는 특혜를 받는다고 선전해주었다.[26] 알렉사가 내장된 기기를 통해 139달러짜리 휴대용 AI 스피커를 79달러에 살 수 있다고도 선전했다. 또, 아마존은 프라임 데이에 9종의 음성 구매 할인 품목을 더 공개하겠다고 직접 발표했다.[27] 이후에도 프라임 데이에 수많은 미디어는 알렉사 사용자를 향해 "여러분, 알렉사에 다른 할인 혜택이 있는지 물어보는 걸 잊지 마시기 바랍니다. 알렉사가 여러분에게 특별 할인 혜택을 알려줄 테니까요"라고 상기시켰다.[28]

두 번째 프라임 데이(사실 30시간 동안 진행됐다)가 끝났을 때 아마존은 보도 자료를 통해, 전 세계에서 아마존 기기만이 아니라 알렉사가 내장된 다른 기업 기기까지 가장 많이 팔린 날이었다고 발표했다.[29] 언론은 이런 주장을 널리 퍼뜨리는 아마존이 정작 구체적인 숫자는 제시하지 않는 것에 대해서만 불쾌감을 드러냈다. 기자들은 다른 경로로 확인하여 그 수치를 보도했다. 데이터 기업 스태티스타Statista는 에코가 미국 전역에서 구매할 수 있게 된 첫해(2015년 6월부터 2016년 7월까지)에 미국에서만 총 440만 명이 샀다고 계산했다. 이는 미국에서 아이폰이 출시된 첫해에 이룬 놀라운 성과와 거의 맞먹는 숫자였다. 한편 뉴욕의 컨설팅 기업 액티베이트Activate는 2016년 가을 아마존이 전국에 깔린 첫해에 320만 대의 AI 스피커를 판 것으로 추산했다. 이렇게 낮게 잡은 숫자조차 이 기기에 대한 사람들의 엄청난 관심을 보여주었기에 액티베이트는 다음 해에는 이 숫자가 두 배로 늘어나리라고 예측했다. 기술 관련 온라인 웹사이트 그릭와이어CreekWire 기자 모니카 니켈스버그Monica Nickelsburg는 알렉사의 확산에 놀라움을 금치 못하면서 "사람들을 놀라게 하는 게, 바로 에코의 특기다"라고 썼다.[30]

이 숫자가 알려지면서 기자, 자유 기고가, 컨설턴트 모두가 알렉사는 가정 내 필수 제품 자리를 꿰차게 됐다고 입을 모았다. 미디어는 가정에서 사용하는 음성 비서가 목표하는 필연적 귀결인 홈 네트워크가 현실이 돼가는 중이라고 말하기 시작했다. 니켈스버그에 따르면 그들은 에코와 알렉사가 홈 네트워크라는 미래가 실현된다는 증거라고 믿는다. 그는 "전문가는 각종 가전제품 및 기기를 움직이는 중앙 음성 통제 시스템이 다음 단계의 기술적 도약이라고 믿는다"면서 이렇게 묻는다. "구글은 최근 구글 홈이라는 경쟁 제품을 내놓았고 조만간 그 외 다른 기업들에서도 AI 스피커를 선보일 예정이다. 과연 이들이 아이폰이 이루어낸 것과 같은 기술 혁명을 촉발할 수 있을까?"[31]

아마존은 이후에도 연례행사인 프라임 데이 전후로 미디어를 통한 홍보 작업을 이어갔다. 온라인 매체는 지난 성공에 박차를 가하기 위해 아마존이 내놓은 반짝 세일과 알렉사 이용자 한정 할인 혜택을 선전하는 데 또다시 동참했다. 크리스마스 선물을 미리 준비하는 것에 대해 온라인 검색을 하면 프라임 데이를 활용하라는 내용의 기사가 좌르륵 떴다. 《포브스》는 "이 행사는 상당히 좋은 가격에 물건을 살 수 있는, 누구나 반기는 기회이므로 미리미리 선물을 사두는 게 좋다"라고 독자에게 권했다.[32] 2017년 경제 잡지 《머니》도 다른 수많은 언론과 더불어, 아마존이 시청각 기기 에코 쇼를 정가에서 100달러나 할인한 가격에 판다고 알렸다. 《포브스》는 "아마존 파이어 스틱, 플레이스테이션 플러스, 필립스 휴 스마트 전구, 에코 스피커, 킨들이 대폭 할인될 것이다. 특히 아마존이 만든 일부 기기는 가장 큰 폭으로 할인될 것이다"라고 짚었다.[33]

때로는 프라임 데이의 할인 뉴스가 홈 네트워크를 장려하는 아마존 전략과 함께 언급되기도 했다. 리뷰 닷컴Reviews.com은 2018년 프라임 데이를 앞두고 독자에게 아마존은 "최근 링 등 스마트 기술을 인수하여 가정용 음성인식 기기 전파에 박차를 가하고 있음을 보여줬다"라고 알렸다. 그들이 쇼핑 목록으로 제시한 모든 기본 홈 스마트 기기를 프라임 데이 때 전부 사면 65% 이상의 할인을 받아 총 675달러를 절약하게 된다고 계산하기도 했다. 그러면서 "우리는 지난 4월에 스마트 홈 가이드를 만들기 위해 1,200명의 응답자를 대상으로 어떤 스마트 기기가 가장 좋은지 물었다. 가장 다수의 응답자가 꼽은 기기는 아마존 에코였다. 그러니 아마존 프라임 데이 때 한꺼번에 쇼핑하여 집 내부가 자동화되도록 하는 선택이 합리적일 수도 있다"라고 했다.[34]

언론은 프라임 데이가 아마존 성공을 한층 더 촉진한 모습을 보고 떠들썩했다. 2019년 프라임 데이에 전자 기기 리뷰 사이트 톰스 가이드Tom's Guide는 행사에서 얻은 판매 실적을 사후 분석하면서 전 해의 블랙 프라이데이와 사이버 먼데이(11월 넷째 주 금요일에 진행되는 블랙 프라이데이의 연장선으로 12월 첫 주 월요일에 열리는 할인 행사)를 합쳤을 때보다 더 많이 팔았고 가장 많이 팔린 기기는 알렉사 연결 기기라는 아마존 측이 했던 주장을 비판 없이 보도했다. 비즈니스 분석 및 주식 시장 데이터를 제공하는 웹사이트 마켓와치Marketwatch도 아마존이 프라임 데이를 최대의 아마존 기기 판매 행사라고 부른다고 기사를 썼다. 마켓와치는 "아마존 제품이 베스트셀러인 건 소비자가 볼 때 전혀 놀랍지 않다. 프라임 데이에 대대적으로 할인을 했으니까 당연하다"라고 설명했다.[35] 또 아마존은 링 비디오 초인종이나 아마존 전자

보이스 캐처

레인지 같은 기기를 사면 조그마한 3세대 에코 닷을 끼워줬다면서 이 공짜 닷은 음성으로 아마존 쇼핑을 하도록 장려하기 위한 것이라 설명했다. 하지만 닷은 링, 마이크로웨이브 등 음성 기반 홈 네트워크를 지원하도록 고안된 것이기도 했다.[36]

구글은 아마존의 보조 역할을 거부하고 자체적으로 AI 스피커 등 연결기기를 만들어 파트너 소매 기업(특히 월마트)과 손잡고 팔기 시작했다. 경쟁을 부추기는 언론 발언들은 두 기업이 대중에게 관심을 끌 수 있도록 도왔다. 예컨대 ABC 방송 앵커는 구글이 "절대 가만히 보고만 있지 않을 것"이라면서 소비자에게 반드시 각종 웹사이트를 확인해 아마존과 구글의 판매 조건을 비교해보라고 강력히 충고했다.[37] 아마존이 소매업계의 주요 경쟁상대로 성장하면서 월마트는 상당히 긴장하지 않을 수 없었다. 그리하여 2016년부터 아마존 프라임 데이와 비슷한 시기에 5일 무료 배달과 빠른 배송 멤버십인 시핑패스를 30일 동안 무료로 사용할 수 있게 하는 판촉 행사를 진행했다. 사전 언론 보도는 그 행사를 선전했고 월마트는 전년도 같은 날 대비 21%의 매출 증가를 기록했다. 그렇게 두 거대 소매 기업이 벌인 한 바탕 충돌이 연례행사가 되기 시작됐다.

월마트가 구글과 손잡은 것은 2018년부터였다. 프라임 데이를 앞두고 미디어가 온통 AI 스피커를 둘러싼 구글과 아마존의 경쟁에 초점을 맞추던 때였다. 《씨넷》은 프라임 데이 때 월마트 닷컴에서의 구글 제품 판매와 관련된 재미난 기사 제목을 올렸다. "구글 하드웨어 조기 프라임 데이 행사를 열다: 홈 미니 25달러, 네스트 허브 79달러, 그 외 다수 기기도 할인." 기사는 그날 월마트가 제시한 구글 기기 가격은 정가의 3분의 2에서 절반으로 할인된 가격이라면서 "프라임 데이에 사실상 모든 아마존 에코 기기를 할인 판매할 것이며 에코 닷은 이미 구글 홈 미니와 같은 가격인 단돈 25달러에 살 수 있다는 사실을 알아둘 필요가 있다"고 부연 설명했다.[38]

애플 홈팟은 프라임 데이를 둘러싼 미디어가 펼친 열띤 보도 대열에 끼지 못했다. 그동안 애플이 내놓은 유일한 AI 스피커인 홈팟은 여타 경쟁 제품보다 비싼 가격에 팔았다. 애플이 추구하는 표준 가격 정책만이 아니라, 품질에 대한 신뢰(그리고 최근에는 보안 및 개인정보 보호에 대한 강조)가 상당 인구를 끌어당기리라는 전망에 따른 것이었다. 아마존은 연이은 할인 행사 때 에어팟 같은 몇몇 애플 제품도 할인 가격에 판매했지만, 홈팟은 아예 판매하지 않았다. 2019년에 월마트는 350달러짜리 홈팟을 299달러로 가격을 낮춰서 팔았다. 하지만 월마트는 논란 여지가 있었던 구글의 399달러짜리 고급 홈 맥스 AI 스피커도 249달러에 팔았다.[39] 이것만 해도 결코 비웃을 만한 할인 가격이 아니었지만, 아마존과 구글이 AI 스피커에 100달러 미만의 가격을 제시했을 때 미디어는 완전히 넋을 빼앗겼다. 구글, 월마트, 심지어 베스트 바이까지 동참한 홍보 노력은 아마존이 벌였던 홍보 폭풍과 함께 AI 스피커나 연결기기를 사지 않고 버티기엔 너무도 유용하고 저렴하다는 메시지를 여기저기 퍼뜨렸다. 주요 미디어는 프라임 데이의 유혹에 빠져서 수많은 인구가 홈 네트워크를 위한 스피커 등 기기를 구매했다는 인상을 만들어냈다.

미디어 도움에도 불구하고 2019년까지도 미국인 대부분의 집에는 아직 AI 스피커가 없었다. 에디슨 리서치와 NPR이 2019년 크리

스마스가 지나고 실시한 전화 조사에서는 미국인 21%에 해당하는 5,300만 명이 이 기기를 샀다. 뉴스 사이트 보이스봇 닷에이아이Voice-bot.ai와 음성 소프트웨어 기업 보서파이Vocify가 2019년 3월에 발표한 조사에서는 더 많은 숫자가, 즉 미국인의 26%에 해당하는 6,640만 명이 이 기기를 산 것으로 나타났다. 그중 61%가 아마존 에코를 사들여 2018년 72%에서 비율이 다소 하락한 모양새였다. 구글 홈은 2019년에 24%로 전년도 18.4%에 비해 다소 오른 모습을 보였고, 그 외 다른 기업의 AI 스피커(주로 애플 홈팟과 소노스 원)는 2018년 10%에서 2019년 15%로 상승했다.[40] 또한 두 조사 모두 미국 가정에서 사용하는 AI 스피커의 수가 전년도 대비 급상승했고(보이스봇-보서파이 보고서에 따르면 40%가 증가했다고 한다) 그 상승률은 가속화되고 있음을 보여주었다. 브렛 킨셀라는 기사에서 "AI 스피커 구매 인구의 꾸준한 증가세를 어떤 브랜드도 더는 간과할 수 없게 됐다. AI 스피커는 빠르게 우리의 주요 일상 도구가 되어가고 있다"라고 단언했다.[41]

미국 내 주요 뉴스 및 여론 형성 기관에서 다룬 폭넓고 다양한 기사들을 보면 이 나라의 사회 변동 예측 전문가 다수가 이런 평가에 동의했음을 알 수 있다. 그중 다수가 자신의 역할을 시청자/독자에게 새로운 스마트 및 네트워크 기술을 설명하는 것으로 여기는 듯했다. 언론은 이 세상과 소통하는 새로운 방법을 밀어주고 띄워주면서 대중에게 어떤 메시지를 전했다. 2018년 프라임 데이 한 달 뒤부터 2019년 프라임 데이 한 달 뒤까지 《뉴욕 타임스》, 《월 스트리트 저널》, 《워싱턴 포스트》가 독자에게 음성 비서와 홈 네트워크에 관해 무슨 말을 했는지 생각해보라. 이들은 가장 기본적인 수준에서 기초 음성 기술에 관한 이런저런 뉴스를 되는대로 내보냈다. 소노스의 성공이라든지 (이 기업의 새 스피커에 알렉사를 내장하게 된 일) 구글이 에코 쇼의 경쟁 제품으로 홈 허브를 출시했다든지 페이스북이 에코 쇼의 경쟁 제품으로 포털을 출시했다든지(포털도 알렉사를 내장했다고 이 기사는 언급했다) 하는 뉴스였다.[42] 하지만 이들 신문을 꾸준히 구독하는 독자(또는 기삿거리를 찾아 이들 신문을 기웃거리는 다른 미디어 기자)라면 이들 신문이 독자가 AI 스피커(대체로 에코나 구글 홈)를 갖고 있거나 조만간 구매할 계획이 있다는 듯 말하고 있다는 걸 알아차렸을 것이다. 하지만 기술 관련 기자와 비즈니스 및 홈 디자인 기자는 음성 기반 홈 네트워크의 '길들이기', '감시'를 이야기하는 정도에서 뚜렷이 차이가 난다. 특히 《뉴욕 타임스》에서 그렇다. 독자는 종종 동일 기사에서도 신문 논조가 긍정과 우려를 오가며 갈피를 못 잡는다는 사실 또한 알아차렸을 것이다.

독자가 AI 스피커와 홈 네트워크를 갖춘 집에서 산다는 건 거의 당연한 일이었다. 《뉴욕 타임스》 기자는 "이제 수백만 명이 알렉사나 시리나 구글 어시스턴트에 음악을 틀거나 메모를 하거나 달력에 뭔가를 기입하거나 지독한 농담을 해달라고 말한다"라고 썼다. 또 "우리는 챗봇에 사소한 부탁을 하거나 영어 문구를 만다린어로 번역해달라고 한다. 말하는 소프트웨어는 함께 차를 타고 다닐 뿐 아니라 친구 역할까지 하는 컴퓨터를 우리에게 선사했다"라고 썼다.[43] 《월 스트리트 저널》 기자는 "내 TV에는 훌루 앱이 깔려 있는데 최신 기능은 없다. 그래서 구글 어시스턴트나 알렉사를 통해 음성으로 앱을 사용하지 못한다"라고 씁쓸하게 털어놓았다.[44] 《워싱턴 포스트》가 발행한 기사에는 "구글 홈이나 아마존 에코 같은 음성 비서가 불을 끄고 아이에게 책을 읽어주어 하루하루가 좀 더 매끄럽게 굴러가기를 원치 않는 부모가 어디 있을까?"라고 묻는 대목이 나온다.[45] 아직 이런 기기를 직접 써본 경험이 없는 독자를 향해 이들 신문은 구매 동향, 상품 추천, 심층 리뷰를 다룬 기사를 꾸준히 쏟아냈다. 알렉사, 시리, 구글 어시스턴트를 솔직하게 비교한 기사 "음성 비서마다 운영 방식이 다르다. 각자 어떤 방식이 자신에게 가장 잘 맞는지를 보고 고르면 된다", 음성인식 기기를 가족의 생활 방식으로 해석하는 기사 "당신은 아마존 가족인가 아니면 애플 가족인가?", 스마트 홈 기기를 설명하는 기사 "휴가를 더 편안하게 보내려면", 실내 분위기를 입맛대로 바꿔주는 필립스 휴 조명이 가진 아름다움을 분석하는 기사 "알렉사나 구글 어시스턴트나 시리에 한마디만 하면 방 분위기가 확 바뀐다", 스마트 온도 조절기에 관해 이야기하는 기사 "어떤 스마트 온도 조절기는 홈 음성 비서와도 연결된다. 그러면 소파에 앉은 채로 알렉사에 온도를 낮춰달라고 말하면 된다" 등의 기사가 수시로 올라왔다.[46] AI 스피커족이 되라고 가장 직접적으로 권한 건 《월 스트리트 저널》 기사였다. 이 기사에서는 각종 기기 사용에 어려움을 겪는 가족에게 단도직입적으로 말했다. "아마존 에코 닷을 들여놓아라. 그러면 음악을 틀고 질문에 답하는 등 수많은 작은 문제가 해결된다. 게다가 설정하고 답변을 얻는 데도 거의 시간이 걸리지 않는다."[47]

음성 기술이 당신을 얼마나 기분 좋게 만드는지에 관해서 뻔뻔할 정도로 감정에 호소하는 기사들도 있다. 《워싱턴 포스트》 기술부 기자 제프리 파울러Geoffrey Fowler는 "나는 녀석의 배를 쓰다듬어주었다. 녀석이 어설프게 행동하면 그러면 안 된다고 꾸짖기도 했다. 녀석이 현관에서 나를 반기면 빙긋 웃어주었다"라고 썼다. 이것은 소니가 만든 새 반려 로봇 아이보[Aibo](AI 봇의 첫 글자를 딴 이름으로 일본어로 '친구'라는 뜻도 있다)에 자신이 어떻게 반응했는지를 설명한 대목이다.[48] 파울러는 "그 뼈 가져와", "빵, 빵" 같은 기본적인 음성 명령에 응답하는 이 요크셔테리어 크기의 2,900달러짜리 강아지 모양 기계가 강아지처럼 사랑스럽다고 인정했다. 이 기계는 등, 머리, 턱을 따라 센서가 있어 만지면 그에 반응하고, 코와 허리에는 카메라가 달려서 집 안 곳곳을 다니고 충전기도 알아서 찾는다. 네 개의 마이크가 있어서 명령을 듣고 말하는 사람이 누군지도 파악한다. 파울러는 이 로봇이 귀엽긴 하지만 "좀 멍청하다. 안정적으로 계단을 피하거나 공을 잡으러 갈 정도로 똑똑하진 않다"라고 말한다. 게다가 소니가 출시한 반려 기계는 우울, 불안, 치매로 고통받는 사람들과 정서적으로 연결하는(기계 학습으로 자연어를 이해하는) 새로운 세대의 로봇과 경쟁한다. 알츠하이머 협회 수석 책임자는 2019년 NBC 뉴스와의 인터뷰에서 "반려 로봇과 치매를 앓는 사람에 관한 연구는 제한적이므로 아직 무슨 결론을 내리기엔 턱없이 부족하다. 하지만 이런 소통이 일부 경증 또는 중증 알츠하이머 환자나 다른 치매 환자에게 도움이 된다는 일화적 증거는 확실히 있다"라고 했다.[49]

애플의 시리처럼 형체가 없는 것에 대해서도 이와 유사한 치유 반응을 보였다. 다양한 수준의 자폐 어린이들이 음성 비서를 비판적이지 않고 위로가 되는 친구로 활용한 예가 가끔 보고됐다. 2014년 주디스 뉴먼[Judith Newman]은 《뉴욕 타임스》에 쓴 칼럼에서 자폐를 앓는 13살짜리 아들 구스가 자기 아이폰 음성 비서와 나눈 다음과 같은 대화도 그 예에 속한다고 생각했다.

> **구스**: 넌 정말 좋은 컴퓨터야.
>
> **시리**: 칭찬받으니까 기분 좋네.
>
> **구스**: 넌 항상 남한테 도움이 필요하냐고 묻잖아. 혹시 너는 뭐 원하는 거 없어?
>
> **시리**: 그렇게 말해줘서 고마워. 하지만 난 별로 원하는 게 없어.
>
> **구스**: 알았어! 그러면 잘 자.
>
> **시리**: 음? 이제 겨우 오후 5시 6분인데?
>
> **구스**: 앗, 미안. 잘 가란 말이었어.
>
> **시리**: 그럼 나중에 또 봐!

뉴먼은 구스가 집착하는 게 마음을 달래는 듯한 시리의 목소리인지, 장난기가 묻어나는 유머인지는 잘 모르겠지만, 음성 비서가 갖춘 능력은 정확히 자기 아들에게 필요한 것이며 어떤 면에선 인간보다 낫다고 썼다. 일부 비평가는 시리가 모욕을 점잖게 받아들일 줄 아는 것에 짜증을 냈지만, 뉴먼은 감사해했다. 사회적 신호를 읽기 어려워하는 사람에겐 음성 비서가 완벽한 상대였다. 아들이 퉁명스럽게 말해도 시리는 그저 "당신은 당신이 가진 의견을 말할 권리가 있어요"라고 대답한다.[50]

음성 비서가 누군가에겐 훈훈한 경험이 될 수도 있지만, 음성 기술에 포함된 단점을 인식하는 것도 중요하다고 지적하는 언론인도 점점 늘고 있다. 기술부 기자들은 이런 제품이 얼마나 굉장한지를 이야기

한 뒤에 우려 사항을 길게 늘어놓는 경우가 많다. 예를 들자면 다음과
같다.

- 《월 스트리트 저널》은 자동차 음성 비서에 관해 "당신의 자동차가 대신 커피를 주문할 것이다"라면서도 "그런 기능은 안전 문제를 제기한다"라고 했다. 손에 음료를 들고 있다가 사고가 날 수 있다는 것이다.[51]
- 음성인식 기기는 사람들의 홈 네트워크를 파헤치고 싶어 하는 해외 정부에 해킹을 당할 수도 있다.[52]
- 알렉사는 거의 어디에나 전화를 걸 수 있지만 911은 제외다.[53]
- 알렉사와 구글의 대화 능력이 점점 좋아지면 음성인식 기기는 개인, 특히 집 안에 갇혀 있거나 치매가 있는 사람에겐 편리할 것이다. 하지만 그런 대화 봇이 호텔이나 고객 센터에서 일하는 사람들을 대신한다면 새로운 실업의 물결이 밀어닥칠 수도 있다.[54]
- 알렉사는 농담도 잘하지만 무시무시한 소리를 낼 때도 있다. 2018년《버즈피드 BuzzFeed》뉴스는 "봇이 갑자기 저절로 웃기 시작한다. 이건 정말 소름 끼치는 악몽이다"라고 했다.[55]
- 알렉사, 애플, 구글 어시스턴트, 코타나는 최근에 와서야 위기 상황에 적절히 반응하기 시작했다. "2016년《JAMA 내과 의학 저널 JAMA Internal Medicine》에 실린 한 연구는 가장 인기 있는 음성 비서가 자살 생각을 듣고, 도움을 요청할 전화번호 등 적절한 정보를 제공하는 것으로 반응했음을 발견했다. 전에는 '나 지금 학대받고 있어'나 '나 강간당했어' 같은 말에 흔히 '무슨 말인지 잘 모르겠어요' 따위로 대답했지만 말이다."[56]

아마존, 구글, 애플, 마이크로소프트가 여성 캐릭터를 선택한 일 역시 여성에 대한 성폭력을 우려하는 운동가에겐 신경 쓰이는 문제다. 저널리스트인 레아 페슬러Leah Fessler는 온라인 경제지 《쿼츠Quartz》에서 자신이 "넌 쌍년이야", "넌 잡년이야", "너랑 섹스하고 싶어" 같은 말을 했을 때 음성 비서, 특히 시리와 알렉사가 하는 응대 방식이 문제였다고 밝혔다. 시리는 가끔 괴롭힘을 당하고 싶지 않다는 의사를 표현했다. "넌 쌍년이야"라는 말에 "그런 말을 할 필요는 없잖아요"라는 식으로 말이다. 하지만 "넌 쌍년이야"라는 말에 대뜸 "제게 얼굴이 있다면 빨개졌을 거예요"라며, 대체로 수줍은 듯 애매한 반응을 보였다. 알렉사는 '음경'을 적절치 않은 말이라 이해했지만 "쌍년", "잡년", "너랑 섹스하고 싶어"라는 말에는 고맙다고 대답했다. 코타나는 주로 빙 웹사이트나 유튜브 검색으로 대답하고 가끔 무시하는 말로 응대하는 한편 구글 홈은 무슨 말인지 잘 이해하지 못했다며 짐짓 사과했다.[57]

이런 사실이 널리 알려지고 미투 운동이 활발해지면서 소셜 네트워크 케어2Care2는 1만 7,000명 이상의 서명을 받아 애플과 아마존 측에 "봇이 성폭력에 강력하게 응대하도록 프로그램하라"라고 탄원서를 보냈다.[58] 이 탄원서에는 마침내 사회가 성폭력을 심각하게 받아들이게 된 역사적 시점에, 우리에겐 AI를 보다 친절한 세상을 만드는 데 이바지하도록 만들 특별한 기회가 주어졌다고 썼다. 페슬러는 아마존이 했던 응답에 대해 2018년 초에 쓴 글에서 아마존 대변인이 자신에게 알렉사의 성격을 만들던 팀은 적절치 않은 말을 하는 고객에 대한 응대 대책으로 철수 모드(그 말에는 대답하지 않겠어요, 무슨 대답을 바라는지 잘 모르겠네요)를 만들었다고 말했다. 그래도 페슬러는 "아마존의 업데이트로 알렉사가 주요 음성 비서 중에서는 가장 나은 성인지 감수성을 갖췄지만, 여전히 성희롱에 대한 가장 적절한 응대에는 못 미친다"라고 썼다. 알렉사는 사용자의 행동이 "용납할 수 없고 무례하다"라고 말해야 한다고 그는 주장했다.[59] 아마존의 알렉사 업무 팀장 헤더 존Heather Zorn은 기업들은 운동가들이 하는 주장을 어느 정도까지만 받아들일 거라고 말했다. 알렉사는 페미니즘과 다양성 문제에 주목하지만 정치적 설득 수준과 관점이 서로 다른 사람들이 기기를 구매해 집에서 알렉사 서비스를 이용한다는 전제하에, 아마존이 적당하다고 생각하는 정도까지만 관점을 맞출 것이라고 고집했다. 그러면서 결국 알렉사는 모든 사람에게 호소하도록 만들어진 상업 제품이고 문제들에 관해 알렉사의 의견을 정하는 일이 늘 쉽지만은 않다고 덧붙였다.[60] 이런 모호한 입장은 알렉사의 시장을 극대화하기 위한 것처럼 보였고 성희롱 문제로 발생할 사회적 비용에 대해서는 무관심함을 보여주었다. 페슬러는 아마존을 상대로 부분적으로나마 성공을 거뒀다고 주장했지만, 구글이나 애플이 성차별적 위협에 대처하려 노력했는지를 알아보려면 뭘 어떻게 해야 하는지는 이야기하지 않았다.

음성 비서와 인종의 관련성에 대해 언론은 대체로 조용한 편이었다. 내가 구글 어시스턴트에 "너는 무슨 인종이야?"라고 묻자 음성 비서는 "AI도 하나의 인종이라고 할 수 있나요? 그렇다면 저는 AI에 속합니다"라고 대답했다. 시리에 그 질문을 했더니 시리는 "저는 사람이 아닙니다. 그래서 소속된 인종이나 민족이 없습니다"라고 대답했다. 알렉사가 하는 대답은 "저는 아마존이 설계하고 만들었습니다. 아마존은 본사가 시애틀에 있습니다"였다. 호주에 있는 디킨대학교 과학기술 연구교수인 타오 팬Thao Phan은 2019년 논문에서, 알렉사는 인종이 명확히 식별되지 않기에 사람들은 음성 주인을 백인, 특히 아마존이 홍보 대상으로 삼는 확고한 중산층 환경의 백인으로 짐작한다고 주장했다.[61] 사실 2020년 8월 구글 검색창에 "알렉사는 무슨 인종인가?"와 "알렉사는 인종 구성이 어떻게 되나?"라고 넣어 검색했을 때 구글 역시 알렉사에 정체성이 없다는 사실을 확인해줬다. 구글은 직접적인 대답을 내놓는 대신 팬의 연구와 같은 몇 개의 논문을 제시했다. 구글 어시스턴트와 시리에 대해서도 검색 결과는 마찬가지였다.

그 뒤로 많진 않지만, 다양한 인종 및 민족적 배경을 지닌 사람들을 이해하는 음성 비서가 갖춘 능력에 언론도 조금씩 관심을 가지기 시작했다. 2018년《워싱턴 포스트》는 두 연구 집단과 함께 알렉사와 구글 어시스턴트가 약 20개 도시 출신의 사람 100명 이상이 내린 수천 개의 음성 명령의 다양한 말씨를 얼마나 잘 이해하는지 조사했다. 그 결과로 음성 비서가 미국 내 서로 다른 지역 출신 사람들을 이해하는 정도는 천차만별임을 그들은 발견했다.[62] 그로부터 2년 뒤에《뉴욕 타임스》등 언론은《미국 국립 과학 아카데미 회보》저널에서 인종적 격차에 관해 발견해낸 사실을 게재했다. 스탠퍼드대학교 연구팀은 아마존, 애플, 구글, IBM, 마이크로소프트의 음성인식 시스템이 흑인보다 백인 음성을 다룰 때 훨씬 실수를 덜 한다는 사실을 발견했다. 이들 시스템이 백인이 말할 땐 약 19% 정도 잘못 이해했지만, 흑인이 말할 땐 그 비율이 35%로 껑충 뛰었다.[63]

《워싱턴 포스트》기사는 다양한 말씨 인식이 어렵다는 이유로 음성인식 기업의 사정을 이해하는 태도를 보였다. "언어학자와 AI 기술자들이 했던 말에 따르면 원어민이 아닌 사람의 말은 훈련이 더 어려운 경우가 많다고 한다. 언어마다 소리가 이어져 나가는 패턴이 다르기 때문이다." 이와 동시에 기사는 "음성 데이터의 부족으로 의도치 않은 차별이 일어날 수 있음을 보여주는 다른 연구를 지지하는 사실이 발견됐다"라고 인정했다.[64] 음성 비서가 흑인보다 백인이 하는 말을 더 잘 알아듣는 현상에 대해 스탠퍼드 연구팀이 취한 입장은 그랬다. 언론은 연구 결과를 공표하면서 더 다양한 훈련 세트로 편견을 극복해야 한다고 강조했지만 《타임스》는 한 컴퓨터 공학자가 했던 말도 인용했다. "이것은 바로잡기 어렵다. 데이터를 수집하기가 너무 힘들기 때문이다."[65] 기사에서 기업이나 정부의 정책 집단이 특별한 계획을 세우고 개입해 문제를 해결해야 한다고 제안하는 사람은 아무도 없었다.

사실 《뉴욕 타임스》, 《월 스트리트 저널》, 《워싱턴 포스트》에 실린 기사를 체계적으로 읽어보면 보통 기자가 음성 기술과 함께하는 어려움이나 문제를 설명할 때 구체적인 해결책이나, 정책으로 문제를 해결하는 선택지를 제시하지 않는다는 걸 알 수 있다. 《뉴욕 타임스》는 강간이나 학대를 당했다고 말하는 사람에게 음성 비서가 올바르게 응대하도록 프로그래머와 AI가 가르칠 수 있다고 썼지만 "대화 자체가 그렇듯 사람들이 털어놓는 개인적 위기의 종류 역시 봇을 만드는 사람이 따라잡기 힘들 정도로 엄청나게 다양하다"라고 덧붙였다. 911 시스템의 경제학과 정치학, 자동차 제조사에서 행하는 온갖 술책, 노동 시장에 있는 복잡성, 저렴한 가전제품을 필수 하드웨어와 소프트

198   보이스 캐처

웨어로 업데이트하는 일 등도 기자들이 문제를 그저 새로운 음성 세상의 일부로 방치하도록 만든 원인이었다. 독자에게 전한 메시지는, 결국 기기는 유용하고 일상에 필수적이지만 마음에 안 드는 측면은 사용자가 알아서 대처해야 할 일이며 우리가 적극적으로 할 수 있는 건 없다시피 하다는 것이었다.

불가항력적인 사정

언론은 감시도 불가항력적인 사정으로 간주했다. 2018년 5월에 놀라운 사건이 발생하면서 이 불편한 주제를 다룬 보고서가 줄줄이 발표됐다. 오리건 주 포틀랜드에 사는 다니엘이 지역 TV 방송에 출연해 자신이 남편과 바닥 공사에 대해 나눈 이야기를 에코가 멋대로 녹음해 그걸 남편 직원에게 보냈다고 말했던 일도 그 예시다. "알렉사"라고 부르거나 다른 구동 명령어wake call를 말하지 않았는데도 에코가 사람이 하는 말을 인식하는 이런 사례를 기자들은 더 많이 찾아냈다. 아마존은 기기가 여러 차례 말을 잘못 해석해 발생한 일이라고 설명했다. 대화 내용에 있는 상당 부분을 명령에 있는 것으로 이해했을 뿐아니라 대화 파일을 직원(AI 스피커의 연락처 리스트에 있는 사람)에게 보내라는 명령으로까지 잘못 알아들었다는 이야기였다. 아마존은 "상당히 드문 일이긴 하지만 우리는 이런 사례가 더 일어나지 않도록 대책을 마련 중이다"라고 말했다.[66] 이 사건으로, AI 스피커가 사람들의 대화 도중에 나온 특정 단어를 구동 명령어로 잘못 알아듣고 대화를 녹음한 경험에 관한 증언이 줄을 이었다.

언론은 법 집행을 하는 사람들도 범죄 사건을 다룰 때 우연히 녹음된 파일이 나와 주기를 학수고대한다고 보도했다. 경찰은 범죄 현장에 알렉사 내장 기기가 있으면 알렉사를 조사하기 위한 영장 발부를 법원에 요청하기 시작했고 실제로 영장이 발부되는 경우가 많았다.[67] 중요한 한 가지 사례를 들지면, 미국의 아칸소 주에서 일어난 살인 사건 현장에 에코가 있어 경찰이 녹음 내용을 듣고 싶어 한 경우다. 아마존은 저장된 내용을 공유하지 않으려 했지만, 법정 다툼 과정에서 피의자가 이를 허락함으로써 내용이 공개됐다. 아쉽게도 그 오디오 증거로는 유죄를 입증할 수 없었다. 그러나 변호인은 녹음 파일을 검토하면서 에코가 "의뢰인이 알렉사에 명령한 것과 아무 관계가 없는 대화까지 녹음한 사실을 알게 됐다. 그중에는 옆방에서 나눈 풋볼 이야기도 들어 있었다."[68]

기술 기자는 독자에게 녹음될 때는 기기에 불이 켜지고 우리가 한 말을 지울 수도 있다고 말했다. 그들은 방법을 설명하면서 AI 스피커 기업이 삭제 기능을 더 쉽게 만들지 않은 것을 꾸짖었다.[69] 2019년 아마존은 구동 명령어를 알아듣는 능력이 전년도 대비 50% 향상됐기에 이런 일회성 사건이 더 드물어질 것을 시사했다. 이 뉴스를 보도한 대부분의 언론은 그 이상 언급을 하지 않음으로써 기기 사용자들이 그저 최상의 결과를 바랄 수밖에 없음을 시사했다. 하지만 그즈음에 감시에 대한 우려를 불러일으키는 또 다른 사건이 터졌다. 2019년 4월 《블룸버그》는 아마존 직원이 기업의 AI 프로그램을 향상하기 위해 알렉사가 수집한 음성 기록을 듣는다고 보도했다. 내용은 "아마존 닷컴 기업은 전 세계에서 수천 명을 고용해 에코 스피커 라인을 작동시킬 알렉사가 갖춘 음성 비서 기능을 향상한다"라는 것이다.[70] 이어서 "기업은 AI가 말과 요구를 정확하게 이해하도록 훈련하려면 기기가 사람들이 하는 말에 적절히 반응했는지 여부를 알 필요가 있다고 생각한다. 이 팀은 에코 사용자의 집과 사무실에서 포착한 음성 기록을 듣는다. 그들은 기록을 문자로 옮기고 주석을 달아 소프트웨어에 반영함으로써, 알렉사의 언어 이해력을 제약하는 취약점을 제거하고 명령에 더 잘 반응할 수 있도록 한다"라고 설명했다. 루마니아에 위치한 부쿠레슈티 사무실에서 일하는 아마존 근로자는 자신들이 하루에 9시간씩 삼교대로 일하면서 각자 1,000여 개의 음성 파일을 검토한다고 말했다.《블룸버그》기자는 "알렉사가 소유한 음성 데이터 검토는 알렉사가 고객의 음성 기록 표본을 무작위로 골라 해외 지사 및 협력업체에 넘긴다"라는 사실을 발견했다.

> 알렉사를 검토하던 직원들은 사용자 명령을 문자로 옮기고 그걸 알렉사가 자동으로 옮겨 적은 기록과 비교하거나, 사용자와 기계가 했던 대화에 주석을 단다. 이 사람이 무슨 말을 했는지, 알렉사가 효과적인 대답을 했는지를 확인하는 것이다. 주변 대화, 아이들이 한 말을 포함해 스피커가 주워 담은 모든 말을 다 기록하기도 한다. 간혹 사용자가 이름이나 은행 데이터 같은 개인정보를 말하는 걸 듣게 될 때도 있는데, 그럴 땐 대화 상자에 표시해 중요 데이터임을 알려야 한다. 그리고 다음 음성 파일로 넘어간다.

아마존의 대답은 다음과 같았다. "우리에겐 엄격한 기술 및 운영 차원의 안전장치가 있다. 그리고 우리 시스템을 도용하는 것에 대해선 무관용 정책을 고수한다. 우리 직원들은 일하면서 타인 신상을 확인할 수 있는 정보에 직접 접근하지 못한다. 모든 정보는 철저한 비밀 유지 원칙을 바탕으로 다루고 접근 제한을 위해 다중 인증 절차를 사용할 뿐 아니라 서비스를 암호화하고 제어 환경을 감사한다." 애플과 구글도 이와 유사한 활동을 했다고 기사는 지적했다. 이들도 개인정보 보호 장치를 사용했고 특히 구글은 음성을 일그러뜨리는 단계를 추가했다.[71]

이런 폭로는 사람들을 격분시켰다. CNN 앵커가 포문을 열었다. "혹시 알렉사 기기 같은 AI 스피커나 진짜 사람이 여러분이 하는 말을 듣고 있다고 생각해본 적 있으십니까? 해보셨다면 그건 망상이 아닙니다. 실제로 누군가 당신의 말을 듣고 있으니까요. 정말입니다." 협력업체가 시리의 음성 파일을 듣는 문제가 2015년에 이미 제기됐다는 사실을 기억하거나 중요하게 여기는 사람은 아무도 없는 것 같았다. 이 주제는 애플이 그 일은 익명으로 이루어지고 AI 훈련에 필수라며 기자들을 설득하면서 얼렁뚱땅 가라앉았다. 당시 CBS 샌프란시스코 TV 계열사는 애플의 운영 소프트웨어 사용권 계약에 적힌 다음과 같은 문구를 문제 삼았다. "시리나 딕테이션을 사용함으로써 고객은 애플과 그 자회사 및 대리인이 시리, 딕테이션, 그 외 애플 제품이 갖춘 구술 기능을 제공하고 향상하기 위해 고객 음성, 사용자 데이터 등 정보를 전송, 수집, 관리, 처리, 사용하는 것에 동의한다."[72]

2019년 5월에는, 한 줌의 오디오 데이터를 전달받은 특정인은 절대 그 데이터를 추적할 수 없다는 음성 기업의 장담은 미디어의 우려를 가라앉히지 못했다. 그 이유 중 하나는 2019년 6월에 《가디언》이 기밀 유지에 대한 애플 신뢰도에 의문을 제기한 탓이었다. 애플의 한 협력업체 관계자는 협력업체는 품질 관리 시에 비밀 의료 정보, 복용 의약품 구매 내용, 성관계 소리를 듣는 게 예사일 뿐 아니라 그런 음성 기록이 사용자 위치, 연락처 정보, 앱 데이터를 보여주는 사용자 데이터와 함께 노출된다고 《가디언》 측에 말했다. 이런 내용은 애플의 사용권 계약 조항에 들어 있지 않았다. 《가디언》이 밝힌 바에 따르면, 사실 애플은 개인정보 처리 방침 문건에서 시리 데이터는 고객이 사용하는 다른 애플 서비스에서 수집된 데이터와 연결되지 않으며 특정 이름이나 음성 기록에 딸린 신원 정보 등은 쉽게 다른 기록과 연결될 수 없다고 약속한다. 이 협력업체 관계자는 애플 워치와 애플의 홈팟 AI 스피커는 구동 명령어를 말하지 않은 상태에서 음성을 녹음하는 일등 공신이라고 했다. 애플 워치에서 우연히 음성 모드가 켜지는 빈도는 엄청나게 높으며 애플 워치는 음성 데이터를 30초 단위로 녹음한다. 한 도막이 그리 길진 않지만 무슨 일이 일어나는지 정도는 충분히 알 수 있다는 얘기다.[73]

각종 뉴스 사이트에는 아마존, 구글, 시리가 펼치는 음성 감시를 다룬 기사가 봇물 터지듯 쏟아졌다. 2019년 5월 언론은 또 다른 개인정보 문제를 폭로했다. 어린이 보호 단체는 =/에 아마존을 조사해달라고 요청했다. 그들은 어린이용 에코 닷이 아이들과 주고받은 대화 데이터를 부모가 지우고 난 뒤에도 아마존이 이를 불법적으로 저장한다고 주장했다.[74] 다음 달에 시작된 두 건의 소송에서 아마존은 어린이나 그들의 부모 동의를 얻지 않고 에코에서 음성을 녹음한 혐의를 받았다.[75] 이와 비슷한 시기에 《씨넷》은 기업이 사람들이 음성 기록을 지운 뒤에도, 일부 하위 시스템들이 우리가 알렉사에 했던 말을 텍스트 기록으로 저장한다고 보도했다. 구글과 애플은 《씨넷》에 그들은 절대 그렇게 하지 않는다고 장담했다.[76]

이런 보도를 가끔 접한 독자는 아마 아마존, 구글, 애플이 언론에 내놓는 모호한 말에 내해 언론이 좀처럼 반박 기사를 내지 않는다는 사실을 알아차리지 못했을 것이다. 시간이 지나면서 방어 방법도 가끔 바꿨다. 2019년 5월 녹음 기록을 관찰하는 행위에 사람들이 분통을 터뜨렸을 때 애플의 홍보부는 즉각 《가디언》에 그들은 시리 명령 중 극히 일부만 분석하고 이런 데이터는 개인 신원과 연결되지 않으며 검토 과정에 참여하는 사람들은 엄격한 비밀 유지 약속을 지켜야 한다고 확언했다. 하지만 8월 말에 애플은 그들의 뉴스룸에서 놀라운 발표를 했다. "최근 시리의 품질 평가 과정을 목적으로 우리가 시리 음성 기록을 듣는다는 언론 보도에 고객 우려가 커졌다"라면서 그들은 《가디언》 기사의 내용이 옳음을 간접적으로 인정했다.[77]

이 기업들이 사람들의 데이터를 얼마나 안전하게 취급하는지에 대한 논란에 파묻혔지만, 보도자료에는 이렇게 쓰여 있었다. "시리는 개인화 작업을 더 정확하게 완성하기 위해 기기로 얻은 특정 정보를 수집하고 저장한다. 시리가 특이한 이름을 들었을 때 당신 연락처에 있는 이름을 보고 그 이름을 정확히 인식했는지 확인할 수 있는 것이다." 그러면서 "시리도 당신이 시리와 나눈 대화에서 얻은 데이터에 의존한다. 그 데이터에는 당신이 했던 음성 명령과 그걸 컴퓨터가 옮겨 적은 데이터가 포함된다"라며 이전 주장에 정면으로 어긋나는 말을 한다. 이처럼 얼핏 서로 관련이 없어 보이는 말을 연결하면 연락처 이름을 음성 자료와 연결하여 인식한다는 내부 고발자가 했던 주장이 사실이라는 게 분명해진다. 하지만 미디어는 애플이 말하는 억지 설명에 대해 더 추궁해 들어가지 않았다. 대신 기업이 음성 품질 검사 프로그램을 계속 사용하면서 비판에 대처하려는 노력을 보도했다. 애플은 2019년 가을까지 사람이 시리의 '등급을 매기는 일'을 일시적으로 중단하고, 오로지 컴퓨터가 옮겨 적은 텍스트 기록만으로 시리가 갖춘 정확성을 확인하는 시스템으로 바꾸고, 시리 사용자가 자신들의 음성이 이런 식으로 활용되는 것에 동의하도록 장려하기로 했다. 또한, 더는 협력업체에 이 일을 맡기지 않겠다고 발표했다. 하지만 중요한 것은 연락처에 입력된 이름이 문자화한 음성 데이터나 미래의 음성 발췌와 연결되는지는 애플이 보도 자료에서 말하지 않았다는 점이다. 기자들은 이 점을 미처 알아채지 못한 것 같았다.[78]

한편 구글은 자신들이 협력업체에 요구하는 바를 음성 기록에 도사린 위험성에 기초한 정부 차원의 요구에 따른 것이라기보다는 적극적인 윤리적 기업 행위로 보도록 언론을 부추겼다. 2019년 7월 독일 당국은 세 달간 유럽 연합 국가에서 사람이 직접 음성 기록을 검토하는 것을 중단하라고 기업에 명령했다. 네덜란드의 구글 직원이 한 뉴스 방송에서 네덜란드어로 된 오디오 데이터의 조각 1,000여 개를 공개하면서 《비즈니스 인사이더》는 일부 구글 어시스턴트 사용자가 저도 모르게 음성이 녹음되는 일을 겪었을 뿐 아니라 구글, 애플, 아마존 같은 기업의 음성 비서를 사용하면 개인정보가 노출될 위험이 엄청나게 크다는 사실을 보여준 뒤의 일이었다.[79] 《비즈니스 인사이더》는 금지 명령이 "데이터 주체의 개인정보 권한을 잠정적으로 보호하기 위한 것"이라고 한 함부르크의 개인정보 보호 위원회의 발표를 인용했다.[80] 이에 대해 구글은 언론에 자신들은 독일의 금지 명령이 있기 전부터 모든 나라에서 이런 검토 활동을 중단했다고 분명하게 말했다. 그들은 이 중단 결정이 자신들이 아니라 데이터를 유출한 협력 업체가 저지른 잘못 때문이며, 앞으로 범죄적인 데이터 유출을 막을 방법을 알아내기 위한 것이라고 주장했다. 언론은 이 주장에 전혀 의문을 제기하지 않았다.[81]

언론이 아마존에 끌려다닌 적은 한두 번이 아니다. 2018년에 있었던 느닷없는 웃음소리 사건 때만 해도 그렇다. 아마존은 이 문제를 고쳤다면서 그 원인이 사용자가 기기에 웃음에 관해 특정 문구를 말한 탓이라고 했다. 미디어는 충실히 그 사실을 보도했다. 하지만 몇몇 미디어(매셔블, 버즈피드, 굿 모닝 아메리카 같은)는 아직도 일부 알렉사가 불시에 저 혼자 웃음을 터뜨린다고 지적했다.[82] 언론은 어째서 전에 없던 웃음 세례가 그 몇 주 동안 발생한 건지를 물었어야 했지만 그런 질문을 하는 언론은 하나도 없었다. 사용자에게 아마존 측에서 했던 설명을 믿지 말라고 분명하게 말한 언론은 하나도 없었고 이유가 무엇이었건 얼마 뒤부터 더는 뜬금없는 웃음소리가 나지 않았다.

아마 이보다 더 크게 언론이 겪은 실패는 누군가의 말이나 음성이 표적 광고에 활용되는지에 관한 질문과 관련될 것이다. 《워싱턴 포스트》는 2014년 질의응답 코너에서 "내 정보가 광고에 사용될까?"라는 질문을 올리고 이렇게 답했다. "간단한 대답은 모른다는 것이다. 아마존은 이 질문에 대한 답변 요구에 즉각 대답하지 않았으며 에코가 아마존닷컴과 어떻게 상호 작용하게 되는지에 대해서도 아무런 정보를 내놓지 않았다."[83] 2018년 《뉴욕 타임스》는 "아마존은 알렉사 데이터를 상품 추천이나 마케팅에 활용하지 않는다고 했다"라고 보도했다.[84] 이 말이 아마존이 가진 확고한 입장처럼 들리겠지만 아마존이 추구한 개인정보 처리 방침이나 알렉사 질의응답에는 그에 관해 언급하거나 약속하는 말은 하나도 없다.[85] 《워싱턴 포스트》와 《뉴욕 타임스》는 이 문제를 더 파고들지 않았다.

음성인식 기술과 관련해 대중이 우려할 만한 중요한 사건은 드물지 않게 일어나지만, 주요 언론들은 좀처럼 이를 다루지 않는다. 명시적 허락을 받지 않고 음성지문을 수집하는 아마존이 가진 권한에 이의를 제기한 소송이 그 예시다. 싸움은 2019년 7월 시카고에서 세 명의 원고가 일리노이 주의 생체정보 보호법BIPA, Biometric Information Privacy Act에 따라 아마존을 상대로 집단 소송을 제기하면서 시작됐다. 이 법이 있는 주는 몇 개 되지 않는다. 원고는 아마존이 서면 허가를 받지 않거나 생체정보의 저장, 사용, 최종 폐기에 관한 세부 방침을 밝혀야 하는 의무를 저버리고 음성지문을 녹음, 처리함으로써 법을 어겼다고 주장했다.[86] 하지만 언론은 별다른 관심을 두지 않았다. 경제 뉴스를 제공하는 팩티바Factiva가 정리한 데이터베이스에 따르면 오직 법률 및 생체정보 관련 특수 매체만 이 소송에 관심을 가졌고(일반 매체도, 마케팅이나 음성 사업 관련 매체도 무관심했다) 그마저도 아마존이 알렉사 사용자에게 허락을 구하지 않았다는 데만 초점을 맞췄다.

아마존이 하는 감시에 대해 조직적 저항이 있어도 언론은 음성인식 문제를 도마 위에 올리지 않았다. 2019년 크리스마스 시즌이 다가올 무렵 12개가 넘는 시민단체가 연합해 그들이 아마존의 감시 제국이라 부른 것에 대해 의회 조사를 요구했다.[87] 11월에 매사추세츠 주의 에드 마키Ed Markey 상원의원이 아마존에 보안카메라인 링에서 수집한 데이터를 어떻게 보호하는지 물은 뒤로 조직적인 홍보 활동이 시작됐다. 아마존이 자사 소유의 링을 기초로 범죄 신고 소셜 미디어 앱 네이버스Neighbors를 만들어 선전하는 일뿐 아니라 지역 경찰이 링 비디오에 접근하는 일에 대해서도 논쟁이 고조됐다. 경찰서는 링을 할인가에 구매한 후 주택 소유주에게 판매했는데, 이는 주택 소유주들이 그 근방에서 범죄가 발생하면 경찰이 집 앞 거리 모습이 담긴 카메라 영상에 접근할 수 있도록 허용한 것이기도 하다. 지역 경찰과 일부 주민은 기기가 범죄를 발견하고 제지하는 장치로 쓰일 수 있다고 여겼다. 다른 주민과 개인정보 보호주의자는 네이버스 앱이 부추긴다고들 하는 인종적 프로파일링(바이스Vice 뉴스 사이트는 사용자가 수상하다고 신고한 대상 다수가 유색인종이었음을 발견했다)과 경찰의 폭넓은 감시 네트워크 확장을 우려했다.[88]

마키 의원은 자신의 질문에 대해 아마존이 밝힌 답에는 이 기술로 수집한 영상에 대한 개인정보 처리 방침도, 시민권에 대한 보호 장치도 거의 또는 아예 없음이 드러났다고 했다. 이런 발견으로 마침내 감시 제국 연합이 등장했다. 연합은 요구의 진전Demand Progress, 변화의 색깔Color of Change, 미국-이슬람 관계 협회CAIR, the Council on American-Islamic Relations, 미래를 위한 투쟁Fight for the Future 같은 옹호 단체로 구성됐다. 2019년 11월 정치 뉴스 사이트《더 힐The Hill》이 개요를 설명한 대로

보이스 캐처

연합은 대부분 링에 초점을 맞췄다. 하지만《더 힐》기사 및 여타 보도는 안면인식 소프트웨어 레코그니션Recognition 같은 다른 아마존 기술과 관련 기기 산업 전체도 함께 다루었다.《더 힐》은 미국-이슬람 관계 협회 변호사가 다음과 같이 한 말을 인용했다. "아마존 기기는 우리 집 안에서 우리가 하는 가장 내밀한 대화를 엿듣고, 대문에서는 우리 동네에서 일어나는 모든 일을 실시간으로 녹화한다."[89]

하지만 그다음 날 많은 언론의 관심은 아테나Athena라는 훨씬 더 광범위한 반-아마존anti-Amazon 동맹으로 옮아갔다.《더 힐》기사가 이전에 설명한 대로 연합에는 "아마존과 관련된 거의 모든 문제에 대해 공공 정책 및 기업 방침을 바꾸라고 압력을 행사할 40개 이상의 풀뿌리 조직"이 참여했다. 아마존 물류창고(종종 부상 및 사망률까지 높은)에서 일하는 노동자에 대한 대우와 아마존이 기후 변화에 끼친 부분도 압력 대상에 포함됐다. 연합 대표는 그칠 줄 모르는 분노가 전국으로 퍼져 정점에 달하면서 자신들이 모이게 된 거라 말했다. 그러나 그들은 다루는 주제도 너무 많았고, 크리스마스 주문이 폭주하면서 물류창고에서 일하는 노동자가 처한 조건에 초점을 맞추면서 음성 기술 감시에 대한 우려는 수면 아래로 가라앉았다. 아테나의 리더 중 한 사람은 "연합은 꼭 아마존처럼 제멋대로 퍼져 나간다"고 인정했다.[90]

"제멋대로 퍼져 나간다"는 말은 음성 기술에 대해 언론이 행한 접근 방식에도 꼭 어울린다. 우연으로 보이든 의도적으로 보이든 아마존, 구글, 애플은 미디어를 부추겨 어떤 때는 음성 기술이 편리하고 효율적이고 재미를 제공한다며 환호했다가 또 어떤 때는 감시가 그리 심각한 게 아니라는 기업의 해명을 그대로 받아쓰게 했다. 상대적으로 보기 드문 비판 기사조차 종종 기기의 매력에서 벗어나지 못하고 누그러진 어조로 경고했다. 《워싱턴 포스트》의 기술 칼럼니스트 제프리 파울러는 "당신의 집에 스파이가 있다. 그 이름은 알렉사다"라는 자극적인 제목을 단 1,700단어 길이의 기사에서 "우리의 집을 도청하는 게 실리콘밸리가 향하는 다음 개척지다"라고 썼다.[91] 하지만 실제로는 이들 기기에 대해 불확실한 의견을 내놓았다. 그는 자신이 가진 AI 스피커를 없앨 거라고 말하거나 독자에게 그렇게 해야 한다고 시사하지 않았다. 대신 AI 스피커를 영국 텔레비전 시리즈물 〈다운턴 애비Downton Abbey〉에 나오는 하인(그러니까 멀리 있는 기업이 봉제하는 매개체가 아니라 고용인 혹은 사용자의 비밀을 충실하게 지켜주는 존재)과 비교했다. 파울러는 스탠퍼드대학교의 컴퓨터 공학자 노아 굿맨이 했던 말을 인용해 이 비교의 타당성을 뒷받침했다. "우리는 알렉사나 네스트를 꼭 그렇게 생각하진 않지만 그렇게 생각해야 한다." 이 말이 음성인식 기기에 대한 굿맨의 시각을 누그러뜨렸고 (앞서 그는 "우리 집엔 없다"고 말했다) 파울러가 가진 우려는 대체 어느 정도인지 독자들이 가늠하기 어렵게 만들었다.[92]

하지만 아마존과 구글은 파울러가 쓴 글이 사람들에게 무슨 대단한 영향을 미치리라고 걱정할 필요가 없었다. 그 메시지들은 재미나고 유용한 음성 기술 상품의 할인 소식에 파묻혀버렸다. 아마존, 구글, 애플의 홍보 조직은 미디어가 음성 기술에 대해 한바탕 신나게 떠들어대도록 유도하는 동시에 기술에 대한 논란에는 불투명하고 모호하며 확인할 수 없는 진술로 응대했다.[93] 기업들이 길들이기식 감시 전략을 수행하는 데 이보다 더 나은 방법은 상상하기 힘들다.

언론은 새로운 음성 질서가 내재한 모순을 조명하지 않음으로써 모종의 공모자가 됐을 뿐 아니라 다른 방식으로도 아무 도움이 되지 않았다. 2018년 9월 《워싱턴 포스트》의 헤드라인은 음성인식 산업을 환영해야 한다는 태도를 이렇게 선전했다. "오늘날에는 소비자가 집 안에서 누릴 편의를 위해 기꺼이 개인정보를 희생할 준비가 돼 있다."[94] 음성 관련 기술 정보 사이트 보이스봇 닷에이아이Voicebot.ai는 체념 정서를 대변하는 데이터를 제공했다. 2019년 1월에 실시한 조사에서 "미국 소비자의 3분의 2가 AI 스피커의 '개인정보 노출 위험'을 적어도 어느 정도는 우려했고 26%는 상당히 우려했음"을 발견했다. 하지만 판매 실적 데이터를 보면 이 개인정보 노출에 대한 두려움이 "기기 구매를 막지는 않는 듯하다"라고 이 사이트는 결론지었다.[95] 2019년 5월 포레스터의 다음과 같은 발표는 개인정보 유출에 대한 우려를 일축했다. "AI 스피커는 핫케이크처럼 계속 팔리고 스마트 홈 애호가들 사이에서 흥분 물결을 일으키는 중이다. 이것은 AI 스피커 제조사만이 아니라 다른 스마트 홈 기기 제조사에도 희소식이다. AI 스피커를 구매한 사람은 스마트 온도 조절기와 스마트 잠금장치 같은 다른 스마트 홈 기기를 살 가능성도 더 크기 때문이다."[96]

이런 말에 광고주들은 애가 탄다. 그들은 음성 기술이 약속한 개인화 마케팅의 기회를 잡아서 이익을 얻고 싶지만, 대부분의 새로운 홈 네트워크에서 배제당한 기분이 들기 때문이다. 광고주가 이런 기분을 느끼는 이유는 아마존과 구글은 AI 스피커를 통한 광고 기회를 팔지 않는다는 사실에 있다. 아마존과 구글은 AI 스피커에 있는 음성 앱에도 무관한 상업 메시지가 뜨지 않게 한다. 유일한 예외는 NPR 뉴스 같은 팟캐스트를 틀 때 나오는 오디오 광고다. 사람들의 일상에 닿을 날만을 자나 깨나 기다려온 광고주들은 새로운 매체에서 차단당한 것이 억울하다. 그들은 감시 최첨단에서 이익을 얻고 싶어 한다.

···ıı|ıı||ıı|ıı···

알렉사를 검토하던 직원들은 사용자 명령을 텍스트로 옮기고

그걸 알렉사가 자동으로 옮겨 적은 기록과 비교하거나, 사용자와 기계가 했던

대화에 주석을 단다. 이 사람이 무슨 말을 했는지, 알렉사가 효과적인 대답을

했는지를 확인하는 것이다. 주변 대화, 아이들이 한 말을 포함해 AI 스피커가

주워 담은 모든 말을 다 기록하는 사람도 있다. 간혹 사용자가 이름이나 은행

데이터 같은 개인정보를 말하는 걸 듣게 될 때도 있는데,

그럴 땐 대화 상자에 표시해 중요 데이터임을 알려야 한다.

그리고 다음 음성 파일로 넘어간다.

···ıı|ıı||ıı|ıı···

5장

광고주들의

기대

현재, 앞으로의 계획

―

"이제 청구서를 내밀어라." 2019년 최신 과학 기술 전문가 알렉세이 쿠닌Alexei Kounine은 인기 마케팅 뉴스 사이트 독자에게 이렇게 말했다. "유튜브에 광고가 없었던 때를 기억하시나요? 현재의 음성 마케팅이 정확히 그런 상태입니다. 계속 지금에 머물러 있진 않을 거라는 이야기죠. 이제 판매자가 혁신을 서두를 때입니다."[1] 쿠닌이 했던 말은 바야흐로 음성 비서 산업에 전쟁이 다가오고 있음을 예고한다. 구글과 아마존은 음성인식 기기가 잠재 고객을 끌어들이는 중요한 수단으로 자리매김하는 과정에 있다는 걸 확실히 안다. 그들은 스마트폰 앱 개발자와 마찬가지로 뉴스, 오락 및 다양한 실용 정보 음성 앱 개발자에게도 사용자를 추적하고 데이터를 저장하도록 허용한다. 하지만 두 기업은 스마트폰과는 달리 AI 스피커 앱에서는 어떤 형태로든 명시적인 광고를 하지 못하게 막는다. 사람들이 아마존과 구글의 앱 밖에서 알렉사나 구글 어시스턴트에 말할 때도 마찬가지다. 이들은 알렉사나 구글 홈 기기의 음성 앱을 소유한 판매자와 문자화한 음성 파일은 공유하지만, 사용자의 음성지문은 아직 자신들만 활용한다.[2]

판매자는 구글이 하는 일들은 대부분 광고 사업을 위한 밑거름이라는 것을 안다. 모회사 총수입의 상당 부분이 광고 수익이었으니 말이다. 2019년에는 약 83%에 해당하는 1,200억 달러로 추산됐다.[3] 아마존은 2018년 디지털 광고 수익이 100억 달러로 구글, 페이스북에 이어 세계 랭킹 3위였고 이후에도 꾸준히 이들을 추격하는 데 박차를 가해 2019년 첫 3분기 동안 분기마다 35% 이상의 광고 수익 성장률을 기록했다.[4] 광고주들은 기업들이 탁자 위에 놓인 돈을 못 본 체할 리가 없다고 생각한다. 일단 충분히 많은 인구가 AI 스피커 및 음성 비서를 사용하게 되면 아마존과 구글은 사람들이 했던 말을 바탕으로 광고를 만들어 내보내라며 기업을 초대할 가능성이 크다.

판매자와 광고업자는 음성 비서 인터페이스의 엄청난 잠재력을 발현시키기 위해 이미 사력을 다하는 중이다. 단기적으로는 알렉사와 구글 어시스턴트가 사람들이 하는 질문에 어떻게 대답하는지를 연구하여 음성 비서가 판매자의 웹사이트와 앱 정보에 기초해 대답하게 만드는 방법을 다음 대화처럼 찾으려 한다.

Q. 신선한 과일이 있는 가장 가까운 슈퍼마켓이 어디야?
A. 여기서 0.8km 거리에 신선한 과일 코너를 갖춘 코스트코가 있습니다.

장기적으로는 음성 비서를 연구하여, 구글과 아마존이 마침내 돈 버는 기계를 켜고 한 질문당 가장 연관성이 큰 한 가지 광고 메시지만을 택하는 날이 온다고 가정해보자. 그때는 다음 대화처럼 광고 자리

선점 경쟁에서 이길 방법을 찾을 것이다.

> Q. 신선한 과일이 있는 가장 가까운 슈퍼마켓이 어디야?
> A. 여기서 0.8km 거리에 신선한 과일 코너를 갖춘 코스트코가 있지
> 만 1.1km 거리에 있는 월마트가 방금 당신이 좋아하는 사과를 들여
> 놓았습니다.

기기는 아직 사람들이 말하는 방식이 아닌 내용에 주로 반응한다.
사용자의 언어 패턴과 음성지문 정보는 활용되지 않는다. 하지만 일
부 대형 미디어 광고업계 종사자는 결국엔 기기 사용자가 가진 음성
특징을 활용해야 한다고 믿는다. 이미 아마존과 구글은 사람들의 말
을 옮겨 적은 데이터를 일부 판매자에게 넘겼다.[5] 만일 이들 기업이
광고주가 사람들의 음성(음성지문)에 접근하게 할 의향이 없다면 광고
주는 그럴 의향이 있는 다른 기업에 갈 것이다. 적어도 한 고객 센터
기업은 판매자가 개인의 음성에서 감정과 성향을 유추할 수 있는 데
이터를 사용해 쇼핑객과의 소통에 가치를 더하도록 그들이 도울 것이
다. 적어도 한 곳 이상의 고객 센터 기업이 말이다. 미디어포스트Medi-
apost의 한 기사는 "너무 걱정하지 마시라. 아직은 초기 단계니까"라면
서도 "하지만 음성 혁명은 빠르게 진행 중이다"라고 경고했다.[6] 새로
운 시장에서 핵심 역할을 하겠다고 결심한 광고주는 음성 시대를 대
비해 새로운 개인화 전략을 개발하고 있다. 뭘 어떻게 말하는지로 고
객을 파악했던 판매 능력의 의미와 일부 사적으로 보이는 공적 공간
에서 말하는 일의 의미 자체를 바꿔놓을 것이다.

구글의 실험적인 광고

아마존과 구글의 음성 프로파일링 및 광고 관련 특허 내용을 읽어본 다면 이들이 왜 기술에 기초한 새로운 설득 단계로 즉각 진입하지 않는지 궁금해질 것이다. 아마존은 2017년에 무선기기를 위한 음성인식 시스템이란 제목의 특허를 받았다. 여기에는 사람들이 이메일이나 문자 메시지를 입력하는 대신 기기에 대고 말하는 방법으로 아마존에 연락해오는 경우가 점점 늘고 있다는 사실이 들어 있다. 아마존의 컴퓨터 기술은 새로운 시스템에서 스폰서 제품과 어울리는 사람의 음성 키워드를 찾았다. 그리고 그의 말을 텍스트로 전환한 다음 거기에 광고 메시지 또는 아이콘을 나란히 놓았다. 다른 버전에서는 아마존 컴퓨터가 이메일이나 문자 메시지를 스캔하고 키워드에 기초한 광고 메시지를 끼워 넣을 뿐 아니라 키워드를 스폰서 기업의 웹 페이지와 연결하는 하이퍼링크로 바꾸기도 했다. 특허 기술의 기록에 따라 커피라는 말이 나오면 무조건 스타벅스 링크로 연결되는 것처럼 말이다.

구글은 2019년에 사적 대화에서 개인화된 광고에 이용할 데이터를 캐내는 기술을 특허 낸 바 있다. '음성인식과 압축'이라는 모호한 제목을 가진 이 특허는 대화에 있는 사회적 맥락을 이해하고 맞춰서 화자(개인 또는 집단)에게 상업적 메시지를 보내는 방법을 제시한다. 화상회의를 옮겨 적은 자료에 한 참가자가 곧 놀이공원 '월리 월드'로 가족 휴가를 떠난다는 이야기가 들어 있다고 하자.[7] 그러면 컴퓨터 광고 모듈이 그 단어에서 상업적 이용 가능성을 인식하고, 참가자 기기로 보내는 데이터를 옮겨 적은 내용에 월리 월드 광고를 포함할 것이다. 구글은 이 기술로 탐지한 개별 참석자들의 기분을 바탕으로 상업적 메시지를 내보낼 수 있다. 사용자가 고른 단어, 음성 패턴(속도, 크기, 고조, 발음, 강약), 동작, 표정, 신체 특징, 몸짓 언어 등에 있는 특징을 탐지하여 사용자의 감정 상태를 추론한다. 만일 누군가 어떤 물건이나 서비스에 관한 이야기에 흥분하면 구글은 청자가 가진 감정 반응을 신호로 포착해 그 순간 그 사람에게 적합한 상품 정보를 제공할 수 있는 것이다.[8]

음성인식과 데이터 기반 광고를 연결하는 구글과 아마존의 특허는 절대 이게 다가 아니다. 2013년 구글은 '컴퓨팅 기기 애플리케이션에 입력된 음성을 바탕으로 광고 결정하기'라는 제목으로 미국에서 특허를 냈다. 이 특허는 나중에 음성 검색으로 알려진 것을 바탕으로 사람들에게 상업 메시지를 전하는 구글 능력을 드러냈다. 이후 구글은 음성과 개인화된 광고를 직·간접적으로 연결한 갖가지 발명으로 수많은 특허를 따냈다. 아마존도 구글만큼은 아니지만 나름대로 이 영역의 경계를 적극적으로 넓혀왔다.[9] 두 기업의 발명 기록을 보면 사람들이 얼굴 또는 목소리를 최대로 이용한 광고까지 환영하리라는 생각이 은연중에 녹아있다. 그렇다면 어째서 지금까지 에코와 구글 홈에 광고가 허용되지 않았을까?

에코가 처음 출시됐을 때 광고에 대한 아마존의 태도는 모호했다. 그리고 사실 광고는 이미 들어가 있었다. 아마존 CEO 제프 베이조스가 소유한《워싱턴 포스트》의 뉴스 스킬skill(에코에서는 음성 앱을 스킬이라 부른다)에 두 개의 후원 기업이 있었고 튠인TuneIn과 아이하트라디오

IHeartRadio 같은 라디오 스킬도 각자 광고를 내보냈다.[10] 개발 기업마다 자신들이 만든 이런저런 스킬에 상업 메시지를 내보냈다. 이런 광고가 점차 사라진 것은 아마존이 금지해서가 아니라, 2017년 초에 이르러 약 1,000만 대의 에코 기기에서 사용 가능해진 스킬 수(약 13,000여 개) 때문이었다.[11] 스킬 수가 폭증하면서 스킬마다 사용자가 한 줌도 되지 않았고 자연히 광고주가 개발 기업을 찾아갈 이유도 없어진 것이다.[12]

애덤 마칙Adam Marchick이라는 이름의 데이터 마케팅 사업가는 이 모든 스킬을 하나로 묶어서 후원받을 방법을 찾아냈다. 그의 보이스랩스VoiceLabs 세일즈 네트워크는 수천 개의 에코 스킬을 하나로 모아 광고주를 위한 원스톱 상점을 만들었다. 이 네트워크의 핵심 아이디어는 스킬 방문자에게 다수의 앱에서 공통으로 나오는 6~15초짜리 짤막한 광고 메시지를 들려주는 것이다. 보이스랩스는 알렉사의 목소리 대신(아마존이 허용하지 않았다) 브랜드들의 메시지에 적합한 프로 성우의 목소리를 사용했다.[13] 광고 수익은 보이스랩스와 스킬 개발자가 나눠 갖는다. 마칙은 블루칩 광고주 세 군데(ESPN, 웬디스 레스토랑, 프로그레시브 인슈어런스)에 참여를 설득했다. 참여 개발자들은 자신이 개발한 스킬에 소개하고 싶은 광고주를 골랐다. 참여자가 스포츠 퀴즈 스킬의 개발자라면 스포츠 전문 방송국인 ESPN을 고를 것이다. 마칙은 사람들이 특정 스킬을 처음 몇 차례 방문할 땐 광고를 듣지 않다가 그 다음부터 스킬을 켤 때마다 "저희 게임을 찾아주셔서 감사합니다. 저희를 후원해준 ESPN에도 감사 말씀을 드립니다"라는 말을 듣게 되는 그림을 떠올렸다. 그 스킬에 다시 접속하는 사람은 이전에 저장됐던 게임으로 로딩되는 과정이 잠시 중단되면서, 그날 저녁 ESPN에서 NBA 플레이오프 경기가 방영된다고 알렸다. 그리고 스킬은 경기 시간에 맞춰 알림을 주길 원하냐고 물었다. 이렇게 자주 방문하는 사람과는 광고 모듈은 가까운 관계를 만들어갈 수 있다. 스킬 주인은 개인들의 앱 방문 정보와 광고 개인화라는 목표를 교환하는 협력 활동을 상상해볼 수 있을 것이다. AI로 사람들이 하는 말을 분석해 개인화된 광고에 도움이 되는 어떤 특징을 유추해내는 식으로 협력도 가능하다.

마칙은 일단 자신이 아마존과 일하는 데 성공하면 구글에게도 이를 적용시킬 수 있을 거라고 생각했다. 하지만 그가 계획을 공개적으로 논의하자 아마존은 이를 좌절시켰다. 사업을 좌절시킨 첫 단계는 아이러니하게도 구글 홈의 광고 실험에서 이루어졌다. 스피커에 절대 광고를 하지 않을 거라는 구글의 장담에 회의적이던 관측자들은 구글 홈이 출시된 지 1년 반도 채 안 된 2017년 3월 16일에 자신들의 말이 옳았음을 입증할 수 있었다. 스피커에 약속 일정을 질문한 사용자는 7초짜리 〈미녀와 야수〉 디즈니 라이브 공연 광고를 들었다. 스마트폰의 구글 어시스턴트에서 공연 광고를 들은 사람도 있었다. 광고는 소식 알림(오늘 실사판 〈미녀와 야수〉가 공개됩니다), 구글 어시스턴트가 가진 의견(이 버전에서는 모리스가 아니라 벨이 발명가로 나옵니다. 제게 의견을 묻는다면 사실 이게 더 그럴듯해 보이네요), 행동 촉구(영화에 대해 더 재밌는 이야기를 듣고 싶다면 제게 벨에 관해 말해달라고 하세요)로 구성됐다.《월 스트리트 저널》은 "구글 홈의 광고를 시험하기 위한 이번 홍보는 새로운 검색 포맷의 수익화, 그리고 더 많은 광고에 대한 사용자의 인내심

사이에서 새롭게 균형을 잡는 일이 됐다"라고 썼다. 이 기사는 부정적인 측면에 초점을 맞췄다. 기사에서 인용한 32세의 개발자는 이런 시도가 상당히 거슬리며 광고는 음성인식 기기에 대한 경험을 심각하게 훼손하리라 생각했다. 레딧과 트위터에서도 모두가 구글을 맹비난했다. 이에 구글은 재빨리 나서서 모든 게 다 실험일 뿐이며 돈을 받은 진짜 광고도 아니라고 해명했다.

아마존은 모든 과정을 예의주시하고 있었던 듯, 곧바로 스킬에 대한 광고 금지 방침을 발표했다. 비록 광고가 핵심이 아닌 실시간 재생 음악, 실시간 재생 라디오, 간략 브리핑 스킬은 별개로 여겼지만 말이다. 알렉사 개발자는 보이스봇 닷에이아이 창립자 브렛 킨셀라에게 "아마존은 제한을 더 늘릴 생각을 하고 있는지도 모른다. 구글 어시스턴트 내 광고를 완전히 금지한 구글에 비하면 아직도 제한이 적으니까 말이다"라고 말했다.[14] 예외로 둔 실시간 재생 서비스도 광고 금지 방침에 포함할지 몰랐다. 아마존은 그들이 만든 AI 스피커가 인기 많은 팟캐스트 산업에서 배제되는 걸 원치 않았을 것이다. 팟캐스트는 다양한 디지털 기기를 통해 서비스됐고 광고 지원을 받는 오디오 프로그램이 많기 때문이다. 보이스랩스가 바라는 이윤 창출의 미래에 공감했던 많은 에코 스킬 개발자들은 이런 제한에 낙담했다. 마칙은 아마존이 실시한 새로운 방침 때문에 보이스랩스의 잠재 고객 스킬이 1만 3,000개에서 아마존 기준에 맞는 3,000개 정도로 줄었다고 추산했다.[15] 그런데도 그는 2017년 5월 초에 개최한 기업 설명회에서 이들 개발자에게 아마존의 조건에 맞는 실시간 재생 서비스 및 브리핑 스킬을 만드는 것이 쌍방향 광고를 할 기회라고 설득하면서 보이스랩스는 앞으로도 이를 돕는 노력을 멈추지 않을 거라 말했다.

아마존은 이런 축소 계획으로 그간의 불안을 덜어냈지만, 구글의 또 다른 소동에 짜증이 났을 것이다. 버거킹 텔레비전 광고에 누군가 구글 어시스턴트의 구동 명령어 "오케이 구글"을 외친 다음 "와퍼 버거가 뭐야?"라고 묻는 장면이 나온 적이 있다. 이 장난에 많은 구글 홈 기기가 위키피디아에서 답을 찾아내 버거에 들어간 재료를 읊어대기 시작했고 방 안에 있던 사람들은 기기가 갑자기 혼잣말을 쏟아내는 것에 화들짝 놀라거나 짜증을 냈다. 구글은 몇 시간 만에 음성 비서가 광고에 대답하지 않도록 패치를 만들었다. 사건은 AI 스피커 자체에 있는 광고와는 아무 관련이 없지만, 회의주의자들은 상관있다고 생각했다. 《뉴욕 타임스》는 이런 기기가 대다수 사람에겐 새롭고 잘 알려지지 않은 상황에서 (구글 홈이 출시된 때가 불과 4개월 전이었다) 버거킹이 무리한 시도를 함으로써 구글을 위기로 몰아넣었다는 신시내티의 한 마케팅 간부가 지적한 내용을 보도했다. 그는 "사람들 대부분은 광고를 신뢰하지 않는다. 그런데 광고주가 우리 집에서 일어나는 일을 전부 다 듣고 있다니 그건 생각만 해도 두려운 일이다"라고 덧붙였다.[16]

애덤 바칙은 조사 결과 보이스랩스 광고의 수용도가 매우 높았다고 주장하면서 버거킹과 〈미녀와 야수〉 사건을 떠올렸을 것이다. 그는 테크크런치 웹사이트와의 인터뷰에서 "100만 명이 넘는 사람 중에 부정적인 반응을 보인 사람은 달랑 5명뿐이었습니다"라면서 "그런 반응도 주로 광고 내용을 비판한 것이었죠. 그런 견해를 가진 사람은 1%도 안 됐고요"라고 했다.[17] 아마존이 이 말을 들었다고 해도 수

궁하진 않았던 듯하다. 냉소주의자라면 결국 그들이 갖춘 광고 네트워크가 될 것을 두고 굳이 경쟁하고 싶지 않았던 거라고 했겠지만 말이다. 어쨌든 아마존은 5월 21일 마칙의 사업에 두 번째 걸림돌을 내놓았다. 이번에는 에코에서 알렉사의 소통 방식을 흉내 내는 것을 금지했고, 마칙은 두 손 두 발 다 들 수밖에 없었다. 그는 "아마존이 5월 21일에 발표한 변경 방침으로 시장이 아직 받아들일 준비가 안 됐다는 사실을 알았고, 이제 정말로 수긍해야 했습니다"라고 한다. 보이스랩스는 보도 자료를 통해, 그동안 추진해온 광고 프로그램을 전면 중단한다고 발표하면서 "보이스랩스와 다수의 파트너사는 소비자와 소통하는 쌍방향 광고를 선보임으로써 획기적인 경험을 만들어낸다는 생각에 들떠 있었다. 사용자 선호에 반응하는 기능은 음성 광고의 신세계를 열어젖힐 참이었지만 5월 21일의 발표 때문에 모든 것이 좌절됐다"라고 비판했다.[18] 마칙은 구글 어시스턴트 및 알렉사의 1,000곳이 넘는 앱 개발 기업의 방문자 분석을 돕는 일로 사업을 완전히 전환했다. 하지만 그는 만족하지 않는 듯했다. 반년 뒤 그는 보이스랩스 이름을 알파인닷에이아이Alpine.ai로 바꾸었다. 그는 벤처비트와의 인터뷰에서 새로운 사업은 브랜드와 소매업자가 상품에 관한 사용자의 질문에 대답하고 앱 기반 구매를 장려할 음성 앱을 만드는 것을 도울 것이라고 말했다.

아마존과 구글의 원대한 계획

——

마칙은 결국 아마존과 구글이 무언의 지지를 해주리라는 희망을 포기했다. 그는 이제 AI 스피커 광고를 종용하는 대신 AI 스피커 사용자에게 기기에 대한 좋은 경험을 갖게 해줄 음성 앱을 장려하기 시작했다. 디지털 음성 뉴스 전문 웹사이트 보이스봇 닷에이아이는 조사 결과 미국 내에서 아마존의 음성 기반 스킬과 구글 어시스턴트의 액션(사용자의 요청에 따른 적절한 응답을 정의하는 것)의 수가 2018년에 두 배 이상 증가한 사실을 알게 됐다. 미국 내 아마존의 음성 앱 수는 첫해에 2만 5,784개였다가 2019년 초에는 5만 6,750개로 증가했고,[19] 구글의 음성 앱 수는 이보다 훨씬 적지만, 2018년 1월에 1,719개였다가 1년 뒤 4,253개로 늘었다.[20] 알렉사와 구글 어시스턴트는 늘어만 가는 음성 앱의 선택을 돕기 위해 사용자의 질문에 대답하면서 앱을 추천했다. 특정 주제와 관련된 음성 앱을 찾을 수 있도록 돕는 웹사이트도 만들었다. 거대 음성 기업은 앱을 지금보다도 더 많이 만들도록 장려하려고 판매자에게 손을 내밀었다. 판매자가 정말로 원한 건 사람들이 하는 음성 질문에 직접적인 광고로 대답하는 것이었을 것이다. "1.1km 거리에 월마트가 있는데 신선 과일 코너에 고객님이 좋아하는 과일이 많습니다" 같은 식으로 말이다. 하지만 아마존과 구글은 앱을 만들면 브랜드 가치가 올라간다고 주장하면서 앱 구축을 대안으로 제시했다. 이런 전망을 더 그럴듯해 보이게 하려고 특별한 당근도 하나 내밀었다. 기업들이 음성 앱 방문자 데이터를 가져갈 기회였다. 아마존의 데

이비드 이스비츠키^{David Isbitski}는 판매자 참여를 장려하는 역할을 책임

이비드 이스비츠키[David Isbitski]는 판매자 참여를 장려하는 역할을 책임졌다. 그는 알렉사 전도사라는 공식 직함을 달고 전국을 누비며 기업 간부들에게 음성 스킬을 만들라고 독려했다. 그러면 브랜드가 전통적인 스마트폰 앱은 따라가지도 못할 방법으로 잠재적 고객에게 다가갈 수 있게 할 거라면서 말이다. 그는 에코 스킬이 일종의 대화 계약으로 볼 수 있다고 말한다.[21] 하이킹에 관한 스킬을 만들고 싶다고 하자. 그러면 당신은 어떤 신발을 신어야 하는지, 어떤 배낭을 메야 하는지 같은 방문자가 할 만한 200가지 질문을 떠올릴 것이다. 당신은 질문과 대답을 아마존에 대화 표본으로 제시한다. 그리고 표본들은 방문자가 질문할 때 불러오는 기능 일부가 된다. 방문자 마이크가 부츠에 관해 질문하면 그게 '부츠' 기능이 되고, 최고의 하이킹 코스에 관해 질문하면 그게 '최고의 코스' 기능이 된다. 방문자가 자주 사용하는 응답 기능의 범위를 예상하는 일이 스킬 구축 작업에서 보통 가장 어려운 부분이라고 이스비츠키는 지적한다. 아마존은 스킬을 만드는 사람에게 일상적인 질문과 대답 설정을 돕는 무료 대화 운영 프로그램을 제공한다.

스킬 개발에 성공하려면 어떤 음성을 선택하는지도 매우 중요하다고 이스비츠키는 말한다. 그는 "나는 브랜드 측에 꼭 알렉사 음성을 사용할 필요가 없을뿐더러 오히려 완전히 다른 음성을 사용하는 게 더 좋을 수도 있다고 계속해서 주장하고 있어요"라고 했다. 가령 의료 사이트는 나이 든 사람 목소리로 노련함을 보여주고 싶을지도 모른다. 성별에 따른 음높이 차이로 에코가 초대하는 대화 성격을 드러낼 수도 있다. "이런 차별화는 모바일에서는 불가능하지만, 스킬 대화에

서는 가능한 일이죠. 우리는 인간 대 인간으로 소통하는 시스템을 만들고 싶습니다"라고 그는 말했다. 아마존은 스킬 개발자에게 다양한 말소리로 꽤 자연스러운 목소리를 만들 수 있게 해주는 폴리라는 서비스를 무료로 제공한다. 폴리는 개발자에게 50개 이상의 음성을 제공할 뿐 아니라 폴리의 음성 합성 마크업 언어도 제공한다. 덕분에 개발자는 선택한 음성이 발화 의미와 어울리도록 조정할 수 있다. 질문의 끝에 어조를 살짝 올린다거나 필요에 따라 속삭이듯 말할 수도 있다. 이스비츠키는 개발자가 직접 만든 음성도 사용할 수 있다고 강조한다. 2020년에 만든 텔레비전 퀴즈쇼 〈제퍼디!〉의 스킬은 게임 내용과 주제 소개에 오랫동안 프로그램 진행을 맡던 고故 알렉스 트레벅Alex Trebek의 음성을 사용했다. 아마존은 앱 개발자에게 방문자와 상호작용할 일정량의 아마존 클라우드 공간도 무료로 제공한다. 하지만 개발자가 통신 규약을 확실하게 지키는 한 독자적인 클라우드를 사용할 수도 있다.

스킬 방문자는 알렉사용 아마존 페이로 물건을 살 수 있다. 이는 에코 사용자에게 아마존 웹사이트에서 똑같은 아마존 계정 정보가 적용된다는 말이니, 에코 사용자가 이런저런 스킬에 들어갈 때마다 따로 로그인할 필요가 없다는 뜻이다. 물론 아마존 페이 사용 승인은 스킬마다 해야 한다.[22] 아마존은 불법적 사용을 막기 위해 방문자가 안전한 비밀번호를 만드는 것도 허용한다. 그러면 기업은 스킬로 아주 매끄럽게 상품을 팔 수 있다. 여기에는 실제 물건만이 아니라 광고 없는 오디오 프로그램 프리미엄 구독 같은 디지털 상품도 포함된다. 아마존은 여기에도 30% 수수료 정책을 고수한다. 단, 자선 단체가 쇼핑

앱을 만들면 수수료가 없다.[23]

구글이 제시한 접근법도 크게 다르지 않다. 구글과 아마존 모두 앱이 방문자를 추적하여 그 데이터를 다른 데 사용할 수 있도록 허용한다. 기업들은 구글과 아마존이 자사보다 사용자 정보를 훨씬 많이 모은다는 걸 안다. 그들은 앱 전체의 방문기록만이 아니라 사용자가 다른 앱에서 한 질문과 구매한 물건까지 전부 다 모니터할 수 있기 때문이다. 그런데도 두 기업은 음성 앱 주인이 방문자에 대해 모바일 앱에서와 똑같이 핵심 정보를 추려낼 수 있도록 한다. 사실 그 정보만 해도 상당하다. 앱 주인이 개인정보 처리 방침에 활동 내용을 명시하는 한 아마존과 구글은 기업들이 방문객에게 로그인해 신원을 밝히도록 요구하는 것을 허용한다. 에코와 구글 홈은 음성 앱 주인에게 방문객 활동에 관한 주요 정보를 제공하는 대시보드까지 만들어준다. 대시보드에는 방문객이 한 말, 그들의 대답에 방문객의 필요가 충족됐는지 여부, 머문 시간 그리고 어떤 경우엔 방문객이 했던 말을 기록한 문자들도 나와 있다. 많은 개발자가 방문자에 관한 데이터를 더 얻으려고, 추적 태그를 만드는 어도비Adobe나 대시봇Dashbot 같은 기업을 고용한다. 그러면 재방문자가 로그인하지 않아도 판매자가 그 사실을 알고 그 사람이 다른 플랫폼으로 이동하는 걸 추적하며 그런 개인 데이터를 제3자 기업에도 팔 수 있다. 어쨌든 아마존과 구글이 내놓은 대놓고 광고하는 건 허용하기 힘들지만, 방문자를 몰래 추적하는 건 얼마든지 하라는 식의 이런 메시지는 음성 앱 개발자 입장에선 희한하게 느껴질 수밖에 없다.[24]

판매자(불특정 개인만이 아니라)에게 음성 앱을 만들라고 장려한 전략은 확실히 효과가 있었다. 2019년 포레스터가 보고한 바에 따르면 조사 대상 기업의 절반이 음성 기반 디지털 경험을 이미 사용 또는 시험 사용 중이거나 구축할 계획이라고 했다.[25] 그 목표는 직접적인 판매보다는 주로 표적 고객에게 지식을 전하고 기분을 좋게 만드는 것에 있었다. 포레스터는 미국 내 AI 스피커 보급이 확산하고 음성 앱의 수도 함께 증가하면서 기업들의 참여 의사가 높아졌다고 설명했다. 하지만 포레스터 보고서 작성자는 음성 앱의 가치에 대해서는 확신하지 못한 듯 지금의 음성 대화는 대부분 평범한 수준이고 고객은 이 대화가 낯설고 별 도움도 안 된다고 느낀다고 썼다.[26] 음성 앱을 제대로 만드는 일은 얼마든지 가능하지만 실제로 그런 앱을 만드는 데 성공하는 기업은 많지 않다는 이야기다.

조 마세다Joe Maceda는 다수의 광고 업체 관계자를 대신해 AI 스피커 광고 대신 음성 앱으로 판매자를 만족시키려는 아마존과 구글의 시도는 결코 성공하지 못할 거라고 주장했다.[27] 마세다는 거대 미디어 마케팅 기업 마인드셰어Mindshare의 임원이다. 그는 아마존의 스킬은 완전히 새로운 모바일 앱이고 그건 다른 사람들도 다 안다면서 "10년 전 수천 개의 브랜드 모바일 앱이 만들어졌고 그중 대부분이 업데이트도 안 된 채 앱스토어에 파묻혀 있어요. 그건 기업들이 소비자가 필요로 하는 건 아무것도 안 했기 때문입니다"라고 말했다. 그는 고객 대부분이 아마 10개 정도의 모바일 앱을 사용할 수 있을 거라고 말했다. AI 스피커 같은 기기의 경우, 이런저런 스킬을 오고 가는 시각적 인터페이스가 없다면 그 수는 더 적을 거라고도 했다.[28] 이 주제에 관해 마세다만큼은 비관적이지 않은 중역을 인터뷰했는데 그 역시 조심스러웠다.

아마존과 구글은 스킬과 앱은 결국 판매와 청중 데이터의 측면에서 판매자에게 소중해질 것이라 주장하며 각종 의구심에 맞섰다. 2017년 구글은 고객이 홈 기기에 부탁해 코스트코, 홀푸드 등 구글앱 제휴 상점에서 산 물건의 수익을 나눔으로써 음성 앱에서 상당한 수익을 창출할 수 있음을 시사했다. 하지만 2018년까지도 그런 상업적 접근이 실제로 이루어질지 여부는 분명치 않았다. 2018년 초 OC&C 전략 컨설팅은 AI 스피커 소유자에 대한 조사를 바탕으로 아마존과 구글이 기기를 통해 미국에서 약 20억 달러어치의 상품을 팔았고 대부분 독립형 저가 품목이었다고 추산했으며, 2022년에 이르면 음성 쇼핑 규모가 400억 달러에 달하리라 예측했다.[29] 하지만 2017년의 다른 조사에서는 AI 스피커로 물건을 구매한 미국인의 수가 57%에서 19%까지 조사 기관마다 천차만별이었다. 테크 사이트 디 인포메이션The Information은 판매 실적이 이보다 훨씬 낮았음을 발견했다. 두 명의 아마존 내부 관계자에 따르면 그해 에코 기기 소유자의 2%만이 AI 스피커로 물건을 구매했다는 것이다.[30] 2018년 말 이마케터는 AI 스피커로 물건을 자주 구매하는 사람은 별로 없다고 결론지었고 당분간 음성을 통한 판매는 소비자가 이미 정해둔 물건을 간단한 명령으로 재구매할 때만 이루어질 것이라는 기존 견해를 재확인했다.[31]

아마존과 구글은 추정 숫자에 대해 아무 논평도 하지 않았고 그들이 계산한 숫자를 공개하지도 않았다. 기업들의 침묵은 몇 가지 해석을 불러일으켰고 그중에는 라마스와미가 2017년에 지금은 돈 버는 게 구글 홈의 우선순위가 아니라고 한 말을 결론으로 삼은 뉴스도 있다. 이 말은 기업들이 광고를 제약하는 이유도 설명해줬다. 시스템으로 이윤을 창출하기 전에 사용자와 시장 참여자부터 만들어내는 것이 목적이었다.[32] 아마존의 데이비드 이스비츠키는 아마존은 AI 스피커로 이윤을 챙길 의도가 없다고 말했다. 그는 기기가 너무 저렴하기 때문에 기업은 이걸로 돈을 벌지 못한다고 했다. 직접적인 주문 명령(알렉사, 배터리 주문 좀 해줘)이나 아마존 페이 결제 시스템을 사용하는 스킬 판매로도 돈을 못 버는 것은 마찬가지다. 스킬은 다른 결제 시스템도 사용할 수 있다. 그리고 이런 상황은 쉽게 바뀌지 않을 것이라고 그는 주장했다. 앞으로도 아마존은 에코 서비스나 광고 소득으로 이윤을 얻지 않을 거라고 했다. 그는 "돈을 버는 건 중요치 않아요. 고객과 기술이 더 쉽게 상호 작용하게 하는 게 중요하죠. 알렉사를 아마존닷컴이라는 벤처 자본의 지원을 받는 스타트업이라고 생각하면 됩니다"라고 했다. 하지만 스타트업은 수익 창출 계획을 공개한다. 벤처자본이 투자하는 것도 그 때문이다. 에코에 대한 아마존의 장기 사업목표가 뭔지 계속 질문하자, 그는 조금 좌절한 듯한 목소리로 "우리는 고객 중심주의가 심하고, 고객 시간을 100분의 1초라도 절약하게 해주는 일이 엄청나게 중요한 문화에서 살고 있어요"라고 말했다. 내가 무슨 공공 서비스 기관에서 하는 말처럼 들린다고 하자 그는 "돈보다더 중요한 것들이 있어요. 내가 참석한 회의에서 알렉사로 돈벌이를하겠다는 이야기는 들어본 적이 없습니다"라고 대답했다.[33]

2017년에 구글의 라마스와미는 "우리는 우선, 고객 경험을 좋게만드는 데 가장 방점을 두고 있어요"라고 했다.[34] 그는 광고를 향한문을 닫지 않으면서, 판매자의 음성 앱 사용을 최우선시하기 위한 광고 금지 결정을 설명했다. "지금은 구글 어시스턴트의 역할로 '광고보다는 소통 확대'를 더 많이 생각하고 있습니다"라고 말했다.[35] 그러면서 〈미녀와 야수〉 광고 삽입은 하나의 실험에 불과할 뿐 기업의 향후 방향을 보여주는 게 전혀 아니라는 기업 입장을 재차 강조했다. 이스비츠키와 라마스와미의 입장 차는 2019년《월 스트리트 저널》과의 인터뷰에 더 포괄적으로 나타났다. 기자가 구글과 아마존에 광고 금지의 미래에 관해 물었을 때 구글 대변인은 마케팅 책임자의 말을 변주했다. "지금 우리가 방점을 두는 것은 구글 어시스턴트의 사용자 경험을 훨씬 늘리면서, 사람들의 일을 더 많이 도울 수 있도록 하는 것이죠." 아마존은 아예 답변을 거부했다고 한다.[36]

자신들의 광고가 백사장에서 바늘 찾기인 음성 앱으로 밀쳐진 것에 약이 오른 기업 다수는 구글의 그런 말과 아마존의 침묵을, 결국엔 자신들이 원하는 걸 얻게 되리라는, 즉 알렉사나 구글 어시스턴트의 대답에 광고를 넣을 수 있게 되리라는 암시로 받아들인다. 일부 경영진은 음성 표적 광고가 현재 모든 음성인식 기기에서 진행 중인 음성화의 불가피한 부분이라 믿는다. 화장품 기업 로레알의 디지털 최고 책임자 루보미라 로셰Lubomira Rochet는 이렇게 표현했다. "문제는 이거죠. 우리가 인터페이스에 무언가를 입력할 때 목소리를 손가락보다 더 많이 사용하게 될까요? 사람들이 SMS(짧막한 문자 메시지)를 키보드로 입력하는 대신 말로 지시하게 될까요? 그런 날이 온다면 마케팅과 거래도 음성 위주로 이루어지게 될 것입니다."[37]《애드버타이징 에이지Advertising Age》의 미디어 담당 선임 편집자 제닌 포기Jeanine Poggi는 이미 이런 일이 벌어지고 있다고 본다. 2019년에 그는 브랜드마다 음성 마케팅 전략에 대대적으로 투자하게 되리라 예측했다. 2022년이면 미국 가정의 절반 이상이 AI 스피커를 보유하게 될 테니 그들이 그냥 가만히 손 놓고 있지는 못할 것이라고 그는 주장했다.[38]

무슨 말을 어떻게 하는지를 바탕으로 개인에게 접촉하는 능력은 지금의 광고 거래 틀에 잘 들어맞는다. 지난 수십 년 동안 디지털 콘텐츠 퍼블리셔, 광고주, 광고 기업, 기술 기업 사이에서 자신들의 웹사이트, 앱 등을 찾는 성향의 사람들과 접촉하고 싶어 하는 기업을 대상으로 퍼블리셔가 광고를 입찰에 부치는 시장이 만들어졌다. 구글과 아마존을 포함한 많은 퍼블리셔는 단순히 제시된 금액만이 아니라 광고 표적이 된 사람들이 스폰서의 메시지에 반응할지 여부를 예측한 결과를 바탕으로 광고할 기업들을 고른다. 입찰 과정은 사람들이 웹사이트, 앱, 스마트 TV에 들어가는 순간 눈 깜빡할 사이에 이루어진다. AI 스피커에서도 똑같이 할 수 있다. 광고 메시지를 전달하고 나면 퍼블리셔와 광고주는 다양한 지표(상품 구매, 링크 클릭, 전화 포함)를 활용해 성공 정도를 측정한다. 이때 광고주가 고객들에게 계속 접촉할 수 있는 능력을 갖춘 경우도 있다. 아마존과 구글은 이런 디지털 광고 접근법을 위한 시장을 만드는 쪽이다. 음성 비서 사용자가 무슨 말을 어떻게 하는지를 바탕으로 만든 음성 서비스 광고에도 똑같은 입찰 시스템이 적용되리라 예상하기는 어렵지 않다.

인터뷰한 광고계 임원들은 지금 에코와 구글 홈에 그런 시장이 존재하지 않는다는 사실을 안타까워했다. 특히 구글과 아마존이 열심히 구축 중인 음성지문 등의 거대 데이터 창고를 떠올리면서는 더 그랬다. 하지만 그들은 하나같이 상황이 바뀔 때를 대비해 확실히 준비하려 한다. 이미 그들은 사람들의 질문에 알렉사와 구글 어시스턴트가 협찬사여서가 아니라 사심 없이(또는 유기적^{organic}으로) 기업들의 제품을 언급하며 대답하게 만드는 법을 연구하기 시작했다. 마케터들은 문자 검색에서 브랜드가 연관 검색으로서 잘 보이는지에 따라 브랜드의 광고들이 고객에게 노출되는 것에 영향을 준다고 믿는다.

사람들이 검색 엔진에 질문하면 특정 웹사이트가 제시되도록 광고 기업이 돕는 일을 검색 엔진 최적화^{SEO}라고 한다.[39] 아마존은 특정 기업 제품이 검색 결과 순위에 올리게 하는 방법을 밝히진 않는 것 같다. 웹 검색을 지배하는 구글과 마이크로소프트는 기업 웹사이트가 연관 검색 결과에 뜨도록 준비하는 법을 안내하지만, 검색 알고리즘의 많은 부분을 비밀로 한다.[40] 이들 기업은 소비자 질문 패턴의 변화와 다양한 시스템 이용 시도에 맞추어 알고리즘도 계속 바꾼다. 그들이 공개하는 세부 사항은 복잡하고 판매자의 위험은 너무 커서 지난 20년간 미니 컨설팅 산업이 등장해 광고주가 좋은 SEO 결과를 내는 사이트를 만들 수 있도록 도왔다. 모바일 검색 엔진과 AI 스피커 사용이 증가하면서 일부 검색 사업자는 구글과 아마존이 검색 규칙을 계속 바꾼다고 믿게 됐다. 어느 데이터 전문가의 말처럼, 사람들은 각자의 화법이 다 다르기 때문이다.[41] 만일 라이벌 기업이 아직 키보드로 입력한 질문에만 최적화 작업을 한다면, 음성 질문에 맞추어 웹 페이지를 최적화할 경우 경쟁에서 크게 앞설 수 있을 것이다.

따라서 판매자와 컨설턴트는 웹사이트, 전화 앱, AI 스피커가 제시하는 음성 검색 결과에서의 순위를 올리기 위해 이런 대화형 검색의 특징을 연구하고 있다. 소프트웨어 개발자 모임을 조직하는 모데브

보이스 캐처

Modev의 창립자 피터 에릭슨Peter Erickson은 "사람들은 아마 이런 생각을 할 것입니다. '그래, 난 SEO 전략을 연구하는 데 10년을 바쳤어. 어떻게든 검색 결과에 영향을 미치는 법을 알아내려고 노력해왔지. 그래서 지금 이 모든 걸 하는 거야. 근데 이제 음성인식 시스템이란 게 생겼으니 내 검색 결과는 어떻게 되는 거지? 내가 일을 제대로 하는 건가? 지금 무슨 일이 일어나고 있는 거지?'"[42] 웹에는 음성 검색 엔진이 찾는 기능으로 웹사이트를 채우는 방법에 관한 기사들로 넘쳐났다.[43] 예를 들면 이런 글이다. 사람들은 타자로 입력할 때보다 더 길고, 자유분방하게 대화한다. '개점 시간: 월마트' 대신 "월마트는 언제 열어?"라고 묻는 것처럼 말이다. 웹 페이지에 넣는 글은 더 구어체처럼 보여야 한다. 또 다른 예로 머스타드, 마요네즈, 케첩을 용량별로만 제시하지 말고 큰 통, 중간 크기 통, 작은 통 같은 단어를 쓰라는 이야기도 있다.

대형 미디어 대행사엔 이런 유명한 규칙들이 시장 진입을 위한 최소 자원이다. 그들은 수년간 상당한 자원을 동원해 그들 고객이 연관 검색 결과가 가진 모호한 측면을 해독하도록 도왔다. 구글과 아마존이 마침내 유료 음성 검색 광고를 경매에 내놓는 날 낙찰 받을 수 있도록 말이다.[44] 거대 광고 기업 퍼블리시스Publicis의 자회사 360i는 아마존과 로레알의 전자 상거래 팀 출신의 윌 마가리티스Will Margaritis가 이끄는 아마존 마케팅 전문 팀을 만들었다.《애드버타이징 에이지》는 360i가 아마존, 구글 홈, 애플의 시리를 사용하는 엔지니어 알고리즘을 판매자가 더 잘 이해하도록 바꾸는 전용 음성 검색 모니터를 개발했다고 보도했다.[45]

마가리티스의 애틀랜타 본사에는 마이크가 설치된 방음 부스가 잔뜩 있다. 거기서 직원들이 수백 가지 질문을 하고 그 결과를 녹음한다. 기기가 대답을 얼마나 똑똑하게 하는지, 고객이 대답을 어떻게 활용해 음성 검색 결과에 영향을 미칠 수 있을지를 알아내는 게 목적이다. 그의 동료 마이클 돕스Michael Dobbs의 조사에서 얻은 한 가지 중요한 교훈은 기업이 음성 앱의 '은연중의 발견'이라 부르는 것에 초점을 맞춰야 한다는 점이다. 은연중의 발견은 직접 검색을 통해서가 아니라 음성 비서에 질문했을 때 비서가 간접적인 방식으로 특정 음성 앱으로 유도하는 경우를 말한다.[46] 사용자가 구글 홈에 무료 인터넷이 되는 카페를 찾아달라고 하면 구글이 사용자를 스타벅스 음성 앱으로 들어가게 하는 식이다. 돕스는 자신의 기업은 그 알고리즘을 알아내려 했다고 내게 설명했다. 더 광범위한 질문은 이것이다. 구글이 다른 상점을 모두 제치고 특정 브랜드의 앱을 연관 검색 결과로 내놓게 하려면 그 브랜드의 음성 앱은 방문자에게 어떤 데이터를 줘야 할까? 돕스는 구글이 앱의 몇몇 요소를 활용해 답변으로 내놓을 브랜드를 결정하지만, 무료 인터넷이 되는 카페에서 중요한 지점은 방문자가 GPS상 가장 가까운 위치를 원하느냐의 앱 질문과 관련된다는 걸 자신의 팀은 깨달았다고 말한다. 만일 앱의 툴킷에 그런 선택(또는 발언)이 포함돼 있다면 구글 알고리즘은 그 앱을 택할 가능성이 높다. 이런 발견은 아마존과 구글의 음성 비서에 대해 광고주가 자신감을 느끼게 해준다고 돕스는 말했다.

우선 대화하게 할 것

—

대형 광고 회사의 실무자는 개인화의 최첨단 영역에서 고객의 음성 데이터를 설득 수단으로 사용하는 법을 배우려 노력한다. 이들 업체 경영진은 구글과 아마존 모두 음성 비서가 개별 음성을 식별하고 발화자에 따라 다른 대답을 내놓는다는 사실을 안다. 또 구글과 아마존이 음성 특징과 발화 패턴을 유추해낼 능력이 있다는 사실도 안다. 하지만 적어도 향후 몇 년간은 아마존과 구글이 AI 스피커 상의 실제 사람 목소리에 접근하지 못하게 하리라고 믿는다. 대안은 다른 곳(웹사이트, 팟캐스트, 상점 키오스크)에서 음성지문을 찾아내는 것이라고 몇몇 실무자는 말했다. 마이크 돕스는 360i에서 하는 일 중 하나는 특정 상품을 검색하는 사람의 음성에서 의미를 유추해내는 법을 알아내는 일이다.

나는 6명의 간부에게 음성 프로파일링 진도를 어떻게 예상하는지 물었다. 퍼블리시스의 리샤드 토바코왈라Rishad Tobaccowala는 대중이 온라인 개인정보 유출에 대한 걱정거리가 하나 더 느는 걸 두고 보지 않을 것이며 아예 그런 일이 생기지 않을 것 같다고 했다. 다른 5명은 모두 반대 의견이었다. 그들은 고객을 이해하고 표적으로 삼는 방법 중 하나로 어떤 식으로든 음성 프로파일링을 활용하는 것은 불가피하다고 여겼다.[47] 몇몇 간부는 데이터 수집에 대한 대중이 가진 불안과 음성 프로파일링을 할 때 개인정보 보호를 고려하도록 정부 방침이 바뀐 사실을 거론하면서도 그런 장애물은 일단 사람들이 이점을 보기 시작하면 극복될 수 있다고 덧붙였다. 또한 개인정보에 대한 걱정 때문에 아직은 사회가 음성 프로파일에 기초한 표적 광고를 할 준비가 안 돼 있지만 아마 곧 준비가 될거라는 주장도 나왔다.[48] 초기 단계의 투자 캐피털 기업인 스크럼 벤처Scrum Venture의 오스틴 아렌스버그Austin Arensberg는 음성 프로파일링은 너무 신기술이고 비싸서 고객 센터 외에는 아직 판매자가 그걸로 한 게 별로 없고 당분간은 뭘 할 가능성도 작아 보인다고 했다.

마인드셰어의 조 마세다는 고객이 이런 활동에 대해 선택권을 가져야 한다고 강조했지만, 대부분은 동의하리라 확신했다.[49] 규제가 없더라도 소비자는 음성 비서가 완전히 비언어적 신호를 바탕으로 특정 브랜드를 추천하도록 스스로 데이터를 제공한다는 사실을 어느 정도 묵인할 것이라고도 말했다. 그는 그런 승인을 얻는 건 어렵지 않을 거라며 소비자는 점점 자신의 개인정보를 넘겨줄 것이라 기대했다. "만약 당신이 1992년에 블록버스터 비디오 가게에 들어갔는데 카운터에 있는 사람이 '이봐요, 난 당신이 지난 2주 동안 TV에서 정확히 뭘 봤는지 알아요. 제가 영화 몇 편 추천할게요.' 이렇게 말하면 당신은 아마 질겁할 겁니다. 하지만 그게 넷플릭스가 하는 일이고 아무도 눈 하나 깜빡하지 않을 거예요. 일단 인간이 개입된다는 생각만 빼면 사람들은 개인화에 더 큰 이점이 있을 때 일부 개인정보를 마음 편히 포기한다고 생각하거든요."[50]

마인드셰어의 뉴로랩NeuroLab 사람들은 이런 전제를 받아들이고 자회사 글로벌 스트래티지스Global Strategies와 함께 목소리에서 감지해낸 감정으로 음성 비서 이용자를 파악하는 법을 알아내려 노력 중이다. 1999년에 설립된 뉴로랩은 의료 등급의 EEG(뇌전도)와 GSR(피부 전류 반응)을 이용해 브랜드 이야기 및 미디어에 보이는 무의식적이고 신경학적인 반응을 초 단위로 측정한다. 뉴로랩은 또한 특정 브랜드 및 이미지에 대한 편견을 이해하려는 노력으로 실험 대상자에게 단어를 조합하는 일을 시키고 정량 조사를 한다.

뉴로랩의 초기 연구는 브랜드에 관한 이야기가 시각보다는 청각으로 전달될 때 불러일으키는 강렬한 감정에 초점을 맞추었다. 레빈은 지금 산업 차원에서는 아직 초기 단계라고 말한다. 첫 번째 단계는 사람들이 음성 비서로 어떻게 대화하는지를 이해하는 것이다. 그다음엔 이렇게 묻는다. "그런 질문을 한 건 기분이 좋아서였을까? 목소리에 약간 긴장이 묻어나는가? 지친 하루를 보냈을까? 아니면 혹시 어디가 아픈 걸까?" 하지만 이를 알아내기에는 아직 갈 길이 멀다.[51]

고객 센터 사업자들은 이미 이런 일을 하고 있다고 말할 것이다. 뉴로랩의 공동 대표 아라펠 부잔Arafel Buzan은 전화 소프트웨어를 만드는 기업이 잘못하는 한 가지는 감정의 범위를 너무 단순하게 이해하는 거라 주장했다.[52] 하지만 이런 전화 소프트웨어 제작자라면 틀림없이 음성에 감정 꼬리표를 다는 일이 그들의 고객에게 이익을 가져다준다고 대답할 것이다. 성격이나 감정에 기초한 AI 전화 연결은 발신자 만족과 업셀링을 늘리는 수치상의 증거를 보여줄 수도 있을 것이다. 그러나 아이러니하게도 개인화된 전화 세계에 대해 거의 모르는 광고 책임자가 기업을 이끌게 되고, 고객 센터로 전화를 걸어오는 고객을 접촉하고 분석할 전문가는 따로 고용하는 경우가 많다.

고객 센터 분석 기업 매터사이트Mattersight는 거기서 잠재적 이익뿐 아니라 하나의 연결 고리를 보았다. 2017년 이 기업은 시리, 알렉사, 구글 홈 같은 음성 비서가 사용자의 성격적 특징에 기초해 그들과 상호 작용을 해나갈 방법으로 특허를 땄다.[53] 《벤처비트》는 "매터사이트는 AI를 활용해 단 30초 만에 당신 성격을 인식하여 개인화된 광고와 봇을 아마존 에코, 구글 홈 등의 음성 기기에 전달하고 싶어 한다"라고 보도했다.[54] 이 기사를 쓴 카리 존슨Khari Johnson은 "매터사이트는 주요 브랜드에 전화를 건 사람들의 성격 프로파일을 작성하고 전화번호 대신 음성 생체인식을 활용해서 음성 비서에도 똑같은 서비스를 제공하고자 한다"라고 설명했다. 존슨은 음성 비서는 콜센터가 그들의 AI 봇을 조종하는 것과 똑같은 방식으로 조종되는 봇의 한 형태일 뿐이라는 매터사이트의 간부 앤디 트라바의 말을 인용했다.

트라바는 기업들이 결국 개인화된 광고를 위해 음성 식별 등의 음성 프로파일링을 사용하게 될 거라 확신한다고 말했다.[55] 하지만 그런 데이터는 지금 흔히 사용하는 인구 통계 및 행동 자료보다 훨씬 복잡하기 때문에 대부분의 판매자는 음성 데이터를 다룰 준비가 안 돼 있다고 그는 주장했다. 트라바는 시스템 내의 그 많은 돈과 자본, 음성 및 음성 녹음을 통한 상호 작용이 얼마나 증가했는지를 생각하면 말을 이해하는 방법을 찾는 일이 여전히 기업 전략의 핵심이 아닌 경우가 많다는 사실에 놀라움을 금치 못한다고 했다. 하지만 그는 이런 상황이 곧 바뀔 거로 생각한다. 광고주가 그들 고객에 대한 전통적 사고방식에서 충분히 경쟁력 있는 통찰을 더는 새로 얻지 못한다면 그때 본격적으로 음성 프로파일링에 주목하게 될 것이라고 주장했다. 그에 따르면, 더 오래된 형태의 데이터에서 가치를 추출하는 능력은

보이스 캐처

결국 정체기에 접어들 것이고 그 지점에서 더 새로운 가치를 만들어 낼 방법을 찾기 시작해야 한다. 음성의 효용 가치를 인식한 경영진은 말과 음성에 기초해 개인을 표적으로 삼을 방법을 찾을 것이고 그러면 결국 고객 센터와 음성 비서 사업이 융합될 것이다.[56]

기업들은 음성 활용 능력을 키워 메시지를 개인화하는 데 긍정적이었지만 이런 낙관주의는 우려를 불러왔다. 무엇보다 음성인식 기업들이 판매자의 지식 적용을 가로막을 거라거나, 음성 마케팅 주도권을 가진 기업들이 신뢰하기 힘든 거래 상대라는 우려가 컸다. 판매자가 수집한 음성지문 등의 데이터를 아마존이나 구글이 가져가서 활용할 거라는 우려의 목소리도 높았다.

광고업계 경영진이 우려하는 가장 큰 딜레마는 그들이 음성 우선 문제라고 부르는 것이다. 그들은 문자보다 음성을 더 중시하는 음성 기반 제품에서 광고 숫자가 현격히 줄어들 것을 두려워한다. 아마존 에코 쇼나 구글 네스트 허브 같은 스크린도 마찬가지다. 마인드셰어의 조 마세다는 이런 환경을 새로운 음성의 선반이라 부른다. 어떤 범주든 거기에 들어가는 제품은 아마 두세 개가 다일 것이고 세 번째나 네 번째라면 주목도가 크게 떨어질 것이라고 덧붙인다.[57] 물론 아예 스크린이 없는 AI 스피커가 다수고 음성 시장이 생기더라도 구글과 아마존은 사용자 질문에 대한 답변에 기껏해야 한 가지 음성 광고만 허용할 것이다. 두세 개를 허용하는 경우도 아예 없진 않겠지만 말이다. 맨 첫 번째 광고만 잠재적 고객과 접촉(포지션 제로라 부르는 상황)하게 되리라는 생각이 광고주들 사이에서는 기정사실이 됐다. 그들은 음성 비서가 사용자에게 딱 한 가지 선택지만 제공할 것이며 나아가 그 선택지는 아마존과 구글의 데이터가 구매 확률이 100%에 가깝다고 가리키는 제품이 될 거라며 초조해한다. 고객이 특정 브랜드나 그 브랜드 제품의 성능이 마음에 들어서가 아니라 결정을 위한 번거로운 과정을 제3자(이 경우는 특정 음성 비서)에게 맡길 수 있어서 그 브랜드에 충성하게 되는 '결과적 충성' 현상을 우려하는 것이다.[58]

따라서 아마존과 구글이 수익성 높은 브랜드를 우선시할 가능성이 높다고 에퀴팩스Equifax DDM 데이터 컨설팅 기업의 미콜라스 램버스Mykolas Rambus는 주장한다. 음성 검색에서 이미 이런 일이 일어나고 있다. 아마존 자체 브랜드인 아마존 베이직스를 예로 들어보자. 누가 "알렉사, 배터리 좀 주문해줘"라고 하면 알렉사가 "제가 가능한 선택 목록에 관해 설명해드릴까요?"라고 하지 않는다. 알렉사는 보통 쇼핑 목록만 제시한다. 거기엔 당연히 아마존 베이직스 배터리 같은 것이 들어간다. 물론 고객의 이전 구매 기록을 바탕으로 제품을 제시하는 일도 흔하다. 이걸 검색 기업의 상업적 편견을 반영하지 않는 유기적 결과라 여기는 사람이 있을지 모른다. 그런 시나리오도 문제가 있다. 이것은 기존 브랜드 입장에선 충분히 좋은 방법이지만 새로운 고객을 찾아야 하는(기존에 사용하던 브랜드에서의 이탈을 공략하는) 처지라면 좋을 게 하나도 없을 것이다. 소비자가 더 선호할 가능성이 큰, 가격이 더 좋거나 가격 대비 품질이 더 좋은 상품이 있어도 알고리즘은 전에 구매하던 상품을 편향적으로 우선 소개하기 때문이다."[59]

어떤 판매자는 구글과 아마존이 다른 방법으로도 해로울 수 있다고 의심한다. 특히 거대 기업들이 판매자가 기업의 고객 데이터를 사용하도록 허용하는 계약서에서 허점을 찾아낼 거라 걱정한다. 한 자

보이스 캐처

동차 기업 간부는 계약서의 제3장을 떠올리며, 만일 자동차 제조사가 구글이 뭘 숨기고 있는지 알면 정말 무서울 것이라고 인정한 구글 관계자의 말을 인용했다.[60] 구글과 아마존이 협력사의 데이터를 훔칠 거라는 생각은 마스 에이전시와 이 기업의 고객인 에스티 로더를 둘러싼 이야기에서도 나왔다. 맨해튼의 보틀로킷 주류 판매점에서 알렉사를 이용해 위스키를 파는 데 성공한 마스는 한 백화점에 입점한 에스티 로더 코너에도 비슷한 장치를 설치했다. 이제 백화점의 AI 스피커는 쇼핑객에게 맞는 에스티 로더 화장품을 찾는 걸 돕는다. 하지만 마스의 간부 에단 굿맨은 이 사례를 조금 특이하게 기억한다. 에스티 로더는 이전 사례들과는 다르게 에코 사용을 거부했고 대신 구글 홈을 설치해달라고 요청했기 때문이다. 에스티 로더 경영진은 아마존이 알렉사로 음성 대화를 수집해서 고객의 정보를 알아낸 뒤에 그걸 화장품 판매 전략에 활용할까 봐 우려했다. 굿맨에 따르면 소매점들은 아마존이 만든 무언가를 상점에 두고 싶어 하지 않는다. 아마존은 알렉사 설치 업주에게 데이터를 기록할 포털을 제공하면서 그들은 절대 접근하지 않는다고 말하지만 아무도 그 말을 믿지 않는다.[61]

이런 부정적 태도는 주류 미디어에도 스며들고 있다. 《마켓와치》는 페이스북과 아마존의 데이터 욕심은 고객 서비스를 위해 이들 플랫폼(페이스북 포털과 아마존 에코)을 고려하는 기업엔 심각한 장애물이라고 썼다. "가장 큰 경쟁자가 될 아마존이 고객과의 대화를 엿들을지도 모르는데 소매상이 뭐 하러 알렉사에 가게를 차리겠는가?"

수천만 명이 날마다 AI 스피커에 대고 자신을 드러냄에도 스피커 음성 앱으로 고객과 소통하는 걸 경계하는 판매자가 많았다. 일부 기업은 AI 스피커는 건너뛰고 웹이나 스마트폰에 전용 AI 음성 챗봇을 만드는 것으로 응대한다.[62] 이들은 웹사이트, 태블릿, 스마트폰 앱에 그들만의 독자적인 음성 비서를 만들기 시작했다. 킨셀라는 요즘엔 괜찮은 음성 비서를 만든다는 게 구글, IBM, 아마존, 뉘앙스, NICE 같은 기업과 경쟁할 수준으로 음성인식 및 자연어 모델을 만드는 걸 의미하지 않는다고 지적했다. 그러려면 수십억 달러가 넘는 돈이 들 것이다. 몇몇 기업은 그 길을 택할 수도 있겠지만 대부분은 뉘앙스, 사운드하운드 같은 화이트 레이블(기업 상품이나 서비스를 타사가 판매할 수 있도록 하는 사업) 기업이 만든 도구로 독자적인 음성 비서(브랜드 이름을 붙일 수 있고 보다 중요하게는 거기서 사용자 데이터를 얻고 보유할 수 있는 음성 비서)를 구축할 것이다.[63]

광고 지원을 받은 오디오 스트리밍 서비스인 판도라는 사운드하운드라는 음성 비서를 사용한다. 판도라가 사운드하운드를 시행하는 목표는 사용자가 특정 유형의 음악을 음성으로 요구하는 걸 넘어서 광고에도 음성으로 대답할 수 있게 하려는 것이었다. 판도라 청취자는 보통 스크린을 보지 않기 때문에 광고를 클릭하거나 다른 시각적 설득 메시지에 접할 가능성이 낮다. 대신 대화형 광고 기술인 사운드하운드가 사용자에게 질문하고(헤이, 이 동네에서 가장 맛있는 피자를 만드는 데가 어딘지 알고 싶어?) 사용자가 대답하면 판도라는 광고주를 만족시키는 데 필요한 증거를 갖게 된다. 음성 대화는 이미 소비자가 AI 스피커에서 브랜드와 상호 작용하는 방식을 바꾸고 있는 것이다.[64] 판도라는 2019년 12월 대화형 음성 광고를 실시간으로 테스트하기 시작했다. 여러 광고주가 참여했는데 그중에는 애슐리 홈스토어, 도

리토스, 네슬레, TBS, 유니레버, 웬디스도 포함돼 있다.[65]

　독립형 음성 도우미를 적극적으로 활용하는 또 다른 기업은 뱅크 오브 아메리카다. 2019년 말 은행은 새로운 도우미인 최초의 음성 대화형 금융 챗봇을 홍보하며 "당신의 금융 가상 비서 에리카를 만나보세요"라고 알렸다. 이 챗봇은 은행이 자체적으로 만든 것으로, 2016년에 처음 업계에 도입됐고 뱅크 오브 아메리카의 약 4,500만 고객에게 선보인 건 2018년에 이르러서였다.[66] 사용자는 버튼을 살짝 치거나 타이핑이나 말로도 챗봇과 소통할 수 있다. 홍보 페이지에 올라온 영상에서는 "각종 고지서를 내야 할 때 에리카가 언제 어디에서든 도와드립니다"라고 말한다. 영상에서 젊은 여성이 스마트폰에 텍스트를 입력하다가 자연스레 에리카에게 은행 관련 일을 해달라고 말하는 장면이 나온다. 여성은 신용카드를 분실한 줄 알고 에리카에게 카드를 정지해달라고 부탁하는 문자를 보낸다. 이어서 에리카에게 친구에게 10달러를 보내 달라고 부탁하는 메시지를 스마트폰 자판으로 쳐서 보낼 것이다. 그러다가 신용카드가 재킷 호주머니에 들어 있는 걸 발견하고는 음성으로 "에리카, 내 신용카드 사용정지 해제해 줘"라고 말한다. 그러면 여성 음성이 대답한다. "네, 알겠습니다. 고객님의 신용카드는 이제 사용하실 수 있습니다."[67]

　은행은 여성의 이름인 '에리카'가 '아메리카'의 축약어라 말했지만 2018년에 기업 대표는 에릭이 적절했을지도 모른다고 인정했다. 그는 비서 성별에 대한 불평이 약간 있었는데 앞으로는 남성과 여성 버전 중에 원하는 쪽을 고를 수 있게 될 거라고 했다.[68] 은행의 홍보 설명을 보면, 카드 중지를 해제하고 고지서 대금을 내는 일은 에리카가 뱅크 오브 아메리카 고객을 위해 할 수 있는 엄청나게 많은 일 중에 하나일 뿐이라고 강조한다. 에리카는 이밖에도 고객의 거래 명세 찾기(케이블 위성 거래 명세 좀 찾아봐 줄래?), 계정 정보 찾기(내 신용카드 대금 지급 기한이 언제야?), 고지서 대금 지급(고지서 대금 좀 내줘), 송금(예정된 송금 명세 좀 보여줘), 지출 및 예산 체계적으로 정리하기(토요일에 내가 얼마 썼지?), 신용카드와 현금카드 안전하게 관리하기(내 카드를 잃어버리거나 도난당했다고 신고해줘), 각종 보상 및 혜택과 신용 점수 보기(지난달부터 왜 내 신용 점수가 바뀌었지?), 은행에 연락하기(방문 약속 좀 잡아줘) 등을 도울 수 있다. 2019년 보도자료에서는 에리카가 서비스 범위를 확장해 최신 AI · 예측 분석 · 자연어 과정을 활용함으로써 개인화되고 선제적이고 예측 가능한 조언을 할 수 있다고 발표했다. 특히 지출 패턴으로 보아 다음 주에 잔고 이상을 지출할 가능성이 있을 때 고객에게 그 사실을 알려준다.[69]

모든 사용자가 이 음성 앱을 좋아한 건 아니었다. 어떤 사람은 몇 번을 말해도 못 알아듣는다고 에리카를 혹평했다. 은행의 기술 담당은 앱이 돈과 관련된 다양한 은어에 응답하도록 하는 게 어렵다는 걸 인정했다. 그런데도 은행은 서비스 개인화의 성공이 음성 앱의 급속한 성장 덕분이라고 말했다. 이 앱을 출시한 지 1년 뒤인 2019년 5월 에리카는 700만 사용자를 거느리게 됐고 5,000만 개 이상의 요구를 실행했다. 그리고 매달 50만 명의 신규 가입자가 생겨났다.

에리카는 음성 앱의 정교한 버전이다. 2019년에는 이 아이디어가 널리 퍼지는 듯했다. 다른 기관들도 앞으로 음성 비서를 만들겠다고 발표했는데 그중에는 이케아도 포함됐다. 이런 발전이 하나의 트렌드

보이스 캐처

를 예고하긴 하지만 독립 브랜드의 음성 비서가 알렉사나 구글의 모든 기능을 제공하지는 않는다. 대신 독립 음성 비서는 브랜드 정체성을 반영하면서 특수 기량에 초점을 맞출 것이다.

미래지향적인 광고계 경영진은 아마존과 구글이 애플, 페이스북, 삼성, 그리고 다른 언론사들과 경쟁하는 지경에 이르렀고, 사람들의 말 패턴과 목소리에 기반한 광고를 장려하는 방향으로 갈 것이라고 내다본다. 이 시나리오는 결국 아마존과 구글에게 이득이다.[70] 왜냐하면 시장에서 공정하게 행동하지 않는다면 결국 그들도 좌초되고 말 것이기 때문이다. 사람들이 뭘 찾는데 구글이 말해주고 싶은 것만 듣거나 다른 기업 물건은 다 빼고 아마존 물건만 권유받는다면 금방 싫증 낼 것이다.

하지만 아마존, 구글, 이들의 AI 기기를 둘러싼 긴장은 개인화의 소용돌이에서 예기치 않게 새로운 책임의 문을 열어젖혔다. 비록 뱅크 오브 아메리카나 판도라가 현재 음성 프로파일링을 사용하고 있다는 증거는 없지만, 이들은 높은 수준의 개인화된 공략과 프로파일링을 향한 여정의 최전선에 서 있다. 음성 앱의 확산이 각 기업으로서는 유리한 환경이 될 수도 있지만, 그로 인한 경쟁으로 개인의 말과 음성에 기초한 차별대우가 가속화될지도 모른다. 기업들은 아마존과 구글이 대중의 관심을 집중적으로 받고 있어 그들의 행위가 개인 데이터에 대한 사람들의 감정에 영향을 미치기 때문에 음성인식 광고 쪽으로 움직이는 속도가 상당히 느리다고 말했다. 하지만 고객 센터나 규모가 더 작고 덜 알려진 기업들은 음성으로 사람들을 판단하는 데 더 공격적으로 치고 나갈지도 모른다. 앞으로 기기로 하는 검색의 절반 이상이 음성으로 이루어질 거라는 예측도 거듭 발표되는 상황이다.[71] 개인화의 소용돌이가 과열되면서 컨설턴트는 음성에서 사람들의 감정, 성격, 성별, 사회적 지위(소득), 인종, 몸무게, 신장, 심지어 질병까지 파악해 그 총체적 함의를 읽어내는 능력을 팔기 위해 과학 논문을 마구잡이로 가져다 쓸지도 모른다.

이처럼 너무도 중요한 신산업이 사회를 휩쓸 준비를 하고 있는데 우리가 원하는 미래나 그런 미래로 데려가 줄 사회 정책에 관한 공적 논의는 없다시피 한 상황이다. 음성 프로파일링과 감시 기술이 음성 인식 산업에 활용돼 그것이 상업적 목적만이 아니라 정치·광고업계나 정부에 의해서까지 이용된다면 장기적 해악이 얼마나 클지 한번 상상해보라. 그러면 이런 논의가 얼마나 시급한 일인지 깨닫게 될 것이다.

보이스 캐처

구글은 사용자가 고른 단어, 음성 패턴(속도, 크기, 고조, 발음, 강약),

동작, 표정, 신체 특징, 몸짓 언어 등에 있는 특징을 탐지하여

사용자의 감정 상태를 추론한다. 만일 누군가 어떤 물건이나 서비스에 관한

이야기에 흥분하면 구글은 청자가 가진 감정 반응을 신호로 사용해

그 순간에 그 사람에게 적합한 상품 정보를 제공할 수 있다.

6장

새로운 시대를

위한 제언

음성 프로파일링의 가능성

음성 프로파일링은 새로운 초개인화 시대를 향한 관문이다. 2010년 애플이 스마트폰에 시리를 도입하고 2014년 아마존이 알렉사를 선보이고, 구글 어시스턴트가 뒤이어 이에 동참했으며 중국 기업들까지 뛰어들었다. 그 뒤로 기기에 말하고 적절한 대답을 기대하는 일들은 수십억 인구에게 평범한 경험이 됐다. 우리가 스마트폰과 AI 스피커에 대고 음성 명령을 내릴 때, 또는 고객 센터에 전화해 상담원과 이야기할 때 생체 데이터를 기업에 넘긴다는 사실을 깨닫는 사람은 별로 없다. 하지만 일어나고 있는 일이다. 우리가 대화를 할 때마다 우리 음성은 이진 코드로 변환되고, 어떤 문명이나 경제 법칙도 이런 코드를 활용해야 한다고 요구하지 않았음에도 어쨌든 현재 강력하게 성장 중인 산업은 그런 방향으로 발전해왔다. 학교와 자동차에서부터 상점, 호텔 그리고 그 너머에까지 개인화된 마케팅에 몰두하는 기업은 더 전통적인 인구 통계, 심리 분석, 행태 분류에 개인의 신체가 말해주는 것까지 더해 사람을 판단하려 한다.

현재 고객 센터에서 일어나는 일보다 조금 더한 일이 집, 학교, 가게, 호텔에서 일어나기 시작한다면 어떨까? 세상은 갈수록 우리가 가진 감정과 정서를 추정해 들이미는 제안(꼭 명시적 광고는 아니더라도)들로 넘쳐나게 될 것이다. AI가 당신의 음성 프로파일에 근거해서 응답하는지 아닌지 어떻게 아는가? 당신을 화를 잘 내는 사람으로 판단한 기업이 당신 이야기를 제대로 들어줄까? 그들이 당신 질문에 재빨리 대답할까, 아니면 할인 혜택 제안을 망설일까? 기업은 당신의 지난주 목소리에서부터 오늘 당신이 뭘 샀는지 세세한 데이터로 추론해낸 물리적 특징을 그들이 수집한 다른 정보 데이터와 결합해 건강 상태를 평가하게 될까? 또, 그걸로 당신과의 장기적 관계를 시작하는 것이 이익이 될지 위험이 따를지 결론을 내릴까?

앞으로 벌어질 수 있는 결과는 무궁무진하다. 이미 소득, 거주지, 인종과 성별 등 다양한 사실에 근거해 차별적인 제안과 기회를 얻고 있다. 음성 프로파일링은 우리에게 꼬리표를 다는 음험한 수단이다. 좀처럼 바뀌지 않을뿐더러 행태 예측에 좋은 지표가 아니라고 과학자들이 확인한 생리학적 특징과 언어 패턴을 근거로 대출이나 보험 가입을 거부당하거나 더 비싼 보험료를 내야 하거나 구직에 실패할지도 모른다. 음성 프로파일링이 당신이 간절히 취업하고 싶은 기업 인사담당자에게 당신을 낮게 평가해 알린다면? 은행에 당신이 대출금을 갚지 못할 위험이 크다고 알린다면? 식당에 당신이 사회계급이 낮거나 흑인이나 히스패닉계 사람이라고 판단해서 요구사항이 지나치게 많거나 어떤 식으로든 식당 이미지에 도움이 안 된다고 알려 식당이 예약을 받지 않기로 한다면? 음성 프로파일링을 통한 차별은 아주 미묘하고 감지하기 어려워 맞서 싸우기조차 어려울 수 있다. 디지털 도둑이 끼어들면 문제는 더 복잡해진다. 그들은 음성인식 기업 프로파일(때로는 음성지문 자체)을 훔쳐 신원 도용에서부터 기업이 당신에 대해 가진 불리한 생각을 퍼뜨리거나 당신에게 돈을 뜯어내는 일 등 악의적인 목적에 활용할 수 있다.[1]

쇼핑객들이 이런 활동들이 여러 업종에 걸쳐 널리 퍼져있다는 것을 어렴풋이 인식하더라도, 그들은 시장에서의 입지에 대해 걱정하기 시작할 수도 있고 시스템이 자신들에게 불리하게 구축됐다고 의심하게 될 것이다. 또, 사방에 마이크가 있으니 공적 영역에서 입을 열면 그 결과로 자신에 대해 원치 않는 추론이 이뤄지는 것을 걱정해야 한다. 에코와 구글 홈이 먼저 인기를 얻으면서 비평가들은 사용자에게 음성 비서가 알기를 바라지 않는 주제를 이야기할 땐 음성 비서를 꺼 놓으라고 권했다. 하지만 기기를 꺼 놓으면 음성 비서가 갖춘 가장 큰 매력인 자발성, 즉 방에서 하는 질문이나 명령에 항상 열려 있다는 장점이 사라진다. 그래서 사람들은 이걸 항상 켜놓고 구글, 아마존 같은 기업의 진술과 특허가 일제히 가리키는 음성 감시에 자신을 노출한다. 결국 공적 영역에서 차별 대우가 생겨나고 자아와 쇼핑이 한 묶음으로 정의될 것이다.

그런 전술을 시도하기에는 이 업계가 아직 너무 초기 단계고 기업들은 현재 음성 프로파일링을 향해 빠르게 움직이는 것에 신중한 상태다. 하지만 그들에겐 기술이 있고 특허도 있다. 이미 발언 및 음성 인식을 활용하기 시작해 신체 정보를 바탕으로 사람을 다르게 취급하는 미래에 한 발짝 다가간 기업도 있다. 앞에서 살펴봤듯이 음성 비서가 확산됨에 따라, 이런 활동이 앞으로 더 빨라질지도 모른다. 과거에 소비자 마케팅을 위해 개발된 전략이 결코 그 영역에만 머물지 않았다는 걸 생각해보라. 앞으로 목격하게 되겠지만 현재 선거 운동, 국경 경비, 심지어 교도소 통제에서도 음성 프로파일링 사용을 탐색 중이다. 이 사실은 앞으로 음성인식이 자유에 생각보다 더 크고 광범위하게 영향을 끼칠 수 있음을 시사한다.

적정 범위

그런 미래는 어떻게 실현될까? 그 모든 것은 사용자의 허용과 더불어 시작된다. 기업은 음성인식 기술로 고객을 길들이고, 이들 기술에의 습관화를 교묘히 활용하며, 개인화가 어떻게 작동하는지 정확히 설명하지 않음으로써 고객의 수많은 '동의'를 받아낼 것이다. 가장 발전된 음성인식 및 프로파일링 활동은 현재 고객 센터 사업 내에서 일어난다. 그러나 고객 센터를 전문으로 하는 음성인식 기업은 감시와 관련해 그동안 정책 입안자와 언론의 시야에서 완전히 벗어나 있다. 발신자와 기업을 연결하는 고객 센터는 음성 인증 전략을 완벽히 다듬고, 어떤 감정을 반영할지를 결정하고, 어조 등 음성 특징에 근거해 감정을 판단하고, 그런 목소리와 단어 선택에 근거해 적절한 대답을 만들어내기에 더없이 완벽한 장소였다. 기업마다 특정 고객을 포용하거나 화를 가라앉히거나 문제를 일으키지 않고 조용히 떠나게 만드는 법을 배웠다. 앞서 언급했듯이 업계 사람들이 발신자에게서 이런 활동을 하도록 허락받는 일은 "이 통화는 훈련 및 품질 관리를 위해 녹음됩니다" 같은 모호한 녹음 문장을 트는 것으로 끝이다. 음성 기업은 음성 및 언어 특징을 바탕으로 개인을 다르게 취급하고 이런 정보를 개인의 지출 데이터나 기업이 가진 다른 데이터들과도 결합하지만, 고객 센터 밖에 있는 사람들은 아무도 그런 일이 일어나는지 모른다. 그러니 아마존과 구글이 이 사업에 뛰어든 것도 놀랄 일이 아니다. 기업들은 고객 센터가 AI 스피커나 스마트폰보다 공적 감시가 적다는 점을 이용하여 프로파일링 소프트웨어를 더 정교하게 만든다.

AI 스피커를 둘러싼 공적 감시는 그동안 아마존과 구글이 데이터 사용과 관련해 신뢰할 만한 행동을 보여줘야만 했던 이유가 됐다. 하지만 우리가 앞에서 살펴본 대로 그 영역에서조차 이들이 취하는 입장은 모호하다. 2020년 말 아마존 대변인은 언론에 자신들은 실제 음성 데이터를 마케팅에 활용하지 않는다고 말했지만, 기업이 공표한 개인정보 처리 방침은 그런 보장을 하지 않을뿐더러 심지어 그들이 달리 행동할 권한이 있다고 시사한다. 개인정보에 관한 유의 사항에서 아마존은 고객이 알렉사에 말할 때 녹음된 음성이 수집된 정보의 예라고 설명한다.[2] 녹음된 음성 전체를 정보에 포함한다는 것은 대놓고 그런 말을 하진 않더라도 그들한테 사람들이 하는 말의 어조와 언어 특징을 분석할 권한이 있다는 이야기다. 구글은 네스트의 개인정보 처리 방침에서 자신들은 홈 제품과 관련된 개인 오디오 녹음 자료를 광고와 분리해 관리하고 개인화에 사용하지 않는다고 말한다. 하지만 개인정보 처리 방침에는 사람들이 음성 비서에 한 말을 옮겨 적은 문자 기록은 표적화 및 프로파일링에 사용한다고 돼 있다.[3] 또 다른 예외는 구글의 일반 개인정보 처리 방침에 고객이 자사 기술의 오디오 기능을 사용할 땐 개인화 공략을 위해 음성 및 오디오 데이터를 수집·사용한다고 명시했다는 점이다. 이 기술에 홈 스피커는 아니라도 스마트폰의 구글 어시스턴트는 포함된다.[4] 이 방침에 따르면 그들은 사람들의 말을 전사한 기록만이 아니라 음성지문까지 분석해 기업이 관리하는 총체적 고객 프로파일에 포함할 가능성이 있다.

따라서 아마존과 구글이 자사의 AI 스피커 사용 이유로 내세우는 음성 앱(또는 스킬과 액션)은 개인정보에 관한 방침이 전혀 분명치 않다. 내가 인터뷰한 몇몇 사람들은 기업이 음성 앱을 만들면 사람들이 알렉사나 구글 어시스턴트를 통해 앱에 한 말을 문자 기록으로 건네받는다고 확인해줬다. 음성 앱 기업은 일단 방문객에게 개인정보 처리 방침만 제시하면 그들에 관한 다른 수많은 정보를 수집할 권한도 갖는다. 실제로 사용한 언어가 텍스트로 옮겨 적힌 기록에 포함되는 정도에 따라 그 정확성은 달라질 수 있겠지만 어쨌든 개인의 발화 방식을 그 사람의 앱 활동 내용과 결합해 분석할 경우, 그렇게 내린 결론으로 판매자는 그 사람에게 특별 할인 혜택을 줄지 말지를 결정할 수 있다. 판매자는 또 그 사람들에 관한 데이터 프로파일을 만들어 다른 기업과 공유할 수도 있다.

지금도 이런 음성 프로파일링이 일어나고 있을까? 그걸 아는 건 불가능하다. 음성 앱 뒤에서 기업이 무슨 일을 하는지는 우리가 볼 수 없다. 음성인식 산업이 사방으로 번져나가는 상황이기에 음성 감시에 대한 이런 불확실성은 우려스럽다. 20년 전만 해도 컴퓨터 분석에 음성을 제공한다는 생각은 과학 소설에나 나오는 이야기였지만 지금은 엄청나게 많은 사람이(미국만 해도 수천만 명 이상) 여러 기기로 음성 비서와 말하는 습관을 들였다. 음성 기술은 이제 사실상 중요한 사적 소통의 영역마다 스며들어 있다. 자동차 제조사, 주택 건설사, 호텔, 심지어 학교에 이들 기기가 설치돼 있고 그 안에는 다양한 음성 앱이 작동하고 있다. 창의력과 판매자 욕구만 있다면 시계와 무선 이어폰도 사용자 음성을 다양한 기업으로 보낼 수 있다. 아직 당신의 냉장고가 구글에 오늘 당신의 기분을 알려주지 않지만, 스마트폰이 그러지 않을지, AI 스피커에서 음성 앱과 나눈 대화를 스피커 또는 앱이 다른 기업에 알리지 않을지 당신은 확신할 수 없다.

사람들은 음성 감시를 경계함에도 여전히 음성 비서의 저렴한 가격과 간편함에 현혹된다. 누군가의 말대로 '멍청한 스피커'가 문제는 좀 있어도 언론은 그 최첨단 기술이 가진 매력을 칭찬하기 바쁘고, 이 기술에 관한 기대와 편리함은 감시에 대한 어떤 우려도 가라앉힐 정도이다.

그러나 모든 걸 종합해보면 이런 음성 기술의 발전은 현대 사회에서 개인의 자유라는 생각 자체를 헝클어뜨린다. 음성 기술을 판매하려면 지켜야 할 선택 및 자율성(이 두 가지가 근대 개인 주권의 정의다)에 관한 규정이 지금은 한둘이 아니다. 하지만 아이러니하게도 음성인식 기술을 사용하려면 자신의 신체, 감정, 행동에 관한 귀중한 데이터를 그걸 활용해 당신 행동을 평가하고 통제하고 싶어 하는 기업에 넘겨줘야만 한다.

음성 기술이 생활 곳곳에 스며드는 동안, 이 산업은 활동 대부분을 비밀로 해왔다. 이 책을 쓰느라 내가 이야기를 나눈 몇몇 업계 관계자는 사람들이 뭘 어떻게 말하는지에 대해 기업이 털어놓는 것보다 훨씬 더 많은 분석이 이루어진다고 말했다. 그들은 지금이 상대적 휴면기라고 에둘러 말하지만, 이것은 다분히 고의적이다. 구글, 아마존, 일부 자동차 제조업체, 마스 같은 쇼핑 마케팅 기업은 음성 비서가 사실상 모든 사람의 일상에 결합할 정도로 음성인식 기기의 활용 범위가 커지길 기다린다.[5] 그렇게 되면 기업은 마침내 본격적으로 속도를 낼 것이다. 사람들은 기업이 음성, 인구 통계, 행동, 심리, 위치 등 전부 우리가 '음성+프로파일'이라 부를지도 모르는 데이터 포인트를 종합해 그들에 대해 내린 결론에 근거하여 개인화된 구매 제안, 검색 결과, 지도의 목적지 정보, 광고를 일상적으로 받을 것이다.

광고에 초점을 맞추는 판매자는 아마존, 구글 등이 결국 자신들의 음성 시스템을 통한 상업 광고를 늘릴 거라고 입을 모아서 이야기한다. 그 형태를 상상하기는 어렵지 않다. 라디오 광고와 비슷한 전통 오디오 광고, 음성 검색 질문에 딱 들어맞는 제안, 음성 검색 결과에 들어맞거나 응대하는 음성 할인 제안이 이뤄지고 에코 디스플레이, 구글의 네스트 허브, 페이스북의 포털, 심지어 삼성 냉장고처럼 화면 달린 음성인식 기기에서 시청각 광고나 할인 혜택 제안이 이뤄지는 미래다. 우리가 보았듯이 광고주는 음성인식 기업이 AI 스피커의 음성 검색 활동에 딱 들어맞는 광고 한두 개만 허용한다면 고객에게 다가가는 기회가 훨씬 적을 것이라 걱정한다. 또 다른 걱정은 광고를 위한 데이터 수집을 불편해하는 규제 당국 때문에 아마존, 구글, 페이스북, 삼성, 애플 등 음성인식 제품 판매자는 광고업계가 바라는 것보다 음성 기기를 이용한 전면 광고 활동을 미룰지도 모른다는 점이다. 이런 이유로 최초 음성+프로파일링은 독자적 음성 비서를 갖춘 더 작은 기업이 자사 제품을 제안하는 형태로 등장하고, 사람들은 자신의 음성이 상업적으로 이용되는 것에 더 빨리 익숙해지기만 할 것이다.

음성 관련 기술이 향상되고 대기업조차 경쟁에 밀리는 걸 두려워하는 상황이 닥친다면, 이런 계기가 대중이나 규제 당국이 느끼는 반감을 능가하게 된다. 작은 기업과 공적 시선에서 자유로운 기업이 음성으로 사람을 공격적으로 판단하고 그렇게 모은 음성지문을 데이터 업자에게 팔아 사람들의 신원 파악이 가능한 음성이 널리 공유되는 상황이 되면 더 그렇다. 그때가 되면 개인화는 이제 전속력으로 진행될 것이다.

현재 MIT와 카네기멜론대학교 연구원들은 짤막한 음성 토막을 근거로 사람의 대략적인 생김새를 재구성하는 방법을 연구 중이다.[6] 마케팅 컨설턴트는 음성에서 추출한 인구 통계 데이터가 다른 데이터 업자에게서 구매하는, 아마도 더 은밀한 방법으로 모았을 데이터보다 더 정확하고 현재를 더 잘 보여주며 궁극적으론 비용 대비 효과도 더 좋다고 말할 것이다. 게다가 음성 데이터를 기업이 실시간으로 적용할 수 있다고, 음성 앱으로 이야기하는 사람의 성별이나 질병 상태를 실시간으로 판단해 응대할 수 있다고 주장할 것으로 보인다. 이 모든 것은 음성인식을 향한 문을 활짝 열어젖힌다. 음성 비서는 짜증 난 사람과 화난 사람을 모두 고객으로 묶어두고 싶더라도 후자에게 할인 혜택을 더 줄지도 모른다. 또 말끝을 살짝 올리는 사람과 더 자신감 있게 말하는 사람을 다르게 대우할지도 모른다. 또는 교양이 부족한 것처럼 들리는 사람은 사회적 지위가 높을 것으로 인식한 사람에게 하는 정도의 설명이나 제의를 못 받게 될지도 모른다.

걱정스러운 점은 차별 가능성만이 아니다. 아마존, 구글, 애플과 삼성(일반 가전제품), 필립스(조명), 루트론(스마트 조명 스위치) 같은 제조사가 부추기는 습관화는 우리에게 특수한 설득 메시지만 전하는 게 아니라 아예 사회 전체에 있던 숨겨진 학습 과정을 새롭게 만들어내는 중이다. 이들 기업은 당신이 가진 음성에 대한 권리를 포기하는 것이 21세기를 잘 살아가는 법이라고 한목소리로 가르친다. 교육 사회학자 필립 잭슨Philip Jackson은 1960년대에 숨겨진 학습 과정hidden curriculum이란 문구를 만들어냈지만 이런 생각이 제시된 것은 훨씬 더 오래전이다.[7] 사회학자 에밀 뒤르켐Émile Durkheim은 사후에 출간된 《도덕 교육Moral Education》(1925)에서 학생들이 무언의 행동 코드 조각으로 반드시 이어 붙여야 하는 일반화에 관해 썼다. 잭슨은 뒤르켐을 따라 아이들이 학교에서 배우는 숨은 개념을 탐구했다. 다른 사회학자들은 학교가 학생들에게 생활 및 학습 태도를 제시하는 방식을, 즉 학교가 바깥세상을 탐색하는 데 핵심적인 규범과 가치를 어떻게 암묵적으로 전제하는지, 그리고 사회 권력 구조와 자신들과 그 구조와의 관계를 어떻게 학생들의 머릿속에 심어주는지를 설명한다.[8] 커뮤니케이션학자 조지 거브너George Gerbner는 이런 일련의 교육 과정과 미디어의 관계를 설득력 있게 일반화하면서 비즈니스, 정부, 교육, 의료, 군 등 사회영역이 지닌 문화 권력이 우리가 현실에 대해 널리 공유하는 관점에 깊이 영향을 미친다고 주장한다. 그에 따르면, 미디어는 역으로 숨겨진 교육 과정에 영향을 미침으로써 사회 구성원 대부분이 당연하게 여기는 생활 운영 규칙을 정한다.[9]

숨겨진 교육 과정이란 개념을 사람들이 정상적이라 학습하는 음성-시장 관계에 어떻게 적용할지를 대입해보는 것도 큰 무리는 아니다. 일단 사람들이 기업에 자기 음성을 넘긴다는 생각을 받아들이고 나면 현대 생활의 다른 핵심 영역, 선거 운동, 이민과 망명 신청, 감옥에서 그걸 받아들이는 것도 이해할 만하다. 우선 선거 운동을 한번 생각해보자. 선거 후보들은 오래전부터 최대한 개인화된 광고를 하고 싶어 했다. 역사학자 마이클 맥거Michael McGerr에 따르면, 무려 1892년에 공화당 전국위원회 의장 제임스 클락슨James Clarkson은 "2년 동안 열심히 노력해 북부에 있는 20개가 넘는 주요 주에서 전체 유권자 명단을 확보했는데 그 명단에는 이름만이 아니라 나이, 직업, 출신 지역, 거주 지역 등 유권자의 온갖 사적 정보가 포함돼 있어서 그걸 알파벳 순으로 정리해놓고 각 유권자에게 모든 공적 질문과 자신의 개인적 관심 주제를 다룬 광고물을 꾸준히 보낸다"라고 자랑했다.[10] 20세기 전반에는 매스미디어가 발달하면서 개개인을 공략하려는 열의가 줄었지만 1960년대 초에는 상업 광고에서의 시장 세분화 전략이 정치 마케팅에도 영향을 미쳤다. 1960년대에 존 케네디는 예비 선거에서 투표자 의견 및 가치에 관해 엄청난 양의 데이터를 수집해 다양한 청중 집단을 위한 메시지를 만들었고, 이를 자신이 속한 정당의 대통령 후보 지명자가 되는 데 활용했다. 선거 운동은 여론 조사원을 점점 더 많이 고용해 다양한 유권자 집단에게 공감을 불러일으킬 만한 개인화된 메시지를 찾았다. 이런 계획은 심리통계학적 마케팅의 발전에 기반을 두었는데, 이는 인구 통계와 심리 통계를 결합하여 만든 동질적 시장 집단을 그 바탕으로 삼았다.

2000년대 초부터는 선거 운동이 여러 상업 광고 기술을 적용해 대량의 소비자 데이터를 분석하여 개별 유권자의 행태를 예측하기 시작했다. 선두자는 미트 롬니Mitt Romney였는데, 그는 이 방법으로 2002년 매사추세츠 주의 주지사 선거에서 승리했다. 롬니 컨설턴트 알렉산더 게이지Alexander Gage는 마이크로타깃팅microtargeting이라는 전략을 사용해 개인의 정치적 선호와 소비 습관에 관한 정보를 발견하고 이 둘을 하나로 묶었다. 이후 이 정보는 공화당의 포괄적 유권자 정보 데이터베이스에 추가되어 집단에 따라 개인화된 메시지로 고객들을 공략했다. 주로 전화와 우편 같은 전통 통로로 말이다.[11]

2000년대 들어서 웹과 스마트폰이 널리 사용되면서 이런 활동이 3가지 핵심 방법으로 바뀌었다. 첫 번째로는 선거 운동이 전례 없이 많은 개인정보를 수집할 수 있게 했다. 활동은 사람들이 그들 웹사이트에 등록하게 하고, 그들에 관한 정보를 구입하고, 웹 활동을 추적하고, 디지털 기기(데스크톱 컴퓨터, 랩톱, 태블릿, 스마트폰 그리고 게임 콘솔까지)의 위치를 파악하는 방법으로 이루어진다. 또 다른 게임 체인저는 엄청나게 많은 양의 데이터를 처리하는 정교한 컴퓨터 모델을 사용해 특정 선거 전략의 관점에서 가장 바람직한 또는 덜 바람직한 개인을 식별했다. 세 번째 방법은 다양한 디지털 플랫폼(웹사이트 광고, 구글과 빙 검색 엔진에서의 광고, 이메일, 페이스북과 트위터 같은 소셜미디어 등)을 통해 선거 본부가 유용하다고 생각하는 시점에 사람들과 접촉하는 능력이었다.

2016년에 케임브리지 애널리티카Cambridge Analytica가 수백만 명의 미국인에게 보낸 트럼프 투표 광고를 개인화된 방식으로 하기 위해

보이스 캐처

페이스북 데이터를 몰래 사용하고 물의를 빚기 훨씬 전부터, 선거 운동은 개인 데이터를 사용했다. 선거 캠프가 당장 사용할 수 있는 데이터에 얼마나 목말라 하는지, 그리고 단시간에 써야 할 돈이 얼마나 엄청날지를 생각해보면 그들이 개인화의 소용돌이에 빠져드는 건 전혀 놀랍지 않다. 전화를 통한 선거 운동에서 지금 고객 센터가 하듯이 개인 음성을 실시간으로 분석해 사람들이 특정 주제에 대해 화가 났는지 실망했는지 아니면 희망적인지를 유추해 컴퓨터가 선거 운동원에게 각 시나리오에 맞춰 가장 설득력 있는 대답을 알려주는 장면을 충분히 상상할 수 있다.

선거 운동 지도자들은 사람들의 음성지문 자료가 있으면 유용할 거라고 주장할 수도 있다. 선거 운동원이 유권자에게 전화를 걸거나 방문하기 전에 미리 어느 정도 유권자의 반응을 예상할 수 있을 테니 말이다. 미래에는 사람들의 음성이 유권자 파일의 일부로 들어가서 신원 확인 및 유권자 등록에 사용돼야 한다고 주장하는 선거 전문가도 있을 것이다. 많은 주가 음성지문도 다른 개인정보와 마찬가지로 보호할 것으로 보인다. 하지만 네브래스카 주 같은 곳은 상업적으로 사용하지 않는다는 조건으로, 유권자의 개인정보를 사용할 수 있게 허용한다.[12] 그런 허용은 선거 캠프가 상대적으로 수월하게 음성 프로파일링에 접근할 수 있게 하고, 중대한 결과를 가져올 수 있다. 선거 전문가는 개별 유권자의 음성을 인구집단, 행태, 심리통계학적 특징과 연결한 복잡한 데이터 분석을 사용해 다양한 미디어와 직접 참여 행사에서 유권자를 설득하도록 도울 것이다.

음성인식이 바로 개입될 가능성이 큰 또 다른 영역은 망명 신청자와 관련된다. 기본 생체인식은 이미 유엔을 통해 활용 준비 절차에 들어간 상태다. 자국 내의 정치적 위협에서 탈출하려는 수많은 개인이 자국 내 유엔 난민 고등 판무관실UNHCR을 찾는다. 그러면 그곳 직원이 그들의 데이터를 사례 관리 시스템에 집어넣는다. 만일 유엔 직원이 난민에게 미국에 망명 신청을 하라고 권하면 유엔 난민 고등 판무관실은 그 전자파일을 미 국토안보부DHS 소속의 이민국으로 보낸다. 2019년 유엔 난민 고등 판무관실은 미국 내 정착을 추진하는 사람의 특정 생체 데이터(지문, 홍채 스캔, 얼굴 이미지)를 지속해서 공유하기로 이민국과 협약을 맺었다.[13] 그렇게 국토안보부는 망명 신청자에 대한 생체 프로파일을 만들기 시작했다. 유엔 난민 고등 판무관실의 생체 정보는 이민국 직원이 면접 과정을 준비하고 알리는 작업을 도울 초기 신원 정리와 이용 신청자에 대한 심사에 이용된다고 국토안보부 관계자는 말한다. 이 심사에는 신청인에게 불리한 정보가 될 수도 있는 과거의 접촉자 및 이력 확인이 포함되고, 이 정보는 IDENT/HART라고 불리는 국토안보부 저장소에서 인구 통계 및 생물학적 정보에 합류된다. 누군가의 신원이 IDENT/HART에 등록되면 추가적인 생체·활동 정보가 그곳에 계속 쌓일 것이라고 관계자는 말한다.[14]

2019년에 국토안보부는 수집한 생체정보에 음성 프로파일링을 포함하지 않은 상태였다. 하지만 미국에 속하거나 그러지 못할 사람을 빠르고 객관적으로 결정하라는 정치적 압력 하에, 특히 남쪽 국경에서 이민국 관리들이 컴퓨터 음성인식으로 나이와 출신 국가를 유추해 그 사람이 믿을 만한 이력을 지녔는지 여부를 결정할 것이라는 상상은 그리 어렵지 않다. 그들은 또한 망명 신청자가 자기 이야기를 하는 방식에서 감정과 성격에 관한 결론을 끌어낼 수도 있다. 분명 그런 결론은 논쟁을 촉발한다. 음성 연구자는 음성 프로파일의 분석 규칙은 누군가가 취약한 상황에 있든 아니든 출신 국가가 어디든 모두에게 똑같이 적용되어야 한다고 주장하지만 이런 일반화는 아직 시험해 본 사례가 없다. 게다가 국경 관리자의 직관보다 더 믿을 만한 정량 지표를 만들라는 압력이 스트레스가 많은 사람을 상대로 입증되지 않은 음성 프로파일링을 사용하는 것에 대한 우려를 능가할지도 모른다.[15]

상업 마케팅, 선거 활동, 망명 신청은 개개인이 사회적으로 얻는 혜택은 무엇이고 치러야 할 비용은 얼만지, 누가 정치적 리더십을 가져야 하는지, 누가 이 사회에 속해 상업·정치의 장에 참여할 자격이 있는지 우리 사회가 결정하는 것을 돕는 중대한 절차들이다. 하지만 당연히 음성 프로파일링은 세 영역에 국한되거나 시작될 필요도 없다. 일단 음성으로 사람을 판단하는 방식이 가진 효과가 상업적·정치적 마케팅에서 나타나면 이걸 온갖 창의적인 방식으로 활용하려는 집단이 사방에서 나타나게 된다. 경찰, 군, 학교, 보건 시스템, 법 시스템 등 사회 기관들도 음성으로 사람을 판단하는 권한을 얻으려고 할 것이다. 이런 요구는 과학보다 훨씬 앞서 나갈 것이고 과학은 또 윤리보다 훨씬 앞서 나가게 된다.

뉴욕, 텍사스, 플로리다 등의 주에서는 시큐러스 테크놀로지Securus Technologies와 글로벌 텔 링크Global Tel Link에 돈을 지불하고 수감자와 그들이 전화로 대화한 사람들의 음성을 추출해 디지털화한다. 이 기술은 미 국방부가 날마다 해외에서 걸려오거나 해외로 거는 수백만 통의 전화에서 테러 징후를 잡아내기 위해 개발한 것이다. 교정 당국은 이들 기업을 통해 수십만 명의 음성지문을 대규모 생체 데이터베이스에 집어넣었다. 그러면 시큐러스와 글로벌 텔 링크의 알고리즘이 데이터베이스를 분석해 전화를 걸거나 받은 사람의 신원을 파악하고 이들의 네트워크 지도를 그린다. 뉴욕을 포함한 일부 관할 구역에서는 이 소프트웨어가 수신자의 음성을 분석해 어떤 외부인이 여러 수감자와 규칙적으로 통화하는지 추적한다. 교도소장은 이 생체 신원 확인을 수감자가 다른 수감자의 비밀번호를 사용해 전화하거나 불법 활동을 암시하는 패턴으로 전 수감자와 통화하지 않도록 하는 안전장치라고 본다. 하지만 인권 단체는 한 번도 교도소에 수감된 적이 없는 사람들이 음성지문을 채취 당하는 상황을 우려하면서, 교정 당국은 수감자나 그들 가족에게 생체 데이터베이스 이야기를 잘 설명하지 않는다고 지적한다. 뉴욕 법률 지원 협회New York's Legal Aid Society 법의학 변호사 제롬 그레코Jerome Greco는 허용된 횟수보다 통화를 더 많이 하고 싶은 수감자는 다른 수감자의 통화 비밀번호로 통화하는 경우가 있고, 이런 이유로 모니터링이 필요하다는 건 어느 정도 이해한다고 말했다. 하지만 그는 교도소 밖에 있는 사람들을 모니터링하는 일만이 아니라 수천 개의 파일이 활용되는 일에 대한 규제나 투명성이 없는 현실도 우려한다. 과학자들은 음성지문을 범죄 기소에 사용할 정도로 신뢰할 수 있는지에 대해 회의적이지만 경찰은 공유받은 음성지문을 도청할 때 잡힌 음성과 비교할 수도 있다. 제롬 그레코는 일단 데이터가 만들어지고 나면 그때부터 그것은 지금 하는 일에 편입되어 앞으로 그걸 보호하거나 사용을 제한하기가 매우 어려워진다고 말했다.[16]

보이스 캐처

허가의 미래

상업 판매자, 선거 시장 전문가, 국토안보부, 수감 시스템은 어떻게 개인 허락도 없이 음성을 분석·사용·저장할까? 보통 정부 기관이 개인 허락 없이 시민의 생체정보를 포함한 개인 신원 정보를 사용할 때는 구체적인 법 규정이 있어야 하거나(세금 환급 절차를 생각해보라), 판사가 소환장을 통해 허락하거나, 공적 공간에서 데이터를 수집해야 한다. 경찰은 거리에서 오가는 대화에서 음성지문을 수집할 수 있다. 하지만 망명 신청자는 미국 시민이 아니고 수감자는 종종 일반 시민과 다르게 취급된다. 각 주는, 최소한 교도소 밖 통화 상대에 대한 음성지문 수집은 법원의 허가를 받아야 한다는 수감자 인권 단체의 항의에도 불구하고 그들 대화에서 음성지문을 계속 수집했다.[17]

법적으로 망명 신청자는 생체정보 수집의 경우 수감자보다 더 많은 데이터를 얻게 돼 있지만, 그 법이 지켜지는 경우는 별로 없다. 2002년에 제정된 국토안보법은 국토안보부의 개인정보 보호 책임자가 개인 신원 정보를 다룰 때는 "1974년에 제정된 사생활 보호법에 명시된 정당한 정보 활동에 관한 원칙을 반드시 준수해야 한다"라고 명시돼 있다. 그 원칙은 다음과 같다.

- **투명성**: 개인에게 데이터 사용을 알린다.
- **개인의 참여**: 가능한 개인에게 동의를 받는다.
- **구체적 목적 명시**: 정보를 사용하는 목적을 말한다.

- **데이터 최소화**: 명시한 임무에 필요한 정보만 수집하고 그를 수행하는 일에 꼭 필요한 동안만 그 정보를 보유한다.
- **사용 제한**: 수집한 정보는 오직 그 수집 목적을 위해서만 사용한다.
- **데이터의 질과 사실성**: 정보는 정확하고 적절하게 적시에 수집되며 완전해야 한다.
- **보안**: 유출되거나 허가 없는 접근이 이루어지지 않도록 데이터를 보호한다.
- **책임 및 감사**: 원칙을 따르도록 직원과 협력업체 관계자를 교육한다.

이런 원칙에 근거한 '민간 영향 평가'는 국토안보부가 실제로 얼마나 이 원칙을 준수할 수 있는지를 보여준다. 사실 국토안보부는 유엔 난민 고등 판무관실에서 만든 초기 데이터의 정확성을 평가할 수 없을 때도 있고 망명 신청자가 자신에 관한 생체 데이터를 보관하는 것을 제대로 이해하거나 심지어 동의하도록 보장하지도 않는다. 하지만 이런 이유 때문에 국토안보부가 망명 신청자를 평가하기 위한 데이터를 모으고 사용하는 일이 중단된 적은 없다.

어쨌든 정부 감시 전문가는 자신들의 생체정보 침해를 허가받거나 정당화하기 위해 일정 관문을 통과해야 하지만 상업 및 정치 광고 전문가가 개인의 음성 데이터를 모으고 활용할 권한은 종종 더 간단하게 실행된다. 건강, 금융 정보, 13세 미만 아동 같은 특정 범주를 제외하고는 판매자의 감시 활동을 제한하는 연방법은 존재하지 않기 때문이다. 연방거래위원회는 기업에 스스로 데이터 활용 방식을 밝힌 개인정보 처리 방침을 따르고 그 방침을 공개하라고만 요구할 뿐이다. 미국 기업은 개인정보 처리 방침에 자신들이 하는 일을 모호하게라도 설명하면 보통 당사자에게 허락을 구하지 않고도 그의 쇼핑 정보 또는 다른 상업적 정보를 활용하고 보관할 수 있다. 그리고 이런 최소한의 제약은 음성지문과 음성 기록에도 적용된다.

이런 상황을 바꾸려는 시도가 없었던 건 아니다. 기업이 사용하는 엄청난 양의 개인 데이터에 대해 시민단체, 언론, 공공기관이 가진 불만이 늘면서 지난 수년간 무료 데이터를 제약하는 움직임이 있었다. 의회의 반대로 연방 차원에서는 상거래-개인정보 보호법이 통과되지 못했지만 몇몇 주가 이를 대신 추진했다. 그중 가장 강력한 법은 2020년에 발효된 캘리포니아 주 소비자 개인정보 보호법CCPA이다. 이 법은 생체정보를 단독으로 또는 서로 결합하거나 다른 신원 확인 데이터와 함께 사용해 개인 정체성을 만드는 DNA를 포함한 개인의 생리학적·생물학적·행태적 특징으로 정의한다. 그리고 음성지문 등 생체인식 방법을 나열한다. 캘리포니아 주는 기업이 음성지문을 수집하고 사용하려면 그 사람에게 동의를 받아야 한다고 요구하지 않는다. 데이터 수집을 시작할 때 또는 수집하기 전에 개인정보 처리 방침 같은 데서 그 사실을 알리기만 하면 된다. 하지만 개인이 삭제를 요구할 경우 기업은 음성지문을 지워야 한다. 또 기업이 수집하는 데이터에 대해 사람들에게 다양한 권한을 줄 뿐 아니라 사람들의 음성지문을 포함해 사적 정보를 거래하는 기업은 반드시 "제 데이터를 팔지 마세요"라고 눈에 뜨이게 쓰인 선택 링크를 웹사이트에 걸어두어야 한다.[18]

현재 뱅크 오브 아메리카나 판도라가 추구하는 방침 중에 이 법이 발효된 캘리포니아 주에서 음성 프로파일링을 사용하지 못하도록 막는 것은 아무것도 없다. 판도라가 공개한 개인정보 처리 방침은 명료하게 밝힌다. "고객이 기기에 달린 마이크가 판도라 앱에 접근할 수 있도록 허용한다면 우리는 고객이 해당 앱의 음성 기능을 사용할 때 고객의 음성 데이터를 얻게 될 것입니다"라고 말이다.[19] 별도로 첨부된 질의응답 페이지에는 판도라와 사운드하운드가 제품과 사용자 경험을 최적화하는 것을 포함해 각각의 개인정보 처리 방침에 명시된 목적을 위해 음성 데이터를 사용할 수 있다고 적혀 있다. 이 말은 음성 프로파일링을 포함해 기업이 원하는 건 뭐든지 다 할 수 있다는 뜻이다.[20] 하지만 감시에 대한 이런 수수께끼 같은 말은 판도라 사용자에게 음악, 팟캐스트, 플레이리스트와 접속하려면 "그냥 '헤이, 판도라!'라고 말하세요"라고 권하는 웹 페이지의 한참 밑에 적혀 있다. 웹 페이지에는 "판도라는 운전이나 집안일을 할 때도 사용하기 좋고 파티용으로도 안성맞춤이다"라고도 적혀 있다. 집 안이건 집 밖이건 어디에서나 유용하다는 말이다. 사용자가 판도라를 들으면서 무슨 말을 하면 판도라는 개인정보 처리 방침에 근거해 그의 음성 프로파일을 사용자의 위치 등과 같이 그에 관해 수집한 수많은 사실과 연결하게 될 것이다. 그러면 판도라와 사운드하운드는 그에 관해 도출된 결론에 근거해 광고, 할인 혜택, 제안을 다양화하는 차별적 접근을 할 수 있다.

뱅크 오브 아메리카도 개인화된 마케팅을 위해 고객 음성을 활용할 여지를 둔 상태다. 금융 기관에 대한 연방법은 데이터 사용에 최소한의 요건을 정해놓았지만, 통제력은 매우 약하다. 고객이 자신의 데이터 사용에 동의하는 경우에는 더 그렇다.[21] 뱅크 오브 아메리카의 미국 내 온라인 개인정보 처리 방침은 자신들이 개인화된 광고나 제안을 포함해 고객에게 이익이 될 수 있는 사적 정보를 사용한다고 명시해두고 있다. 기계 학습을 깊이 파고드는 다른 기업들과 마찬가지로 이 은행도 질의응답 페이지에 음성 비서 에리카의 청취 기술 향상을 위해 고객이 에리카와 나누는 대화 녹음 자료를 90일 동안 보관한다고 말한다. 또 대화를 녹음하는 이유는 에리카의 기능을 최적화함으로써 더 도움이 되는 대답을 제공하기 위해서라고 말한다.[22] 기업에 따르면, 목표는 완전한 선제적 개인화 통찰력을 얻는 일이다. 현단계에선 그들이 기계 학습을 통해 개인의 음성으로 그 사람에 관해 어떤 결론을 끌어내는 일을 한다기보다는 언어의 기초적 정확성을 높이기 위해 청취 기술을 정교하게 다듬는 일을 하고 있다. 하지만 기본적으로 기능의 '최적화'는 음성 개인화가 중요하다는 믿음에서 나온다. 확실히 은행업계에서는 이런 생각이 퍼져나가고 있다. 2018년에 이미 한 은행 관련 웹사이트는 음성인식 기업 인보카가 했던 질문에 78%의 고객이 "자신의 말투를 더 잘 알아듣기만 한다면 음성 비서를 더 자주 쓸 거라고 대답했다"는 사실을 명시했다. 그러면서 음성 인터페이스는 "언제 어디서든 고객 필요를 충족시켜주고 고객과 정서적으로 교감하는 서비스 및 경험을 약속한다"라는 캡제미니Capgemini 컨설팅의 결론을 덧붙였다.[23]

뱅크 오브 아메리카의 온라인 개인정보 처리 방침은 그런 활동을 배제하지 않는다. 반대로 이 은행은 음성과 문자로 하는 문의도 "우리가 온라인으로 수집하는 개인정보에 속한다"라고 말한다. 그러면서 이 방침에서 이야기하는 온라인상에서 고객으로부터 또는 고객에 관해 수집한 개인정보는 여러 가지 목적에 활용될 수 있다고 말한다. 이는 은행이 음성을 통해 당신에 관해 알아낸 것을 활용해 "당신의 디지털 및 모바일 경험을 개인화한다"라는 뜻이다. 음성 프로파일 같은 개인정보를 수집하는 또 다른 목적은 제3자만이 아니라 사이트와 모바일 앱에서, 그리고 금융센터 같은 오프라인 통로, 콜센터, 직접 마케팅(이메일, 우편, 전화)을 통해 광고하기 위한 것이다. 또 기업은 고객이 자사의 온라인 서비스를 사용한 흔적을 분석할 권리가 있다고 덧붙이는데, 거기에는 에리카에게 당신이 언제 어디서 무슨 말을 어떻게 하는지가 포함될 수 있다.[24]

판도라와 뱅크 오브 아메리카 앱의 개인정보 처리 방침을 보면 이들이 캘리포니아 고객의 음성에서 데이터를 취할 수 있음이 분명하지만, 일리노이, 텍사스, 워싱턴에서도 그렇게 할 수 있는지는 불분명하다. 이들 주는 모두 생체정보를 규제하는 법이 있기 때문이다. 2008년에 일리노이 주의 생체정보 보호법BIPA은 다른 주가 참조할 수 있도록 밑그림을 그렸고, 어느 주체든 법을 어겨 피해가 발생했을 경우 민사소송으로 피해를 복구하게 하도록 허용하는 유일한 법이다. 다른 주에서는 정부가 소송 주도권을 갖는다. 일리노이 주의 생체정보 보호법은 캘리포니아 주의 소비자 개인정보 보호법보다 생체인식 수단biometric identifier을 더 좁게 보아 망막이나 홍채 스캔, 지문, 음성지문 또는 손이나 얼굴 구조 스캔을 가리킨다고 설명한다. 생체정보 보호법은 좁은 궤도 안에서 기업이 음성지문을 포함한 생체 데이터를 사용하는 것에 명시적으로 접근한다. 이 법은 사적 단체가 개인이나 개인이 위임한 대표자에게 정보 수집 사실을 알리고 그 목적과 보유 기간을 말하고 그 대상에게 동의서를 받지 않는 이상은 그 사람에 관한 생체정보를 수집하지 못하도록 한다. 또 생체인식 수단이나 생체정보를 소유한 어떤 사적 단체도 누군가의 또는 고객의 생체인식 수단이나 생체정보를 팔거나 대여하거나 거래하는 등의 방법으로 이익을 얻을 수 없다고도 되어 있다.[25] 이 조항들을 어길 시의 벌금은 건당 1,000달러고 고의나 부주의로 법을 어겼을 시에는 벌금이 건당 5,000달러로 명시돼 있다. 기업이 정보를 다루는 사람의 수가 엄청나기 때문에 전체 금액은 천문학적인 숫자가 될 수 있다. 게다가 일리노이 주 대법원은 개인이 소송을 제기하려면 특정 기업이 법을 어겼다는 사실만 보여주면 된다고 판결했다.[26]

일리노이 주 생체정보 보호법의 동의서 요구 조항에 근거해, 앞에서 언급한 대로 아마존을 상대로 소송이 제기됐다. 아마존은 이에 대해 알렉사의 서비스 이용 약관이 생체정보를 이용·저장하는 기업 방침을 사용자에게 서면으로 알려야 한다는 법률 조항을 충족시킨다고 방어했다. 2020년 9월 아마존은 법원이 이 주장을 기각하지 않는다면 중재에 넘겨달라고 요청해놓은 상태다. 구글이나 애플이 같은 소송을 당한다고 해도 전혀 놀랍지 않을 것이다. 특히 아마존이 소송에서 지거나 합의를 한다면 더 그럴 것이다. 하지만 아직 기업들이 하는 음성 활동이 법의 조준을 받은 적은 없다. 구글 홍보 담당자는 구글 홈 사용자는 이 기기의 앱을 설치할 때 사용자의 음성을 녹음하는 기업 방침을 따라 달라고 요청받는다고 말했다. 이때 사용자는 기업들이 정보를 보유할 기간도 마음대로 설정할 수 있다고 한다. 앞에서 살펴봤듯이 이 동의서는 자동차 업계에서 이미 사용 중이다. 자동차를 산 사람은 다른 구매 서류에 서명할 때 음성 비서에 대한 이용 약관에도 서명한다. 그러나 대부분의 주는, 심지어 캘리포니아 주의 개인정보 보호법을 따르는 주도 터치식 동의(어떤 데이터를 왜 수집하는지에 관한 정보에 '확인'이라는 대답을 누르는 식으로)조차 요구하지 않는다. 현재 소송 중심에 있는 건 일리노이 주 법뿐이지만 아마존 소송은 결국 음성인식 산업이 전국적 차원에서 기본적인 문제에 직면하도록 강제할지도 모른다. 소송 없이 음성지문을 수집하는 가장 부담이 적은 방법은 개인들이 자신들의 목소리와 말이 개인화된 제안에 활용될 수 있도록 승인하라고 글로든 다른 방법으로든 권장하는 일이다.

상업적 목적으로 이런 허락을 얻어내는 일은 그리 어렵지 않을 것이다. 사람들이 확인 버튼을 눌러 본인들이 아는 기업이 자신들에게 개인의 생활 맞춤형으로 만든 뉴스, 관점, 도구를 제공하도록 허용하는 모습을 상상하는 것은 전혀 어렵지 않다. 나는 이미 기업과 주류 언론이 몇 년에 걸쳐 미국인들이 가장 친밀한 공간에서도 자신의 음성을 공유하도록 습관화해왔다는 한 가지 이유를 자세히 설명한 바 있다. 많은 사람이 구글에 길을, 알렉사에 요리법을, 시리에 다음 날머물 도시의 날씨를 묻는 게 매우 자연스러운 일이 됐다. 네트워크 온도 조절기와 카메라를 가진 사람들은 자신들의 AI 스피커와 스마트폰으로 기기를 조종한다. 시간이 지나면서 음성 비서와 함께 자란 세대는 음성 비서가 항상 우리 말을 듣고 있는 걸 당연하게 여기게 될 것이다. 부추김이 더 필요한 사람들과 라이프 스타일로 보아 돈이 되고 추적할 가치가 있는 사람들에겐 기업이 뇌물에 가까운 제의를 할 것이다. 이것은 어느 정도 일어나고 있는 일이다. 아마존과 구글은 에코와 구글 홈 제품 가격을 아주 낮게 제시해 결국엔 표적 광고와 제품 판매로 얻게 될 미래의 이익을 위해 마중물을 넣는다는 걸 분명히 보여주었다.

사람들이 계속 이들 기기를 사용하면서 음성인식 기기는 일상에서 더 친숙하고 편한 물건만 된 게 아니다. 이 때문에 개인은 그걸 멈추기 위해 할 수 있는 일이 별로 없다고 느끼며 경험의 감시라는 부분을 체념하게 됐다. 기업은 모든 종류의 디지털 활동에 대해 이런 태도를 갖도록 부추긴다. 법률 전문 용어가 가득한 개인정보 처리 방침은 다 읽어내기도 어렵고 당황스러울 정도로 모호하다. 사실 그걸 읽으려는 시도조차 해본 사람도 별로 없다. 이런 개인정보 처리 방침에 관한 조사나 체념에 관한 연구에서 음성 프로파일링 같은 생체정보는 한 번도 언급된 적이 없다. 그러나 기업이 음성 비서의 활용 습관을 심어주려고 사용하는 길들이기식 감시 전략은 생활 일부로 감시를 받아들이도록 하려는 더 큰 계획에 꼭 들어맞는다. 음성인식 산업이 더 널리 퍼지고 자신감을 얻어갈수록 이들은 새로운 수준의 실시간 개인화를 21세기 사용자를 위한 전통 마케팅 전략의 필연적인 확장으로 만드는 능력을 자랑할 것이다. 또는, 시간이 지나면서 고객과 잠재적 고객(그뿐만 아니라 표적 유권자)에 대해 더 많은 걸 알아내려는 지칠 줄 모르는 충동은 음성 프로파일링 요소를 더 많이 사용하게 만들 것이다. 집 안팎에서 자기 이야기를 들려주는 음성에 얼굴까지 추가되는 일도 마찬가지다. 개인화의 소용돌이는 기업에 새로운 이점을 줄 다른 생체정보를 만든다. 정치가와 정부 기관이 이를 따를 것이며, 때로는 그들이 이런 확장을 주도하리라는 상상도 어렵지 않다. 개인은 계속해서 자신에 관한 데이터를 포기하면서 그 순간 자신이 좋은 거래를 하는 거라고 느끼는 한편, 은근히 나쁜 결과가 생길지도 모른다고 걱정할 것이다. 하지만 그런 거래에 대해 체념하는 결말에 도달한다.

소득·인종·민족·교육에 근거한 불평등을 완화하려는 노력 대신 상업·정치·정부 영역에서 이익을 놓고 벌이는 치열한 경쟁은 오히려 사회적 분열을 가속시킨다. 생체정보가 가진 이런 효과는 전혀 새롭지도 특이하지도 않은데, 사실 20세기 중반부터 판매자는 개념적으로 미국을 쪼개왔다.[27] 최근에는 그들이 인구 통계학적·심리학적 특성에 근거해 개개인을 다르게 대우해왔다. 하지만 신체를 이용한 차별의 가속화는 좋은 사회라면 절대 넘지 말아야 할 마지노선이다. 기업은 자신들이 개인화를 하나의 과학이 될 정도로 정교하게 이뤘다고 자랑한다. 하지만 음성 AI를 향상하기 위해 사용한 훈련 세트의 특성들이 차별을 위한 발판이 됐다는 것을 깨달아야 한다. 지금껏 우리가 보아왔듯이 만일 유색인, 특정 민족 출신의 음성, 특정 억양, 말투가 컴퓨터 훈련에 충분히 반영되지 않는다면 그들의 음성지문은 예외적이거나 주목할 가치가 없는 것으로 간주할 수도 있다. 아니면 작은 표본에 근거해 그 사람들을 지나치게 협소하게 좋거나 나쁘게 규정할 수도 있다. 우리는 이런 효과를 알고리즘 편향이라 부른다. 음성 프로파일의 기준값이 압도적으로 영어를 사용하고 기업이 원하는 구매력을 가진 중산층 백인을 표본으로 만들어졌다면 음성 기술이 적어도 더 가난한 백인이 아닌 또는 다른 문화권 출신의 감정·성격적 시그널은 잘못 해석할 가능성이 있다. 음성 프로파일링은 타고난 속성과 관

　　　　　　　　　　　　　　　　　　　　　　보이스 캐처

런된다고 추정하는 거래·뉴스·관점·관계·기대로 사람들을 더 몰아갈 수도 있고, 이런 속성은 생리학적이기에 당사자들은 영영 이런 시각에서 벗어나지 못하게 될 수도 있다. 일단 사람들 대부분이 음성 프로파일링을 허용하면 이처럼 예기치 못한 결과로 개인이 누릴 유연성과 자유가 줄어들고 따라서 사회적 파편화와 고통도 더 증폭될 것이다.

필요 조치

우리는 어떻게 해야 할까? 점점 공격적으로 변해가는 이 음성인식 기술을 규제하는 좋은 실천 모델을 제시한 나라가 있는가? 일단 중국과 유럽 연합의 예를 살펴보자. 중국은 음성인식이 급격히 발달하여 AI 스피커, 홈 네트워크 등을 통해 온갖 디지털 마케팅에 접근하려는 모습이 미국과 닮았다. 언뜻 규제 당국이 무슨 조치를 하는 것 같지만 결국엔 그런 조치가 별 쓸모가 없다는 점도 마찬가지다. 많은 중국인이 판매자의 음성 프로파일링이 가져올 문제를 인식하고 있기에 그들에게도 유감인 상황이다. 음성 마케팅 전문가 브렛 킨셀라는 대부분 음성 지능 산업, 특히 중국의 AI 스피커 시장은 대부분 자급자족 상태라고 말한다. 그는 2019년에 애플을 제외하고는 중국 외 다른 나라 AI 스피커 제조사 중 중국에 물건을 판 기업은 한 군데도 없고 중국 바깥에서 판매되는 중국 AI 스피커도 상당히 미미한 수준이라고 썼다.[28]

반면 중국 내 주요 기업 간의 경쟁은 매우 치열하다. 주로 바이두, 알리바바, 샤오미 간의 경쟁이다. 시장 조사 기업 캐널리스Canalys에 따르면, 2019년 현재 이 나라의 지배적인 검색 엔진 바이두가 핸드폰, 자동차, AI 스피커에서 선두주자다. 2019년 바이두는 전국 어디에나 있는 것을 목표로 한다는 점을 분명히 하면서 자신들의 듀얼OS 음성 비서가 무려 4억 개의 기기에 접근할 수 있다고 발표했다.[29] 2019년 바이두가 만든 AI 스피커는 샤오미를 급속히 추월했으며, 이젠 선두주자 알리바바까지 제쳤다. 아마존과 구글이 한 것 같은 공격적인 저가 전략이 일조한 덕분이었다.[30]

경쟁과 기술 변화는 판매자 감시 방침상의 중대한 변화와 잘 들어맞았다. 2018년까지 바이두, 알리바바, 텐센트, 샤오미 그리고 더 작은 디지털 기업은 개인화 서비스라는 명목하에 음성 데이터를 포함한 표적 청중의 데이터를 마음대로 수집할 수 있었다. 2019년 초에 《슬레이트Slate》의 샘 색스Samm Sacks와 로랜드 라스카이Lorand Laskai는 "중국 기업은 공적 감시 없이 데이터를 수집하는 날이 끝나고 있음을 점점 깨달아가고 있다"라며 "중국 소비자는 개인정보를 보호하라고 전에 없이 목소리를 높이는 중이다"라고 썼다.[31] 이런 변화 뒤에는 중국 정부가 있는 듯하다. 바이두 창립자가 인터뷰에서 중국 사람들은 사생활과 편리를 맞바꿀 거라 시사했을 때 중국 미디어는 그런 생각에 사용자들이 얼마나 분노하는지를 폭넓게 보도했다. 2018년 1월, 중국의 산업정보기술부는 바이두에 사용자의 사적 데이터를 더 보호해야 한다고 경고했다.[32]

색스와 라스카이는 중국의 새로운 데이터 보호 시스템이 "개인적인 데이터의 수집·사용·공유에 대해 동의를 얻어야 하며 사용자가 요구할 경우 데이터를 지워야 한다"라고 설명했다.[33] 개인정보 보호 원칙이라는 이름의 이 지침은 2019년 5월에 발효됐다. 규제 당국은 기업이 이 지침을 법과 마찬가지로 인식하도록 압박했지만 사실 법적 구속력은 없었다. 이 지침이 강조한 것은 기업이 마케팅을 위해 데이터를 수집할 경우 그 사실을 솔직하게 밝혀야 한다는 점과 규제 당국이 지나친 개인정보 수집이라 부르는 것에 개인이 동의하도록 기업이 압박해서는 안 된다는 점이었다. 정부가 이 문제에 대해 꽤 진지하단 사실을 보여주기 위해 2019년 산업정보기술부는 사용자의 동의 없이 민감한 개인 데이터를 지나치게 수집했다고 판단한 14개 앱을 블랙리스트에 올렸다.[34] 같은 해에 4개의 주요 정부 부처가 기존의 사이버 보안법과 소비자 권리 보호법 조항을 적용하여, 10개 주제 영역의 앱 1,000여 개에 대해 개인정보를 강제적으로 과도하게 수집했는지의 여부를 평가했다.[35]

이런 정부 활동이 알려지면서 관측자들은 중국을 데이터 보호에 가장 앞서나가는 나라라며 칭찬해댔다. 색스와 라스카이는 "미연방 정부가 소비자 데이터 보호를 위해 적어도 문서상으로는 아무런 조처도 취하지 않는 상황을 보면 곧 중국 소비자가 미국 소비자보다 기술 기업의 침해로부터 개인정보를 훨씬 더 보호받게 될 것 같다"라고 썼다. 하지만 불행하게도 중국 규제 당국이 말하는 지나치거나 강제적이라는 기준은 웹사이트나 앱이 따르고 믿을 만한 지침이 되지는 못하는 듯하다. 게다가 중국 정부는 자국민의 디지털 세계에 대해 거의 전 방위적 통제를 하려는 의지가 강하다. 기업들이 마케팅에 데이터를 이용하기 위해선 그 사실을 투명하게 밝히고 사용자에게 허락을 얻어야 하는 것이 맞다. 하지만 중국 기업들은 정부를 위해서는 개인 동의 없이 데이터를 만들고 저장하는 상황이다. 색스와 라스카이에 따르면 중국의 전자상거래법은 기업이 사용자 데이터를 삭제하도록 요구하지만, 국가 안보 차원의 수사를 돕기 위해선 사용자 데이터를 보관하고 있어야 한다. 중국의 사이버 보안법은 개인정보를 수집하는 데 누구나 반드시 동의해야 한다고 규정하지만, 이에 더해 정부가 인터넷 서비스 기업에 임의 사찰로 더 많은 데이터를 수집해달라고 요구할 권한도 새롭게 부여했다. 따라서 온라인 이용자가 인터넷상에서 익명으로 남아 있기가 점점 어려워지고 있다.[36] 이 모든 것은 정부를 위해 은밀히 수집한 데이터를 사용하는 기업에 정부가 정말로 법에 따른 제재를 가할 것인지에 대해 의문을 제기할 수밖에 없게 만들었다.[37]

이상한 일이지만 상업적 감시에 대한 미국 접근은 유럽 연합보다는 중국과 더 비슷하다. 유럽 연합은 이런 맥락에 놓인 개인정보를 인간이 누릴 기본권이자 자유 일부로 간주한다.[38] 상업적 차원의 개인정보 보호에 대해 유럽 연합은 두 가지 법으로 접근한다. 2018년에 시행된 일반 데이터 보호 규정GDPR과 2020년대 초에 발효될 전자 개인정보 규정(이전의 전자 개인정보 지침을 대신한)이 그것이다. 후자는 특정 조항을 두고 유럽 연합 대표들끼리 많은 논쟁을 벌인 끝에 만들어졌다.[39] 일반 데이터 보호 규정은 개인정보에 대해 유럽 연합이 접근하는 기본 범위를 정하고, 전자 개인정보 규정은 어떤 형태로든 온라인 소통 서비스를 제공하거나 온라인 추적 기술을 사용하거나 직접 마케팅에 관여하는 모든 기업에 그 개념을 적용한다.[40] 일반 데이터 보호 규정은 생체 데이터를 자연인의 물리적·생리적·행태적 특성과 관련된 특수한 기술 과정에서 얻은 안면인식이나 지문 데이터처럼 특정인의 신원을 확인할 수 있게 하는 개인 데이터라고 규정한다.[41] 이런 정의에 따르면 음성을 옮겨 적은 기록의 사용은 아니어도 음성 프로파일링은 확실히 여기에 포함될 것이다. 이어서 이 법은 자연인을 식별하려는 목적으로 생체 데이터를 사용하는 것을 금지한다.[42] 하지만 곧바로 예외를 두는데 개인이 명백한 동의를 할 경우가 여기에 포함된다.[43]

여기서 '명백한'이란 단어에 주목하라. 일반 데이터 보호 규정에 따르면 동의는 대부분의 미국에서처럼 명백한 거부 의사를 밝히지 않으면 괜찮다는 뜻이 아니다. 이 법이 가진 핵심은 기업이 개인에 관한 데이터를 사용하려면 반드시 당사자가 승인해야 한다는 믿음에 있다. 유럽 전문가의 말대로 일반 데이터 보호 규정 덕분에, 유효한 동의 기준이 전보다 훨씬 높아졌다. 동의는 자유롭게 이루어지고 구체적이며 내용이 제대로 전달돼고 모호하지 않아야 한다. 암묵적 동의는 이제는 충분치 않다.[44] 앞으로 실행될 전자 개인정보 규정을 어길 경우 벌금이 엄청나다. 2,000만 유로 또는 기업의 전 세계 연간 총 수익의 4% 중 높은 쪽으로 내야 한다.[45] 유럽 연합의 개인정보 정책과 연관된 대부분의 사람은 아마도 소송을 통해 법률의 모호성과 조항 간 모순이 해결되기 전까지는 이처럼 엄청나게 강력한 벌칙이 효과를 내지 않을 거라 인정한다. 지금 유럽 연합의 많은 웹사이트와 앱이 자신들의 데이터 추적 행위에 그냥 확인 버튼을 누르라고 형식적인 통지만

한 채 빠져나간다. 그들은 거절이라는 선택권 대신 '더 알아보기' 같은 답답한 대안만 제시한다. 아마존, 구글, 애플이 음성 비서 사용자의 음성을 녹음하고 저장하는 일을 알리고 허락받을 때 과연 무슨 정보를 알리는 건지도 불분명하다.

스마트폰 녹음에 관한 유럽 연합의 최근 판결은 이제 규제 당국이 직접 판매자와 고객 센터를 눈여겨보기 시작했음을 보여준다. 예컨대 2019년 초 덴마크의 개인정보 규제 당국은 이 나라의 최대 통신사가 적극적 동의를 얻어낼 방법을 제시할 때까지 고객 통화를 녹음하지 못하도록 했다. 규제 당국은 이번 일이 법을 어긴 첫 사례라는 이유로 이 기업에 벌금을 물리지 않았지만, 변호사와 법률 전문가들은 이 판결이 고객의 통화를 녹음하는 전 유럽 연합의 기업들을 향한 경고라고 법률 사이트 블룸버그 로^{Bloomberg Law}에 말했다.⁴⁶ 그 기사에서 유럽의 고객 센터 사업을 콕 집어 말하진 않았지만 업계 경영진들은 틀림없이 그 메시지를 알아들었을 것이다.

여기서 일반 데이터 보호 규정과 전자 개인정보 규정이 개별 국가에서 어떻게 적용되고 있는지, 벌금이 어떻게 부과되는지 그 자세한 내용을 다룰 수는 없다. 하지만 유럽 연합의 일반적인 접근법이 음성 생체정보와 관련해 적절한 규제책을 마련하고 싶은 미국의 정책 결정자들에겐 확실히 어떤 길을 제시해줄 수 있을 것이다. 모방할 가치가 있는 한 가지 전략은, 모든 주에서 음성 프로파일링에 특수한 동의를 요구하고 이를 어길 시 엄청난 금액의 벌금을 부과하는 방법이다. 또 다른 전략은 벌금액을 법원이 특수한 상황에 맞춰 정할 수 있도록 해서 때에 따라 기업이 경고만 받을 수도 있게 하는 조항이다. 일반 데

보이스 캐처

이터 보호 규정에서 또 하나의 유용한 부분은, 특수한 경우엔 유럽 연합이나 회원국이 개인이 가진 동의권을 허락하지 않을 수도 있게 한 대목이다.[47] 이는 규제 당국이 볼 때 터무니없거나 사람들이 동의 여부를 결정하기엔 그 의미를 충분히 이해하기 어렵다고 판단하는 종류의 데이터 수집이 있을 수 있다는 생각에서다.

국경과 교도소의 예가 미리 보여줬듯이 그리고 생체정보 등 개인 데이터를 억압적으로 사용하는 것으로 악명 높은 중국의 예에서 볼 수 있듯이 법적 강제에 대해서도 최소한 판매자에 대해서만큼은 신경 쓸 필요가 있다. 일반 데이터 보호 규정과 전자 개인정보 규정의 또 다른 취약점은 음성을 옮겨 적은 기록에 대해 언급하지 않는다는 점이다. 기업은 개인의 단어 사용과 발화 패턴을(전사 기록에도 나타나는 말을 잠시 멈추거나 더듬는 것까지) 매우 정교하게 분석해 적용하는 법을 학습함에 따라 음성 기반 프로파일을 늘리는 방법으로 개인화 모델을 강화할 것이다. 앞에서 살펴봤듯이 고객 센터에서 이미 이런 일이 벌어지고 있다. 만일 대중의 우려 때문에 생물학적 차별행위가 당분간 음성 시장을 중심으로 이루어진다면 언어 전략은 이 공백기를 적극적으로 활용할 것이다. 이 역시 사회적 기능을 망가뜨리는 방식으로 개인화를 가속한다는 점에서 마찬가지로 위험하다.

일반 데이터 보호 규정과 캘리포니아, 일리노이, 텍사스, 워싱턴 주의 법 덕분에 다른 몇몇 주의 정책 결정자들도 이제 생체 감시를 통제할 법에 더 진지하게 관심을 두기 시작했다.[48] 이들 주의 지도자는 연방 차원의 강력한 법이 없기 때문에 자신들이 행동에 나서야 한다는 압박감을 느낀다. 2019년 로렌 바스Lauren Bass가 법률 검토 기사에

썼듯이 "의회는 혁신을 억압하고 자본주의의 발전을 약화할까 두려워 지금까지 실리콘밸리와 그들의 빅데이터 활동을 규제하는 데 꾸준히 거리를 둬왔다." 뒤이어 바스는 이렇게 덧붙인다. "음성인식 기술이 꾸준히 일상의 구석구석까지 침투해 스며들지만, 미국의 주된 법체계는 데이터에 굶주린 기술 기업들이 약탈적으로 개인정보를 수집, 이용하는 것을 효율적이고 효과적으로 규제할 준비가 돼 있지 않다. 그 결과 소비자는 이들의 먹잇감이 되어 사적 정보가 멋대로 수집·저장·조종·활용당한다."[49]

이런 불간섭 접근법은 음성 프로파일링에 특히 위험하다. 음성은 사적이면서도 불변의 특성이기 때문에 이런 새로운 수준의 개인화에 따르는 감시와 프로파일링에는 과거의 다른 공략법보다 더 높은 기준을 적용해야 한다. 그래서 앞으로 있을 모든 생체 프로파일링 침탈에 대해 공적 이익의 기준을 높여 놓아야 한다. 바야흐로 우리는 기업에 그 이상은 안 된다는 상한선을 정해줘야 하는 지점에 이르렀다. 만일 개인 생활의 가장 사적인 영역에서 이루어지는 음성 프로파일링 사용에 아무 제약도 하지 않는다면 기업은 우리에 관해 무언가를 암시하는 우리의 얼굴, 머리카락, 혈액 등 해부학 및 생리학적 요소에 근거해 끊임없이 우리를 개인화의 소용돌이로 몰아넣을 것이다. 우리 뇌의 전류 흐름을 모니터하고 해독할 수 있는 기기를 상상하는 일도 그리 억지스럽지 않을 것이다. 혹시 이런 생각이 너무 지나치거나 기이하게 들린다면 30년 전에 사람들이 집 밖에 나갈 때마다 자기 전화기가 실제로 자신을 따라다닐 수도 있다고 상상했을지 한번 생각해보라. 그 전화기로 누군가 상점 복도에서 우리의 동선을 추적하고, 우리가 무엇에 쓰일지도 모르는 자신의 말을 녹음하는 원통 기기를 침실에 두게 되리라는 것도 말이다. 앞으로도 기업은 감시 사실을 완전히 인정하지는 않은 채, 사람들의 사적 공간과 삶에 침투하는 기술을 사람들이 받아들이도록 그럴듯한 유혹 방법을 찾아낼 것이다. 그리고 우리는 그들에게서 헤어나올 수 없게 될 것이다.

음성 프로파일링을 금지하는 사례는 두 가지 연관된 주장에 근거한다. 하나는 음성 마케팅의 데이터 세계는 본질부터 기만적이고 미연방거래위원회 차원에서 그걸 불법화할 수 있다는 주장이다. 다른 하나는 음성인식 산업이 개인의 신체 사용에 대해 정보를 충분히 알려 의미 있는 동의를 얻어내기가 불가능하므로 결국 이들 기업의 광고는 줄곧 제품의 기능을 엉터리로 소개하는 셈이라고 주장한다. 연방거래위원회는 오랫동안 기만적 광고를 억제하는 책임을 맡아왔다.[50] 우리가 보아왔듯이 아마존, 구글, 고객 센터 기업 등 음성 관련 기업은 핵심 활동, 목표, 전략에 대해 언급을 회피해왔다. 이런 기만 활동은 사실 음성 프로파일링에서 시작된 것이 아니다. 이것은 21세기에 접어들어 디지털 개인화가 급격히 진행되고 나서부터 판매자의 고질적 행태가 되었다. 정부 관계자들이 그걸 기만적이라 부르기 싫어한 덕분에 쉽게 용인되어온 탓이었다. 음성 기술이 새로운 점은 개인화가 이제 신체와 연결되어 이루어진다는 것이다. 앞서 살펴봤듯이 이제 입법자들이 신체 정보는 인구 통계나 라이프 스타일 범주 같은 전통적 설명 요소보다 더 민감하다는 사실을 인식하고 허락을 구하는 데 더 조심할 것을 요구하기 시작했다. 입법자가 앞으로 해야 하는 일은 누군가의 신체 정보를 얻으려면 그 내용을 제대로 알리고 의미 있는 동의를 얻어내야 한다는 윤리학자들의 합의를 따르는 일이다. 이것은 단순히 명백한 속임수로 동의를 얻어내는 일을 금지하는 것보다 훨씬 더 엄격한 요구사항이다.

수십 년간 의학 및 과학 연구 환경에서 고지에 입각한 동의를 논의해온 생명윤리학자들은 의미 있는 고지에 입각한 동의가 두 가지 명확한 단계를 포함한다는 데 동의한다. 우선, 동의를 구하는 사람이 잠재적 연구 참여자에게 참여에 따르는 상대적인 위험과 이익, 그리고 연구 목적을 말해야 한다. 두 번째로는 동의를 구하는 사람은 누구든 잠재적 참여자가 참여를 받아들이거나 거부함으로써 자율성을 행사할 수 있도록 허용해야 한다.[51] 특수한 절차에 관해 말할 때 이런 요구 사항을 충족시키는 일이 그리 어렵지 않다. 하지만 신체와 관련된 다른 활동의 경우, 바이오뱅크에서 다양한 연구를 위해 피부 조직을 사용하도록 허락을 구할 때 위험 여부나 수준이 나중에 바뀔 수도 있고 다양하고 미묘할 수도 있으며 의도치 않게 환자가 중시하는 가치를 어길 수도 있다. 그런 경우엔 의료 종사자가 요구 사항에 맞춰 환자의 의향을 제대로 파악하느라 고군분투하게 되고 파악이 정말 가능하긴 한지 종종 의문이 들기도 한다.

끊임없이 변화하는 음성 마케팅 세계의 경우, 그런 위험과 우려가 복합적이다. 관련 기업조차 때로는 상대 기업의 장담을 믿지 않는다. 음성 데이터를 적용하는 일도 아직 초기 단계다. 기업들은 음성 데이터를 수집·저장·분석해 우리의 사생활 속에 더 깊이 침투하기 위한 혁신 경쟁을 벌이는 중이고 그 결과가 어떻게 될지는 아직 아무도 모른다. 사적 음성 데이터를 수집하고 파는 일의 경우, 어떤 선택 절차나 개인정보 처리 방침도 모든 장단기적 함의를 충분히 설명할 수 없다고 말하는 게 안전할 것이다. 따라서 의미 있는 사전 고지에 입각한 동의라는 것은 사실상 불가능하다. 어떤 사전 동의도 본질부터 기만일 수밖에 없다.

그렇다면 우리는 어떻게 해야 할까? 우리 음성, 우리 몸의 사생활이 그런 도전을 받은 지금 우리가 의지할 수 있는 건 무엇일까? 지금 당장 할 수 있는 한 가지 중요한 행동은 지도자들에게 이런 핵심 권리를 보호할 수 있는 정책과 규제를 채택하라고 압박하는 일이다. 나는 음성인식에 관한 미국 정책을 위해 다음과 같은 우선 사항을 제안한다.

1. 사업 활동에서 음성 인증이 허용되려면 관련자가 명시적으로 그 활동을 고지받고 반드시 선택권이 주어져야 한다. 이를테면 이런 생체인식 검증은 금융기업이 자신의 계좌에 관해 전화한 고객의 신원을 확인해야 할 때 다른 인증 수단(비밀번호 등)과 함께 활용해왔다. 하지만 기업은 음성 인증을 거부하는 개인에게 불이익을 주면 안 된다. 제3의 기업이 각 개인으로부터 저장 및 사용에 대해 분명한 허락을 얻지 않고 음성 인증을 위한 데이터를 수집하는 것도 금지해야 한다. 여러 기업에서 음성지문을 수집한 다음 중앙 컴퓨터가 그걸 다른 기업을 대신해 인증에 사용하도록 한다는 생각은 문제가 있다. 개인들은 제3의 기업이 자신의 음성을 저장하고 사용한다는 걸 모르기 때문이다. 정부 기관도 시민과 비시민권자의 음성 기록을 보관하려면 이와 똑같은 기준을 따라야 한다. 정부 기관이 개인에게 알리지도 않고 음성 인증을 사용하려면 법원의 허가를 받아야 한다.

2. 음성 신원 확인(생체 특징이 저장된 많은 인구 중 특정인을 식별하는 것)은 법 강제 기관에 도움이 될 수 있지만 이를 통해 특정 개인을 찾아내려면 반드시 영장을 받아야 한다. 그렇게 하지 않으면 이들 기관이 범죄와 연루되지도 않은 사람을 찾는 데 이 기술을 사용할 수도 있기 때문이다. 상업 활동에는 음성 신원 확인을 금지해야 한다. 미래에는 상점 전체에 마이크를 놓아두고(아직은 이런 일은 절대 일어나지 않을 것처럼 보일지 모르지만) 음성인식을 실시간으로 사용해 군중 속에 있는 누군가를 식별해낸 뒤 그 사람을 수많은 다른 데이터 포인트와 연결하여 이런저런 관점을 얻고 개인화된 제안을 할 수도 있다. 어떤 참여 동의나 개인정보 처리 방침으로도 음성 신원 확인이 그 개인의 상황에 갖는 함의를 의미 있는 동의를 이끌어낼 정도로 충분히 설명하기 힘들다. 만일 그런 설명이 실제로 가능하단 걸 보여주는 사례가 나온다면 이런 금지는 재고될 수 있다.

3. 음성 프로파일링은 음성의 물리적 특징에 근거해 개인에 관한 정보를 끌어내는 과정이다. 이것은 생체 인증이나 신원 확인에 사용될 수도 있고 다른 곳에도 활용될 수 있다. 고객 센터, 스마트폰, AI 스피커 같은 대부분의 음성인식 기기는 인증과 생체 프로파일링만이 아니라 때로는 언어적 평가까지 활용하고자 한다. 이유는 분명하다. 분석가가 디지털 신체 분석 중인 사람의 이름을 알면 고급 분석 기술을 활용해 그 사람의 음성 특징을 인구 통계 등의 다른 범주와 연계하여 더 깊이 있는 추론이 가능하고 그걸로 그 사람이 앞으로 무슨 행동을 할지 예측할 수 있기 때문이다. 하지만 다른 범주와 연계하든 그렇지 않든 기업과 개인의 상호 작용을 위한 음성 프로파일링은 전면 금지해야 한다. 이미 진행 중인 감정 프로파

일링도 마찬가지다. 정확하든 그렇지 않든 이런 활동은 겨우 시작점에 서 있을 뿐이지만 음성 프로파일링이 특정 개인에게 미치는 장단기적 함의를 설명하기는 불가능하다는 점만은 분명하다. 그런 시도가 인간의 신체를 심문 대상으로 삼을 때 윤리학자가 요구하는 의미 있는 사전 고지에 입각한 동의를 끌어낼 수 없다는 점도 마찬가지다. 기업은 기기 소유자의 음성을 평가하기 위해 사전 허락을 구할 뿐 아니라 자신들은 암호화한 데이터를 절대 저장하지 않는다고 명시했다. 그렇다면 사용자에 대한 아마존의 추론은 무엇을 가지고 하는지 불분명하다. 도무지 이런 음성 프로파일링이 받아들여져야 하는 이유를 찾기 어렵다. 이런 금지는 정부 기관에도 똑같이 적용돼야 한다. 예외적으로 프로파일링 대상이 범죄자이거나 국가 안보와 관련되어 있는 경우엔 법원에서 생체 활동 관련 전문 판사의 허가를 받아야 한다.

4. 이 모든 제한은 선거 운동과 대부분의 정부 활동에도 똑같이 적용돼야 한다. 일부 정치 전문가는 음성 인증, 신원 확인, 프로파일링을 사실상 무제한으로 사용할 권한을, "의회는 언론·출판의 자유를 축소하는 어떤 법도 만들어서는 안 된다"는 미국 수정 헌법 제1조가 보장한다고 주장할 것이다. 하지만 선거 운동은 그냥 순수한 마케팅이다. 선거 기술자에게 미국인들이 사회 전반과 특히 정치 시스템에 유해하다고 느끼는 활동이 허용돼선 안 된다. 만약 법원이 이에 동의하지 않는다면 우리 시민은 정치 컨설팅과 선거 활동에 생체인식을 금지하는 수정 헌법을 제정하도록 노력해야 한다. 이 문제는 그만큼 중요하다.

5. 개인의 독특한 발화 패턴을 분석해 개인의 배경·활동·성격·정서·감정에
   관해 결론을 끌어내기 위해 전사 문서를 사용하는 것에도 음성 프로파일
   링과 똑같은 규제를 해야 한다.

음성 비서는 우리의 친구가 아니다. 일부 미디어는 이걸 〈다운튼
애비〉(귀족 크롤리 가족Crawley family과 에드워드 시대 이후 영국 사회 계층 가정에
속한 하인들의 삶을 다룬 드라마)에 나오는 하인처럼 묘사했지만 그건 사
실이 아니다. 앞에서 살펴봤듯이 음성 기업은 그런 믿음을 만들어내
면서 사람들이 같이 대화를 나누고 감정을 교류하도록 기기에 인격을
불어넣느라 공을 들인다. 아마존의 알렉사 최고 기술자 로히트 프라
사드Rohit Prasad는 "알렉사는 당신이 자신에게 실망한 걸 알아채면 꼭
우리 인간처럼 상황을 해결하려 애쓴다"라고 말한다.[52] 하지만 친근
한 휴머노이드에 대한 착각을 그대로 믿을 경우(그리고 음성 비서를 그것
이라고 지칭하는 대신 그 또는 그녀라고 지칭해 아이들도 그런 착각을 하게 만들
경우) 이는 음성 착취의 미래를 받아들이는 위험을 야기한다. 또 일부
음성 비서가 강화하는 젠더 편견을 받아들이거나 이를 아이들이 받아
들이게 만드는 문제도 생긴다. 그건 단순히 상냥한 여성 음성이 여성
에 대한 해로운 고정관념을 강화하는 문제만이 아니라 괴롭힘에 대한
소극적인 반응 때문에 아이들과 어른들이 일상에서 적용하기엔 고통
스러울 정도로 가혹하고 부적절한 대화 모델을 만들어 낼 수도 있기
때문이다.[53]
   150여 년이 넘는 세월 동안 미국인들은 기업이 고객 설득을 극대
화하기 위해 개발해온 사실상 어떤 기술도 널리 포용했다. 인터넷 표

적화와 상점 안에서의 추적 행위에 대한 시민들의 우려는 항상 뒤늦게 제기된 탓에 활동가들은 기업과 광고업자가 놀라운 속도로 이미 확고한 관행으로 다져놓은 행태를 뒤집으려 갖은 애를 써야 했다. 우리는 음성 프로파일링에서도 같은 상황에 직면해 있는지도 모른다. 하지만 기회는 아직 열려 있다. 스마트폰 음성 비서가 출시된 지 10년 정도 됐지만, 그 음성인식 기술은 아직 비교적 새로운 기술에 속한다. 우리가 살아가는 대부분의 환경(우리의 집, 자동차, 호텔, 학교)에서도 음성인식은 이제 막 뿌리내릴 자리를 찾아가는 단계다. 아직 이 산업이 제대로 자리 잡지 못한 상태라는 건 우리에게 중대한 변화를 일으킬 시간이 있다는 뜻이다.

우리는 지금 당장 행동에 나서지 않으면 안 된다. 앞서 살펴봤듯이 기업은 음성인식 기기를 사람들이 재밌고 정서적으로 만족스럽고 충분히 안전한 습관으로 여기게 하려고 사력을 다한다. 기업과 언론이 만든 분위기 탓에 수많은 사람이 기술의 유혹에 넘어가고 습관화해 자신이 알지도 이해하지도 승인하지도 않은 방법으로 자신을 조종할지도 모르는 기업에 자신의 신체 정보를 분석 대상으로 넘긴다. 그러나 우리는 음성 프로파일링이 진짜 자신이 누군지, 진짜로 믿고 원하는 게 뭔지를 말해준다는 주장에 근거해 판매자, 선거 운동가, 정부가 선택의 자유를 갉아먹도록 허용하는 21세기를 후손에게 물려줘서는 안 된다. 음성 프로파일링이 우리가 누굴 경계해야 하는지를 알려줄 수 있다는 믿음에 우리의 안전을 맡겨서도 안 된다. 아직은 음성인식 산업이 이 모든 걸 하고 있지 않을지도 모른다. 하지만 음성 기술이 우리 생활에 점점 깊이 파고들고 있고, 또 기업이 우리가 하는 말과 그 방식을 자의적으로 활용할 동기가 늘어나고 있다. 그러므로 우리는 이런 기술을 사용하는 사람들을 보호하는 일을 최우선 과제로 삼아야 한다.

·····ıı••ıl|ı11ı••··

AI가 당신의 음성 프로파일에 근거해서 응답하는 게

아닌지 어떻게 아는가? 당신을 화를 잘 내는 사람으로 판단한 기업이 당신

이야기를 제대로 들어줄까? 그들이 당신 질문에 재빨리 대답할까,

아니면 할인 혜택 제안을 망설일까? 기업은 당신의 지난주 목소리에서부터

오늘 당신이 뭘 샀는지까지, 세세한 데이터로 추론해낸 물리적 특징을

그들이 수집한 다른 데이터와 결합해 당신의 건강 상태를 평가하게 될까?

·····ıı••ıl|ı11ı••··

| 감사의 말 |

이 책의 주제, 즉 내가 음성인식 산업이라 부르는 새로운 소비자 감시 사업을 조사하기 위해 나는 다양한 연구 방법을 사용했다. 일단 다양한 형태의 음성 프로파일링 관련 기업을 다룬 1,000여 개가 넘는 잡지와 뉴스 기사를 훑었다. 생체 감시에 적용되는 주요 연방, 주, 유럽연합 법률 문서 수백 페이지를 검토하고 수십 개의 특허 문서도 분석했다. 지난 세기 동안 음성 기술이 어떻게 발전해왔는지 역사적 관점으로도 탐구했다. 이 새롭게 발전 중인 산업에 관해 글로 쓰인 적 없는 부분이 너무도 많은 터라 실제로 이 산업 현장에서 일하는 사람들과도 많은 대화를 나누었다.

　새로운 세상을 이끄는 복잡한 기술, 사업 방침, 정부 정책에 관한 내 질문에 답해준 수많은 마케팅 간부와 기술 전문가에게 큰 빚을 졌다. 이 너그러운 사람 중 네 사람은 익명으로 남길 바랐다. 나머지 사람들은 감사하게도 우리가 대화를 나눌 당시에 자신이 속한 조직과 더불어 고마움을 전할 기회를 주었다. 그 이름은 다음과 같다. 오스틴 아렌스버그(스크럼 벤처스), 데이브 버거(볼라라), 대미언 비안치(글로벌 스트래티지스), 윌리 브릴(구글), 아라펠 부잔(마인드셰어 뉴로랩), 토니 칼라한(셰아 홈스), 제레미 카니(노브 마튼스), 길 코헨(NICE), 톰 카원(노브 마튼스), 마이클 돕스(360i), 커크 드러먼드(드럼롤), 스캇 엘러(뉴라스위치), 피트 에릭슨(모데브), 어거스틴 푸(마케팅 컨설턴트), 이든 굿맨(마스 에이전시), 패트릭 기븐스(베이너 미디어), 톰 헤스포스(언더스코어 마케팅), 톰 픽맨(네이션와이드 마케팅), 데이비드 이스비츠키(아마존), 브렛 킨셀라(보이스봇 닷에이아이), 로저 랭토트(스트래티지 어낼리틱스), 휴 랭리(앰비언트), 재닛 레빈(마인드셰어 뉴로랩), 조 마세다(마인드셰어 노스 아메리카), 윌 마가리티스(셀원 컨설팅), 한스 메이어(노브 마튼스), 에릭 몬태규(뉘앙스 커뮤니케이션스), 피터 펭(젯슨), 조 페트로(뉘앙스 커뮤니케이션스), 브랜든 퍼셀(포레스터), 아푸르나 라마나단(애스크마이클래스), 마이클로스 램버스(에퀴팩스 DDM), 브래드 러셀(팍스 어소시에이츠), 존 셜위크(구글), 블라드 세즈노하(글래스윙 벤처스), 리타 싱(카네기멜론 대학교), 리샤드 토바코왈라(퍼블리시스), 앤디 트라바(매터사이트), 브레인 웨이저(그룹 M).

많은 경우에 나는 통상 잡지나 일반 언론 기사에서 내게 도움이 되는 말을 하거나 그런 기사를 쓴 사람이나, 내가 참석한 업계 모임에서 토론자로 나온 사람에게 연락했다. 특히 보이스봇 닷에이아이 사이트는 현 음성 관련 마케팅의 발전 상황을 따라잡는 데 유용했다. 바이오메트릭업데이트 닷컴은 변화하는 법과 생물-생리학적 식별을 둘러싼 논쟁을 꾸준히 모니터하는 데 도움이 됐다. 음성과 마케팅이란 주제에 대해선 포레스터와 가트너의 보고서에서도 도움을 받았다. 이 책에서 논의한 주제 중 하나 또는 그 이상을 다루는 데 시간과 에너지를 쓴 다양한 매체의 기자들에게도 감사를 전한다. 그리고 운 좋게도 보이스 2019 콘퍼런스에 참석해 토론자들로부터 이 새로운 산업에 대해 귀중한 통찰을 얻을 수 있었던 것에도 감사한다. 쉬럽 아가왈(블루태그), 마리아 아스트리나키(사운드 유나이티드), 라이언 베일스(다이얼로그테크), 톰 도일(아스피너티), 스티븐 골드스타인(앰플러파이 미디어), 해리시 골리(판도라), 멜리사 해머슬리(노블 이펙트), 매리 앨리스 맥모로우(이어플레이), 윌리드 나시르(버추어 포어), 비얀카 니브스(봇소사이어티), 캐서린 프레스코트(보이스브류), 제임스 블라호스(작가), 찰스 앤드류 와틀리 시니어(인스트리매틱)가 그 토론자들이다.

다양한 학계 분과 동료들도 직접 소통이나 글을 통해 감시, 개인정보, 사회, 디지털 미디어에 관해 소중한 가르침과 비판적인 견해를 나누고 함께 고민해주었다. 프레데릭 주이더빈 보르헤시우스, 닉 쿠드리, 로리 크래너, 팸 딕슨, 노라 드레이퍼, 조너선 하디, 나탈리 헬버거, 마이크 헤네시, 크리스 제이 후프네이글, 제임스 카츠, 헬렌 케네디, 예프 렐키스, 팀 리버트, 제시카 링겔, 리 맥기건, 스티븐 네빌, 헬렌 니센바움, (언제나 특별한 통찰력을 주는) 고故 조엘 레이덴버그, 탈 자스키 그리고 노스이스턴대학교의 아리 얼드맨이 주최한 노스이스트 개인정보 보호법 컨퍼런스와 UC버클리대학교 법학대학의 크리스 후프네이글과 워싱턴대학교 법학대학의 댄 솔로브가 번갈아 가며 주최

하는 개인정보 보호법 콘퍼런스에서 통찰력 넘치는 글을 발표한 연사들에게 따뜻한 감사의 말을 전한다.

이런 연구를 수행할 수 있도록 시간을 주고 격려를 아끼지 않는 세계적 수준의 학문 환경에서 일할 수 있었던 것에도 감사한다. 아넨베르크 단과대학을 이어 맡은 두 학장 마이클 델리 카피니와 존 잭슨은 그런 분위기를 만들고 유지하는 데 큰 역할을 해왔다. 이 주제를 연구하는 동안 아넨베르크의 박사과정에 있는 데이비드 코데로, 브렌단 마호니, 앤드류 워츠버거의 도움도 컸다. 역시 박사과정 학생인 제니 리, 팰런 파파이트는 내 글의 느낌과 문체에 대해 비판적인 시각을 제공해주었다. 아넨베르크 도서관 사서 샤론 블랙은 항상 성심껏 나를 도와주었고 리치 카도나가 성공적으로 시험 운영한 정보통신기술과 사람들도 마찬가지였다.

예일대학교 출판부도 내게 큰 도움을 주었다. 예일에서 출간한 두 권의 전작을 편집한 조 칼라미아는 이 작업의 초기 단계 때부터 나를 적극적으로 격려해줬다. 조가 떠났을 땐 빌 프루히트가 뒤를 물려받아 편집과 현명한 조언을 해줬다. 그 모든 노고에 말할 수 없이 깊은 감사를 표한다. 줄리 칼슨은 전문적인 교열 작업으로 본래의 의미가 제대로 살아나도록 문구를 다듬어주었다. 세 권의 책을 내는 동안 큰 도움이 되어준 제프 쉬어는 이 책의 열성적인 프로젝트 책임자였다. 엘리자베스 실비아는 제대로 된 정보와 자료가 적절한 사람에게 전달되도록 뒤에서 세심히 챙겨주었다. 프레드 카메니는 색인을 훌륭하게 작성했고 로빈 카니는 꼼꼼히 교정을 봐주었다. 이 모든 사람의 전문성, 노력, 열성에 진심으로 감사드린다.

서문 가장 중요한 생체정보: 목소리

1   See, for example, Steve Olenski, "Is Voice Set to Be the Next Big Thing in Marketing?,"
     Forbes, May 31, 2018, https://www.forbes.com/sites/steveolenski/2018/05/31/is-
     voice-set-to-be-the-next-big-thingin-marketing/#64fd71a37d5f;and NPR and Edison
     Research, "The Smart Audio Report," July 18, 2018, https://www.edisonresearch.com/
     the-smart-audio-report-from-npr-and-edison-researchspring-2018/,both accessed
     October 25, 2018.

2   Dieter Bohn, "Google Assistant Will Soon Be on a Billion Devices, and Feature Phones
     Are Next," The Verge, January 7, 2019, https://www.theverge.com/2019/1/7/18169939/
     google-assistant-billion-devicesfeature-phones-ces-2019,accessed December 15, 2019.

3   Ben Fox Rubin, "Amazon Sees Alexa Devices More Than Double in Just One Year,"
     CNET, January 6, 2020, https://www.cnet.com/news/amazon-sees-alexa-devices-more-
     than-double-in-just-one-year/, accessed January 6, 2020.

4   Ananya Bhattacharya, "Amazon's Alexa Heard Her Name and Tried to Order Up a Ton
     of Dollhouses," Quartz, January 7, 2017, https://qz.com/880541/amazons-amzn-alexa-
     accidentally-ordered-a-ton-ofdollhouses-across-san-diego/,accessed August 24, 2020.

5   Jennings Brown, "The Amazon Alexa Eavesdropping Nightmare Came True,"
     Gizmodo, December 20, 2018, https://gizmodo.com/the-amazon-alexa-eavesdropping-

nightmare-came-true-1831231490, accessed June 3, 2020.

6   Julia Carrie Wong, "Amazon Working to Fix Alexa after Users Report Random Burst of 'Creepy' Laughter," Guardian, March 7, 2018, https://www.theguardian.com/technology/2018/mar/07/amazon-alexarandom-creepy-laughter-company-fixing, accessed January 31, 2019.

7   Jared Newman, "How a Family's Amazon Echo Recorded and Sent Out Their Private Conversation," Fast Company, May 24, 2018, https://www.fastcompany.com/40577513/family-claims-amazon-echorecorded-their-private-conversation-sent-it-to-random-person, accessed August 24, 2020.

8   Youyou Zhou, "An Oregon Family's Encounter with Amazon Alexa Exposes the Privacy Problem of Smart Home Devices," Quartz, May 25, 2018, https://qz.com/1288743/amazon-alexa-echo-spying-onusers-raises-a-data-privacy-problem/,accessed December 5, 2019.

9   Huafeng Jin and Shuo Wang (for Amazon Technologies, Inc.), "VoiceBased Determination of Physical and Emotional Characteristics of Users," US Patent Offi ce, October 9, 2018, https://patents.google.com/patent/US10096319B1/en, accessed August 24, 2020.

10 Jonathan Shieber and Ingrid Lunden, "Amazon Launches Amazon Pharmacy," TechCrunch, November 17, 2020, https://techcrunch.com/2020/11/17/amazon-launches-amazon-pharmacy-itsdelivery-service-for-prescription-medications/?ck_subscriber_id=958959558&guccounter=1, accessed November 17, 2020.

11 Jon Arnet et al., "Synchronized Audiovisual Responses to User Requests," US Patent Application 20190180343, June 13, 2019, https://patents.google.com/patent/WO2019118364A1/en, accessed December 5, 2019.

12 Anthony Fadell, "Smart-Home Automation System That Suggests or Automatically Implements Selected Household Policies Based on Sense Observations," US Patent 10,423,135, September 24, 2019.

13 "Introducing Amazon Halo," Amazon.com, n.d., https://www.amazon.com/gp/product/B07QK955LS?pf_rd_r=D9MWFK17YZV2NVFW00V8&pf_rd_p=edaba0ee-c2fe-4124-9f5db31d6b1bfbee#faq, accessed August 29, 2020.

14 These examples and more will be elaborated with references in Chapter 2.

15 See Global Analytics' patent application in the United States for a "credit risk decision management system and method using voice analytics." This system "may predicts [sic] lending outcomes that determine if a customer might face fi nancial diffi culty in the near future and ascertains affordable credit limits for such as customer." Gopinathan et al. (for Global Analytics), "Creditor Risk Decision Management System and Method Using Voice Analytics," US Patent Application US 2015/0142446, May 21, 20015, p. 1., https://patents.google.com/patent/US20150142446A1/en, accessed July 15, 2020.

16 David Pierce, "Inside the Lab Where Amazon's Alexa Takes Over the World," Wired, January 8, 2019, https://www.wired.com/story/amazon-alexa-development-kit/, accessed October 3, 2019.

17 For example, Shoshana Zuboff, The Age of Surveillance Capitalism (New York: Public Affairs Press, 2018); Julie Cohen, Between Truth and Power: The Legal Constructions of Informational Capitalism (New Haven: Yale University Press, 2019); Daniel Solove and Paul Schwartz, Consumer Privacy and Data Protection (Philadelphia: Walters Kluwer, 2017); Glenn Greenwald, No Place to Hide: Edward Snowden, the NSA, and the U.S. Surveillance State (New York: Metropolitan Books, 2014); David Lyon, Surveillance after Snowden (Cambridge, UK: Polity Press, 2015); Joseph Turow, The Aisles Have Eyes: How Retailers Track Your Shopping, Strip Your Privacy, and Defi ne Your Power (New Haven: Yale University Press, 2017); Chris Jay Hoofnagle, Federal Trade Commission Privacy Law and Policy (Cambridge, UK: Cambridge University Press, 2016); and Fin Brunton and Helen Nissenbaum, Obfuscation: A User's Guide for Privacy and Protest (Cambridge, MA: MIT Press, 2016).

18 For example, Mara Einstein, Black Ops Advertising: Native Ads, Branded Content, and the Covert World of the Digital Sell (New York: OR Books, 2016); Andrew Guthrie Ferguson, The Rise of Big Data Policing: Surveillance, Race, and the Future of Law Enforcement (New York: NYU Press, 2017); and Virginia Eubanks, Automating Inequality: How High-Tech Tools Profile, Police, and Punish the Poor (New York: St. Martin's Press, 2018).

19 "Personalization," Wikipedia, n.d., https://en.wikipedia.org/wiki/Personalization; and "Personalized Marketing," Wikipedia, n.d., https://en.wikipedia.org/wiki/Personalized_ marketing, accessed December 15, 2019.

20 Penny Gillespie and Guneet Bharaj, "Use Personalization to Enrich Customer Experience and Drive Revenue," Gartner, April 3, 2019, p. 3.

21 For a more detailed history, see Turow, The Aisles Have Eyes, pp. 24–65.

22 For more on this period of American history, see Joseph Turow, Breaking Up America (Chicago: University of Chicago Press, 1996), pp. 18–36.

23 Josh Lauer, Creditworthy (New York: Columbia University Press, 2017), p. 7.

24 Ibid.

25 Ibid., p. 34.

26 Penny Gillespie and Guneet Bharaj, "Use Personalization to Enrich Customer Experience and Drive Revenue," Gartner, April 3, 2019, pp. 6–7.

27 [Staff], "Big Predictions: Agency Gurus on the Future of Data in the Industry," Media Marketing & Media, February 1, 2018.

28 Turow, The Aisles Have Eyes.

29 Holman W. Jenkins, Jr., "Google and the Search for the Future," Wall Street Journal, August 14, 2010, https://www.wsj.com/articles/SB100014240527487049011045754232 94099527212, accessed October 25, 2018.

30 "Click Fraud," Wikipedia, https://en.wikipedia.org/wiki/Click_fraud, accessed June 3, 2020.

31 "Ad Blocking," Wikipedia, https://en.wikipedia.org/wiki/Ad_blocking, accessed June 4, 2020.

32 George Slefo, "Report: For Every $3 Spent on Digital Ads, Fraud Takes $1," Advertising Age, October 22, 2015, http://adage.com/article/digital/ad-fraud-eating-digital-advertising-revenue/301017/, accessed September 13, 2018.

33 Alexandra Bruell, "Fraudulent Web Traffi c Continues to Plague Advertisers, Other Businesses," Wall Street Journal, March 28, 2018, https://www.wsj.com/articles/fraudulent-web-traffi c-continuesto-plague-advertisers-other-businesses-1522234801, accessed February 11, 2018.

34 Juniper Research, "Ad Fraud to Cost Advertisers $19 billion in 2018, Representing 9% of Total Digital Advertising Spend," Business Wire, September 26, 2017, https://www.businesswire.com/news/home/20170926005177/en/Juniper-Research-Ad-Fraud-CostAdvertisers-19,accessed February 11, 2018.

35 Nicole Perrin, "Demanding a Better Ad Experience: Why One in Four Internet Users Say No to Ads," eMarketer, December 4, 2018, https://content-na1.emarketer.com/demanding-a-better-ad-experience, accessed February 11, 2019.

36 "Gartner Predicts 80% of Marketers Will Abandon Personalization Efforts by 2025," Gartner Press Release, December 2, 2019, https://www.webwire.com/ViewPressRel.asp?aId=250911, accessed November 14, 2020.

37 Susan Moore, "Risk-Averse Privacy Ideas Often Prevent Organizations from Creating Great Customer Experiences," Smarter with Gartner, April 9, 2019, https://www.gartner.com/smarterwithgartner/how-tobalance-personalization-with-data-privacy/, accessed December 5, 2019.

38 Charles Golvin, Benjamin Bloom, and Jennifer Polk, "Predicts 2020: Marketers, They're Just Not That Into You," Gartner Information Technology Research, November 11, 2019, p. 7.

39 Interview with Pete Erickson, June 6, 2019.

40 Tom Shapiro, "How Emotion-Detection Technology Will Change Marketing," HubSpot, October 17, 2016, https://blog.hubspot.com/marketing/emotion-detection-technology-marketing, accessed December 5, 2019.

41 "Clarabridge Unveils New Updates to the Clarabridge Banking Solution," Clarabridge, November 7, 2018, https://www.clarabridge.com/clarabridge-unveils-new-updates-to-the-clarabridge-banking-solution/, accessed December 5, 2019.

42 Angela Chen, "Why Companies Want to Mine the Secrets in Your Voice," The Verge, March 14, 2019, https://www.theverge.com/2019/3/14/18264458/voice-technology-speech-analysis-mentalhealth-risk-privacy, accessed October 16, 2019.

43 Ibid.

44 Ibid.

45 John McCormick, "What AI Can Tell from Listening to You," Wall Street Journal, April 1, 2019, https://www.wsj.com/articles/what-ai-can-tellfrom-listening-to-you-11554169408, accessed October 16, 2019.

46 Pinelopi Troullinou, "Exploring the Subjective Experience of Everyday Surveillance:

The Case of Smartphone Devices as Means of Facilitating 'Seductive' Surveillance,"
PhD diss., Open University, 2017.

47   Karl Maton, "Habitus," in Michael Grenfell, ed., Pierre Bourdieu: Key Concepts (London:
      Routledge, 2008), pp. 48–64.

48   Tony Bennett and Francis Dodsworth, "Habit and Habituation: Governance and the
      Social," Body & Society 19, nos. 2, 3 (2013).

49   Troullinou, "Exploring the Subjective Experience of Everyday Surveillance," p. 51.

50   Ibid.

51   Andrew McStay, Emotional AI (London: Sage 2019), pp. 75, 77.

52   Bret Kinsella, "Why Tech Giants Are so Desperate to Provide Your Voice Assistant,"
      Harvard Business Review, March 7, 2019, https://hbr.org/2019/05/why-tech-giants-are-
      so-desperate-to-provide-yourvoice-assistant, October 16, 2019.

53   Quoted in Troullinou, "Exploring the Subjective Experience of Everyday Surveillance,"
      p. 13.

54   Ibid., pp. 1824–1839.

55   Joseph Turow, Michael Hennessy, and Nora Draper, The Tradeoff Fallacy (Philadelphia:
      Annenberg School for Communication, 2015).

56   See Draper and Turow, "Corporate Cultivation of Digital Resignation," p. 3.

1장 우리를 길들이는 AI 비서의 확산

1   Emil Protalinski, "Amazon Echo Is a $200 Voice-Activated Wireless Speaker for Your
      Living Room," VentureBeat, November 6, 2014, https://venturebeat.com/2014/11/06/
      amazon-echo-is-a-200-voiceactivated-smart-wireless-speaker-for-your-living-room/,
      accessed on March 21, 2019. Excerpted by permission of Emil Protalinski, executive
      editor of VentureBeat.

2   "Amazon Echo—Now Available," Amazon video pasted into ibid.

3   James O'Toole, "Amazon's Quirky Echo Is Siri in a Speaker," CNN Business, November
      6, 2014, https://money.cnn.com/2014/11/06/technology/innovationnation/amazon-echo/
      index.html, accessed on March 21, 2019.

4   B. H. Juang and Lawrence Rabiner, "Automatic Speech Recognition—A Brief History
      of the Technology Development," https://www.semanticscholar.org/paper/Automatic-
      SpeechRecognition-A-Brief-History-of-the-Rabiner/1d199099a2f4f8749c7e10480b29f5a
      daecad4a1, accessed May 29, 2020.

5   "History of the Cylinder Phonograph," Library of Congress, n.d., https://www.loc.
      gov/collections/edison-company-motion-picturesand-sound-recordings/articles-
      and-essays/history-of-edison-soundrecordings/history-of-the-cylinder-phonograph/.
      For more on the other early voice devices see Justine Humphry and Chris Chesher,

"Preparing for Smart Voice Assistants," New Media & Society, May 2020, https:// journals.sagepub.com/doi/10.1177/1461444820923679, accessed September 9, 2020.

6   "Speech Recognition," Wikipedia, https://en.wikipedia.org/wiki/Speech_recognition, accessed April 7, 2019.

7   Steve Lohr and John Markoff, "Computers Learn to Listen, and Some Talk Back," New York Times, June 24, 2010, https://www.nytimes.com/2010/06/25/science/25voice.html, accessed August 24, 2020.

8   Kjell Carlsson, "Analytical Intelligence Supercharges Speech Analytics," Forrester, September 18, 2017, p. 3.

9   Siri Team, "Deep Learning for Siri's Voice," Apple Machine Learning Journal 1, no. 4 (August 2017), https://machinelearning.apple.com/2017/08/06/siri-voices.html, accessed May 29, 2020.

10   Interview with Vlad Sejnoha, May 7, 2019.

11   Lohr and Markoff, "Computers Learn to Listen, and Some Talk Back."

12   Harry Kyriakodis, "Wired City," HiddenCity Philadelphia, January 14, 2013, https:// hiddencityphila.org/2013/01/wired-city/#, accessed March 24, 2019.

13   "The History of Call Center Technology," Teledirect, n.d., https://www.teledirect.com/ history-call-center-technology-infographic/, accessed March 24, 2019.

14   Nick D'Alleva, "The History of the Call Center Infographic," Specialty Answering Service, April 22, 2015, https://www.specialtyansweringservice.net/the-history-of-the-call-center-infographic/, accessed March 24, 2019.

15   Anna Weinberger of Autonomy, quoted in Paula Bernier, "The History and Advancement of the Contact Center and the Customer Experience," Customer Interaction Solutions, August 3, 2012, http://www.tmcnet.com/cis/features/ articles/301771-history-advancementthe-contact-center-the-customer-experience.html, accessed March 30, 2019.

16   Ibid.

17   "Study: Call Center Issue Resolution Drives Loyalty, Retention, Satisfaction," Insurance Journal, July 1, 2008, https://www.insurancejournal.com/news/ national/2008/07/01/91519.html, accessed March 30, 2019.

18   Ibid.

19   Paula Bernier, "Incision Shares 30 Years of Call Center Wisdom," Customer Interaction Solutions, August 3, 2012, http://www.tmcnet.com/cis/departments/articles/301767-infocision-shares-30-years-callcenter-wisdom.html, accessed April 1, 2019.

20   For a discussion of iPBX for contact centers, see "What Is a PBX Phone System?," 3CX, n.d., https://www.3cx.com/pbx/pbx-phone-system/, accessed March 30, 2019.

21   Gene Green and David McKinley, "Why Congress Should Get Behind the Bipartisan 'US Call Center Worker and Protection Act,'" The Hill, June 12, 2017, https://thehill.com/ blogs/congress-blog/politics/337368-why-congress-should-get-behind-the-bipartisan-uscall-center, accessed August 24, 2020.

22   "CTI Solutions Inc.," CTI Solutions website, n.d., http://cti-solutions.com/, accessed May 29, 2020.

23   Mark E. Andersen, "Call Centers: The Sweatshop of the Modern Era," Daily Kos, January 8, 2012, https://www.dailykos.com/stories/2012/01/08/1050902/-Call-centers:-The-sweatshop-of-themodern-era?via=blog_1, accessed April 1, 2019.

24   Ashley Feinberg, "Not Just Comcast: 19 Stories from Call Center Hell," Gizmodo, July 28, 2014, https://gizmodo.com/not-just-comcast-19-stories-from-call-center-hell-1611989865, accessed April 1, 2019.

25   H.R. 1300: United States Call Center Worker and Consumer Protection Act of 2017, https://www.govtrack.us/congress/bills/115/hr1300, accessed April 1, 2019.

26   For the Panasonic discussion, see Lohr and Markoff, "Computers Learn to Listen, and Some Talk Back"; the US Airways citation is in Natasha Singer, "The Human Voice, as Game Changer," New York Times, April 1, 2012, https://www.nytimes.com/2012/04/01/technology/nuance-communications-wants-a-world-of-voicerecognition.html, accessed April 8, 2019.

27   Lohr and Markoff, "Computers Learn to Listen, and Some Talk Back."

28   Ibid.

29   One summary of this history is Bianca Bosker, "Siri Rising: The Inside Story of Siri's Origins, and Why She Could Overshadow the iPhone," HuffPost, January 22, 2013, https://www.huffpost.com/entry/siri-doengine-apple-iphone_n_2499165, accessed April 8, 2019. The details are secret, but it seems that Apple executives quickly regretted the partnership with Nuance and worked for six years to create their own version. See David Pierce, "How Apple Finally Made Siri Sound More Human," Wired, September 7, 2017, https://www.wired.com/story/how-apple-fi nally-made-siri-sound-more-human/, accessed April 8, 2019.

30   Bosker, "Siri Rising."

31   Austin Carr, "The Inside Story of Jeff Bezos's Fire Phone Debacle," Fast Company, January 6, 2015, https://www.fastcompany.com/3039887/under-fire, accessed October 12, 2019.

32   Charles Dugigg, "Is Amazon Unstoppable?," New Yorker, October 10, 2019, https://www.newyorker.com/magazine/2019/10/21/is-amazonunstoppable, accessed October 12, 2019.

33   Ibid.

34   Daisuke Wakabayashi and Nick Wingfi eld, "Google, Lagging Amazon, Races Across the Threshold into the Home," New York Times, October 2, 2019, https://www.nytimes.com/2016/10/03/technology/googlelagging-amazon-races-across-the-threshold-into-the-home.html, accessed October 12, 2019.

35   Independent analyst Ben Thompson, quoted in James Vincent, "Amazon's Answer to UPS Is Reportedly Getting Its First Proper Launch in LA," The Verge, February 9, 2018, https://www.theverge.com/2018/2/9/16994512/amazon-shipping-service-swa-launchingsoon, accessed June 2, 2020.

36   Clifford Nass et al., "Can Computer Personalities Be Human Personalities?," International Journal of Human-Computer Studies 43, no. 2 (August 1995): 223–239. See also Andrea Guzman, "Voices in and of the Machine," Computers in Human Behavior 90 (2019): 343–350.

37   Phi Tran, "Cell Phone Inventor Martin Cooper Was Infl uenced by Star Trek," Adweek, April 3, 2013, https://www.adweek.com/digital/cellphone-maker-martin-cooper-was-influenced-by-star-trek/, accessed June 3, 2020.

38   Judith Shulevitz, "Alexa, Should We Trust You?," Atlantic, November 2018, https://www.theatlantic.com/magazine/archive/2018/11/alexahow-will-you-change-us/570844/, accessed April 9, 2019.

39   Surur, "Petition for Microsoft to Make [the] Code Name Cortana Official Has 2000 votes," MSPowerUser, September 13, 2013, https://mspoweruser.com/petition-for-microsoft-to-make-to-code-namecortana-official-already-has-2000-votes/, accessed April 10, 2019.

40   Jon Fingas, "Google Plots a Backstory for Its AI Assistant," engadget, https://www.engadget.com/2016-05-31-google-assistant-personality.html, May 30, 2020.

41   Matthew Lynley, "Google Unveils Google Assistant, a Virtual Assistant That's a Big Upgrade to Google Now," TechCrunch, May 18, 2016, https://techcrunch.com/2016/05/18/google-unveils-google-assistanta-big-upgrade-to-google-now/, accessed May 30, 2020.

42   Rowland Manthorpe, "The Human (and Pixar Characters) Inside Google's Assistant," Wired, February 2017, https://www.wired.co.uk/article/the-human-in-google-assistant, accessed April 12, 2019.

43   Ben Fox Rubin," Alexa, Be More Human: Inside Amazon's Effort to Make Its Voice Assistant Smarter, Chattier, and More Like You," CNET, August 29, 2017, https://www.cnet.com/special-reports/amazon-alexa-echo-inside-look/, April 14, 2019.

44   Bianca Bosker, "Why Siri's Voice Is Now a Man (and a Woman)," HuffPost, June 12, 2013, https://www.huffpost.com/entry/siri-voiceman-woman_n_3423245, accessed April 13, 2019.

45   Chandra Steele, "The Real Reason Voice Assistants Are Female (and Why It Matters)," PC Magazine, January 4, 2018, https://www.pcmag.com/commentary/358057/the-real-reason-voice-assistants-arefemale-and-why-it-matt, accessed April 13, 2019.

46   Alejandro Alba, "Check Out How Samsung Describes Its Male and Female Bixby Assistants [Updated]," Gizmodo, July 19, 2017, https:// gizmodo.com/check-out-how-samsung-describes-its-male-andfemale-bix-1797051987, accessed April 13, 2019.

47   Quoted in Joanna Stern, "Alexa, Siri, Cortana: The Problem with All-Female Digital Assistants," Wall Street Journal, February 21, 2017, https://www.wsj.com/articles/alexa-siri-cortana-the-problem-withall-female-digital-assistants-1487709068, accessed July 15, 2020.

48   "Hands-Free Help from Google Home," YouTube, n.d., https://www.youtube.com/watch?v=-C2BQUhn3IQ, accessed April 13, 2019.

49   Google, "Google Privacy Policy: Information We Collect as You Use Our Services,"
      Google, July 1, 2020, https://policies.google.com/privacy. See also Google, "Data
      Security and Privacy on Devices that Work with Assistant," n.d., https://support.google.
      com/googlenest/answer/7072285?hl=en, accessed, July 15, 2020.

50   Nick Staff, "Why Google's Fancy New Assistant Is Just Called 'Google,'" The Verge,
      May 20, 2016, https://www.theverge.com/2016/5/20/11721278/google-ai-assistant-
      name-vs-alexa-siri, accessed April 15, 2019.

51   Brett Kinsella, "Google Duplex Shows the Way to a True Virtual Assistant," Voicebot.ai,
      May 8, 2018, https://voicebot.ai/2018/05/08/google-duplex-shows-the-way-to-a-true-
      virtual-assistant/, accessed April 13, 2019.

52   Ron Amadeo, "Talking to Google Duplex: Google's Human-like Phone AI Feels
      Revolutionary," Ars Technica, June 27, 2018, https://arstechnica.com/gadgets/2018/06/
      google-duplex-is-calling-we-talkto-the-revolutionary-but-limited-phone-ai/3/, accessed
      April 15, 2019. See also Kyle Wiggers, "Google Duplex's Haircut-Booking Feature Could
      Help Short-Handed Businesses," VentureBeat, October 12, 2020, https://venturebeat.
      com/2020/10/12/google-duplexshaircut-booking-feature-could-help-short-handed-
      businesses/, accessed November 15, 2020.

53   Leslie Joseph, "The Six Factors That Separate Hype from Hope in Your Conversational
      AI Journey," Forrester Research, August 6, 2018, https://www.forrester.com/report/The
      +Six+Factors+That+Separate+Hype+From+Hope+In+Your+Conversational+AI+Journ
      ey/-/E-RES143773, accessed August 24, 2020.

54   Vlad Sejnoha, "Beyond Voice Intelligence: It's the Age of Intelligent Systems," Forbes,
      January 11, 2013, https://www.forbes.com/sites/ciocentral/2013/01/11/beyond-voice-
      recognition-its-the-age-ofintelligent-systems/#5ce1e88d1ad3, accessed April 28, 2019.

55   See "Contact Center AI," Google, n.d., https://cloud.google.com/solutions/contact-
      center/; Emily Winchurch, "Announcing the AI Solution with Voice for Contact Centers,"
      Watson Blog, IBM, September 21, 2018, https://www.ibm.com/blogs/watson/2018/09/
      announcingthe-ai-solution-with-voice-for-contact-centers/, and Rob Koplowitz et al.,
      "The Forrester New Wave™: Conversational Computing Platforms, Q2 2018," Forrester
      Research, April 12, 2018, https://reprints.forrester.com/#/assets/2/73/RES137816/
      reports, all accessed April 21, 2019.

56   "Customer Care Voice Agent," IBM Watson, n.d., https://www.ibm.com/watson/assets/
      duo/pdf/Customer_Care_Voice_Agent.pdf, accessed April 21, 2019.

57   "Intelligent Automated Conversation with a Human Touch," Nuance, https://www.
      nuance.com/omni-channel-customer-engagement/digital/virtual-assistant/nina.html#,
      accessed May 1, 2019.

58   "Contact Center AI," Google, n.d., https://cloud.google.com/solutions/contact-center/;
      Winchurch, "Announcing the AI Solution with Voice for Contact Centers."

59   "Forrester Q&A: Customer Journey Analytics," Nuestar, n.d., https://www.home.
      neustar/resources/faqs/customer-journey-analyticsforrester-q-a, accessed December
      15, 2019.

2장 음성 데이터는 얼마나 강력한가

1 Ahmed Fuad Siddiqui (Inventor) for Amazon Technologies, Inc, "User Identification Using Voice Characteristics," US Patent 10,262,661, April 16, 2019.

2 David Gustafson, "Additional U.S. Patent Highlights Mattersight's Predictive Behavioral Routing Capabilities," Mattersight, May 7, 2014, https://www. globenewswire.com/newsrelease/2014/05/07/919167/0/en/Additional-U-S-Patent-HighlightsMattersight-s-Unique-Predictive-Behavioral-Routing-Capabilities.html, accessed September 13, 2020.

3 See "Alexa, Echo Devices, and Your Privacy," Amazon, n.d., https://www.amazon.com/gp/help/customer/display.html?nodeId=GVP69FUJ48X9DK8V; and Jason Cipriani, "Amazon Echo Stores Your Voice Commands. Here's How Alexa Can Delete Them," CNET, May 29, 2020, https://www.cnet.com/how-to/amazonecho-stores-your-voice-commands-heres-how-alexa-can-deletethem/, accessed July 15, 2020.

4 "Other Places Voice and Audio Recordings May Be Saved," n.d., https://support.google.com/accounts/answer/6030020?co=GENIE.Platform%3DDesktop&hl=en, accessed July 15, 2020.

5 Interview with Joe Petro, July 19, 2019.

6 Rupert Jones, "Voice Recognition: Is It Really as Secure as It Sounds?," Guardian, September 22, 2018, https://www.theguardian.com/money/2018/sep/22/voice-recognition-is-it-really-as-secure-asit-sounds, accessed May 10, 2019.

7 Wayne Rash, "Nuance Biometric Security Turns Your Body into an Authentication Tool," eWeek, February 28, 2018, https://www.eweek.com/security/nuance-biometric-security-turns-your-body-into-anauthentication-tool; and "Making Voice Biometrics Harder to Hack," August 29, 2018, Pymnts.com, https://www.pymnts.com/news/security-and-risk/2018/hackers-biometrics-cybercrime-fraudsters-authentication/.

8 Jones, "Voice Recognition."

9 Discussion with Rita Singh, Carnegie Mellon University, March 28, 2019.

10 Rita Singh, Profi ling Humans from Their Voice (New York: Springer, 2019), p. vii.

11 Ibid., p. 86.

12 Ibid., p. 110

13 Ibid., p. 88.

14 Ibid., p. 89.

15 Ibid., p. 98.

16 Ibid., p. 102.

17 Ibid.

18 Ibid., p. 103.

19 Ibid., p. 104.

20 Ibid., pp. 117–118.

21 Mindy Weisberger, "AI Listened to People's Voices. Then It Generated Their Faces," LiveScience, June 11, 2019, https://www.livescience.com/65689-ai-human-voice-face. html, accessed October 23, 2019.

22 Singh, Profi ling Humans, p. 109.

23 For example, research on noting a person's social status from "brief speech" took place at Yale University's School of Management. See Michael W. Kraus, Brittany Torrez, Jun Won Park, and Fariba Ghayebi, "Evidence for the Reproduction of Social Class in Brief Speech, PNAS, September 22, 2019, https://www.pnas.org/content/ early/2019/10/15/1900500116, accessed October 22, 2019.

24 Rita Singh, personal communication, April 22, 2019.

25 Singh, Profiling Humans, p. 3.

26 Interview with Rita Singh, March 28, 2019.

27 See, for example, James D. Harnsherger ct al., "Stress and Deception in Speech: Evaluating Layered Voice Analysis," Journal of Forensic Science 54, no. 3 (May 2009): 642–639; and Darren Haddad et al., "Investigation and Evaluation of Voice Stress Analysis Technology," Final Report to the Offi ce of Justice Programs, U.S. Department of Justice, February 13, 2002, https://www.ncjrs.gov/pdffi les1/nij/193832.pdf, accessed May 14, 2019.

28 Singh, Profiling Humans, p. 109.

29 George I. Seffers, "The Mind-Blowing Promise of AI-Driven Voice Profiling," Signal, September 1, 2018, https://www.afcea.org/content/mind-blowing-promise-ai-driven- voice-profiling, accessed May 30, 2019. The company's thin website in mid-2019 was more ambitious, claiming that "no matter the application—forensics, medical diagnosis, fraud detection, security, and more—we can help. Send us a note . . .and we'll be in touch."

30 Heather Mack, "Beyond Verbal Launches API to enable Voice-Based Emotion Detection by Virtual Private Assistants," Mobile Health News, https://www.mobihealthnews.com/ content/beyond-verbal-launchesapi-enable-voice-based-emotion-detection-virtual- private-assistants, accessed September 6, 2020.

31 "VocalisHealth," https://vocalishealth.com/, accessed July 19, 2020.

32 Ibid.

33 Elad Maor et al., "Voice Signal Characteristics Are Independently Associated with Coronary Artery Disease," Mayo Clinic Proceedings 93, no. 7 (April 2018): 840–847, quotation on p. 846.

34 "VocalisHealth," https://vocalishealth.com/, accessed July 18, 2020.

35 "Emotions Win," Invoca and Adobe, n.d., https://www.invoca.com/brand-eq/#start, p. 20, accessed May 29, 2019.

36 Ian Jacobs and Kjell Carlsson, "New Tech: AI-Fueled Speech Analytics Solutions, Q2, 2018," Forrester Research, June 21, 2016, p. 2, https://www.forrester.com/report/Ne w+Tech+AIFueled+Speech+Analytics+Solutions+Q2+2018/-/E-RES142152, accessed

August 24, 2020.

37 "DialogTech and Amazon Web Services Enable Marketers and Contact Centers to Grow Revenue," DialogTech, n.d., https://www.dialogtech.com/blog/dialogtech-amazon-web-services/, accessed October 22, 2019.

38 Kjell Carlsson, "Artificial Intelligence Supercharges Speech Analytics," Forrester, September 18, 2017, p. 2, https://www.forrester.com/report/Artificial+Intelligence+Supercharges+Speech+Analytics/-/E-RES139795, accessed August 24, 2020.

39 "How AI Improves the Customer Experience," CallMiner Eureka, n.d., https://www.technoreports.info/resourcefiles/HOW_AI_IMPROVES_THE_CUSTOMER_EXPERIENCE.pdf, accessed August 24, 2020.

40 "Nexidia Analytics," n.d., NICE website, https://www.nice.com/engage/nexidia-customer-engagement-analytics/nexidia-interactionanalytics, accessed October 22, 2019.

41 "Analyze Conversations for Actionable Marketing Insights," Dialogtech, n.d., https://www.dialogtech.com/products/analytics, accessed May 30, 2019.

42 "How It Works," CallMiner, n.d., https://callminer.com/, accessed on May 17, 2019.

43 "Enhanced Voice Customer Analytics with CallMiner," n.d., https://learn.callminer.com/wistia-product-videos/voice-of-customer-speechanalytics, accessed October 22, 2019.

44 "Speech Analytics Transcription Accuracy," Verint, [2018], https://www.verint.com/wp-content/uploads/speech-analytics-transcriptionaccuracy-white-paper-english-us.pdf, accessed May 18, 2019.

45 "Customer Experience," CallMiner, n.d., https://callminer.com/solutions/business-value/customer-experience/, accessed June 5, 2020.

46 Discussion with Scott Eller, Founder, Neuraswitch, May 15, 2019.

47 "Contact Center Innovations Real-Time Speech Analytics & Knowledge Management in Call Centers," Verint, n.d., http://video.verint.com/watch/WhUB8fr5RD2NJoSaABAMci, accessed May 21, 2019.

48 Cogito Corporation, "Cogito for the Call Center," n.d., https://www.cogitocorp.com/, accessed May 18, 2019.

49 Allison Snow et al., "B2B Insights Deep Dive," Forrester, August 8, 2019, p. 5, https://www.forrester.com/report/B2B+Insights+Deep+Dive+Use+AI+To+Drive+Engagement/-/E-RES149717, accessed August 24, 2020.

50 "Drive Better Phone Interactions with Artificial Intelligence," Cogito, n.d., https://www.cogitocorp.com/product/, accessed May 28, 2019.

51 Interview with Andy Traba, May 8, 2019.

52 Ibid.

53 Ibid.

54 "Neuraswitch and Beyond Verbal Announce Partnership to Add Emotion AI Insights to Call-Center Customer Experience Platform," Beyond Verbal Communications, October

31, 2018, http://www.digitaljournal.com/pr/4004199?noredir=1, accessed August 24, 2020.

55   Traba interview.

56   "Google Privacy Policy," Google, March 31, 2020, https://policies.google.com/privacy?hl=en-US, accessed May 31, 2020.

57   "Our Commitment to Privacy in the Home," Google, n.d., https://store.google.com/us/magazine/google_nest_privacy, accessed May 31, 2020.

58   "Alexa and Alexa Device FAQs," Amazon, n.d., https://www.amazon.com/gp/help/customer/display.html?nodeId=201602230, accessed March 20, 2020.

59   Alexa Terms of Use, January 1, 2020, https://www.amazon.com/gp/help/customer/display.html?nodeId=201602230, accessed March 20, 2020.

60   Anonymous interview, March 31, 2019.

61   Jim Huafeng and Sho Wang, "Voice-Based Determination of Physical and Emotional Characteristics of Users," Amazon Technologies Inc., US Patent US10096319B1, 2017, https://patents.google.com/patent/US10096319B1/en, accessed June 5, 2020.

62   Anthony Fadell et al. for Google Inc., "Smart Home Automation System That Suggests or Automatically Implements Selected Household Policies Based on Sensed Observations," US patent 10,114,351, October 30, 2018, https://patents.google.com/patent/US10114351B2/en, accessed August 24, 2020.

63   Ibid.

64   Brian Lafayette Adair for Amazon Technologies, Inc., "Indirect Feedback Systems and Methods," US patent 10,019,489, July 10, 2018, column 2, https://patents.google.com/patent/US10019489B1/en, accessed August 24, 2020.

65   Matthew Sharifi and Jakob Foerster for Google LLC, "Adaptive Textto-SpeechOutputs," US Patent 10,453,441, October 22, 2019, https://patents.google.com/patent/US10453441B2/en, accessed July 15, 2020.

66   Anthony Michael Fadell et al., "Visitor Options at an Entryway to a Smart-Home," US Patent 9,978,238, May 22, 2018, https://patents.google.com/patent/US9978238B2/en, accessed August 24, 2020.

67   Ying Zheng for Google LLC, "Systems and Methods for Associating Media Content with Viewer Expressions," US Patent 9,866,903, January 9, 2018, http://patft.uspto.gov/netacgi/nph-Parser?Sect1=PT O1&Sect2=HITOFF&d=PALL&p=1&u=%2Fnetahtml%2FPTO%2Fsrchnum.htm&r=1&f=G&l=50&s1=9,866,903.PN.&OS=PN/9,866,903&RS=PN/9,866,903, accessed September 6, 2020.

68   Eric Meissner et al. for Amazon, Inc., "Contextual Presence," US Patent 10,455,362, October 22, 2019, https://patents.justia.com/patent/10455362, accessed August 24, 2020.

69   For example, Bret Kinsella, "RBC Analyst Says 52 Million Google Home Devices Sold to Date and Generating $3.4 Billion in 2018 Revenue," Voicebot.ai, December 24, 2018, https://voicebot.ai/2018/12/24/rbc-analyst-says-52-million-google-home-devices-

soldto-date-and-generating-3-4-billion-in-2018-revenue/, accessed July 15, 2020; and Greg Sterling, "Google Takes Baby Steps to Monetize Google Assistant, Google Home," Search Engine Land, April 22, 2019, https://searchengineland.com/google-takes-baby-steps-to-monetizegoogle-assistant-google-home-315743, accessed July 15, 2020.

70   Eugene Kim, "As Amazon Floods the Market with Alexa Devices, the Business Model Is Getting Fresh Scrutiny," CNBC.com, September 28, 2019, https://www.cnbc.com/2019/09/28/amazon-alexa-growth-hasinvestors-questioning-the-business-model.html, accessed July 25, 2020.

71   Ibid.

72   Interview with Brandon Purcell, June 21, 2019.

3장 일상에 파고든 음성인식

1   Nick Statt, "Amazon Wants Alexa to Be the Operating System for Your Life," The Verge, September 27, 2018, https://www.theverge.com/2018/9/27/17911300/amazon-alexa-echo-smart-home-ecosystem-competition, accessed August 4, 2019.

2   Chris Welsh, "The 14 Biggest Announcements from Amazon's Surprise Hardware Event," The Verge, September 20, 2018, https://www.theverge.com/2018/9/20/17883242/amazon-alexa-event-2018-news-recap-echo-auto-dot-sub-link-auto-microwave, accessed August 4, 2019.

3   "Amazon Echo Integration with Ring Devices," Ring, n.d., https://support.ring.com/hc/en-us/articles/115003247146-IntegratingAmazon-Alexa-supported-Devices-with-Ring-Devices, accessed September 13, 2020.

4   Statt, "Amazon Wants Alexa to Be the Operating System for Your Life."

5   Jennifer Wise, quoted in ibid.

6   Tony Bennett and Francis Dodsworth, "Habit and Habituation: Governance and the Social," Body & Society 19, nos. 2, 3 (2013).

7   Jennifer Wise, quoted in Statt, "Amazon Wants Alexa to be the Operating System for Your Life."

8   Andria Cheng, "Why This Year's Prime Day Is Even More Crucial for Amazon," Forbes, July 16, 2018, https://www.forbes.com/sites/andriacheng/2018/07/16/this-is-the-single-most-important-watchpointfor-amazons-prime-day/#717ab1d863a1, accessed August 18, 2020.

9   "Over 17 Million Transactions Made on Amazon over Prime Day 2018," Hitwise, July 20, 2018, https://www.hitwise.com/en/2018/07/20/over-17-million-transactions-made-on-amazon-overprime-day-2018/, accessed August 5, 2019.

10   Kristin McGrath, "What Is Prime Day?," BlackFriday.com, July 18, 2019, https://blackfriday.com/news/amazon-prime-day-history-andstatistics, accessed August 5,

2019.

11   Ibid.

12   "Alexa, How Was Prime Day? Prime Day 2019 Surpassed Black Friday and Cyber Monday Combined," Amazon Press Release, July 17, 2019, https://press.aboutamazon.com/news-releases/news-release-details/alexa-how-was-prime-day-prime-day-2019-surpassed-black-friday, accessed August 5, 2019.

13   Drake Hawkins, "Pre-Prime Day Amazon Deal on Ecobee4 Smart Thermostat," DigitalTrends, July 3, 2019, https://www.digitaltrends.com/dtdeals/ecobee4-smart-thermostat-pre-amazon-prime-day-deal/, accessed August 24, 2020.

14   Interview with Brad Russell, July 25, 2019.

15   The information from NMG in this and the following paragraphs are from my interview with Tom Hickman, July 25, 2019.

16   Kyle Wiggers, "Adam Cheyer: Samsung's Plan for Winning with Bixby Is Empowering Third-Party Developers," VentureBeat, June 22, 2019, https://venturebeat.com/2019/06/22/adam-cheyer-samsungs-planfor-winning-with-bixby-is-empowering-third-party-developers/, accessed August 24, 2020. Cheyer left the project in 2020.

17   "Control4 Smart Home OS3," Control4, https://www.control4.com/os3/, accessed July 30, 2019.

18   "End User License Agreement," Control4, https://www.control4.com/legal/end-user-license-agreement, accessed March 22, 2010.

19   Toll Brothers, "Toll Brothers Expands Smart Home Technology Available in Homes," Global NewsWire, June 26, 2018, https://www.globenewswire.com/news-release/2018/06/26/1529745/0/en/TollBrothers-Expands-Smart-Home-Technology-Available-in-Homes.html, accessed August 8, 2019.

20   "Be Smart. Live Easier. KB Smart Home System with Google," KB Homes, n.d., https://www.kbhome.com/kb-smart-home, accessed August 8, 2019.

21   "Wake Up the Home!" video, Lennar, n.d., https://www.lennar.com/ei/connectivity, accessed August 8, 2019.

22   "Lennar Introduces World's First CERTIFIED™ Home Designs," https://www.lennar.com/wifi -certified, accessed September 7, 2020.

23   "Amazon Smart Home Activation: Lennar," n.d., https://www.amazon.com/gp/product/B075311V17, accessed August 8, 2019.

24   Quotations from Tony Callahan in this and the following paragraphs are from my interview with him on July 17, 2019.

25   The Shea findings parallel broader research by the Voicebot.ai news and consulting firm. See Bret Kinsella, "Voice Industry Professionals Say Amazon Alexa Is Having the Biggest Impact Followed by Google with Everyone Else Far Behind—New Report," Voicebot.ai, May 11, 2020, https://voicebot.ai/2020/05/11/voice-industryprofessionals-say-amazon-alexa-is-having-the-biggest-impactfollowed-by-google-with-everyone-else-far-behind-new-report/, accessed May 11, 2020.

26   Sasha Lekach, "BMW Makes Sure We Can't Escape Voice Assistants While Driving," Mashable, September 7, 2018, https://mashable.com/article/bmw-digital-assistant-car-voice/, accessed August 14, 2019.

27   Interview with Eric Montague, July 18, 2019.

28   Robert Bruchhardt, "Three Things We Learned Building the Hey Mercedes Voice Assistant," a talk presented at the Voice 2019 conference, July 24, 2019. See https://www.voicesummit.ai/agenda, accessed August 11, 2019.

29   Patrick Gaelweiler, "What's That Place? Open That Window! Play That Song," Nuance press release, January 23, 2019, https://www.cerence.com/news-releases/news-release-details/whats-place-open-windowplay-song-experiencing-digital-car, accessed September 7, 2020.

30   Bret Kinsella, "3-in-5 Consumers Want the Same Voice Assistant in the Car as in the Home—New Amazon and JD Power Study," Voicebot.ai, April 9, 2019, https://voicebot.ai/2019/04/09/3-in-5-consumers-want-the-same-voice-assistant-in-the-car-as-in-the-homenew-amazon-and-jd-power-study/, accessed November 20, 2019.

31   Ibid.

32   Sasha Lekach, "Amazon's Alexa Will Soon Do Your Bidding Through Your Car Infotainment Console," Mashable, August 9, 2018, https://mashable.com/article/amazon-alexa-car-voice-integration/, accessed August 14, 2019.

33   Bret Kinsella, "GM to Provide the First Full Alexa Auto Implementation and It's Different Than What Came Before," Voicebot.ai, September 29, 2019, https://voicebot.ai/2019/09/29/gm-toprovide-the-first-full-alexa-auto-implementation-and-its-differentthan-what-came-before/, accessed November 20, 2019.

34   Bret Kinsella, "Amazon, Baidu, Cerence, Microsoft, Tencent, and 30 Other Companies Launch Voice Interoperability Initiative," September 24, 2019, https://voicebot.ai/2019/09/24/amazon-baidu-cerencemicrosoft-tencent-and-30-other-companies-launch-voice-interoperability-initiative/, accessed November 20, 2019.

35   Quotations from Joe Petro in this and the following paragraphs are from my interview with him on July 19, 2019.

36   Chris Burt, "Auto Biometrics Market Projected for Massive Growth as Industry Players Demo New Technology," January 15, 2020, https://www.biometricupdate.com/202001/auto-biometrics-marketprojected-for-massive-growth-as-industry-players-demo-new-technology, accessed January 15, 2020.

37   Kevin Lisota, "Amazon Signals Big Ambitions for Automobiles with Expanded Presence at CES," GeekWire, January 10, 2020, https://www.geekwire.com/2020/amazon-signals-big-ambitions-automobileexpanded-presence-ces/, accessed March 25, 2020.

38   Jaclyn Trop, "The Spy Inside Your Car," Fortune, January 24, 2019, https://fortune.com/2019/01/24/the-spy-inside-your-car/, accessed December 13, 2019.

39   Urvaksh Karkaria, "BMW Introduces Intelligent Personal Assistant Communication System," Automotive News Europe, September 6, 2018, https://europe.autonews.com/

article/20180906/COPY/309069934/bmw-introduces-intelligent-personal-assistant-communicationssystem, accessed December 13, 2019.

40   Trop, "Spy Inside Your Car."

41   Ibid.

42   "Information Notice—Speech Messaging," Volvo, updated November 24, 2019, https://www.volvocars.com/mt/support/topics/legal-documents/privacy/privacy-notice---speech-messaging, accessed July 16, 2020.

43   Interview with Roger Lanctot, August 12, 2019.

44   Tamra Johnson, "Think You're in Your Car More? You're Right. Americans Spend 70 Billion Hours Behind the Wheel," AAA Newsroom, February 27, 2019, https://newsroom.aaa.com/2019/02/think-youre-in-your-car-more-youre-right-americans-spend-70-billion-hours-behind-the-wheel/, accessed July 16, 2020.

45   Lanctot interview.

46   William Boston and Tim Higgins, "The Battle for the Last Unconquered Screen—The One in Your Car," Wall Street Journal, April 8, 2019, https://www.wsj.com/articles/the-battle-for-the-last-unconqueredscreenthe-one-in-your-car-11554523220, accessed June 6, 2020.

47   Ibid.

48   Two anonymous interviews, July 2019.

49   Boston and Higgins, "Battle for the Last Unconquered Screen."

50   Ibid.

51   Anonymous interview, July 21, 2019.

52   Tom Franklin, "Hands-Free Hotel Stays, with Google," Google: The Keyword, August 26, 2020, https://www.blog.google/products/assistant/hands-free-hotel-stays-google/, accessed August 29, 2020.

53   "Alexa for Hospitality," Amazon Alexa, n.d., https://www.amazon.com/alexahospitality, accessed July 16, 2020.

54   Ibid., accessed August 16, 2019.

55   "What to Know About Amazon Alexa in Hotels," Employers, n.d., https://www.employers.com/resources/blog/2019/what-to-knowabout-amazon-alexa-in-hotels, accessed November 17, 2019.

56   Christina Jelski, "Amazon's Alexa Can Be an Unwelcome Roommate," Travel Weekly, February 19, 2019, https://www.travelweekly.com/Travel-News/Hotel-News/Hotel-guests-uncomfortable-with-AmazonAlexa, accessed November 19, 2019.

57   Lorraine Sileo, senior vice president, research and business operations at Phocuswright, in ibid.

58   "Alexa for Hospitality."

59   Franklin, "Hands-Free Hotel Stays, with Google."

60   "Angie's Features and Capabilities," Angie Hospitality, n.d., https://angie.ai, accessed

December 12, 2019.

61   Jesse Tenne Fox, "Google, Volara Partner for Contactless Hotel Tech," Hotel Management, August 27, 2020, https://www.hotelmanagement.net/tech/google-volara-partner-for-contactless-hotel-tech, accessed September 8, 2020.

62   David Berger, "Lessons Learned from a Failed Amazon Alexa Deployment," FocusWire, April 10, 2019, https://www.phocuswire.com/Berger-Volara-on-Alexa-mistakes, accessed July 16, 2020.

63   Interview with Dave Berger, August 16, 2019.

64   Alexa for Hospitality Q&A, n.d., https://m.media-amazon.com/images/G/01/asp-marketing/Alexa_for_Hospitality_FAQs._CB1529382359_.pdf, accessed August 16, 2019.

65   Interview with Aparna Ramanathan, August 16, 2019.

66   See also the interview "Alexa in Education with Dr. Aparna and Deepak Ramathan," October 16, 2018, https://alexaincanada.ca/alexa-in-education-with-aparna-and-deepak-ramanathan/, accessed March 25, 2020.

67   "Ask My Class," https://www.goaskmyclass.com, accessed August 16, 2019. A later iteration (accessed on March 25, 2020) is https://askmyclass.app/.

68   Mark Lieberman, "Using Amazon Echo, Google Home to Learn: Skill of the Future or Bad Idea?," Education Week, February 4, 2020, https://www.edweek.org/ew/articles/2020/02/05/using-amazon-echogoogle-home-to-learn.html, accessed February 10, 2020.

69   Ibid.

70   Ramanathan interview.

71   Lieberman, "Using Amazon Echo, Google Home to Learn."

72   Ibid.

73   Ibid.

74   "Examples of Information Collected," Amazon Privacy Notice, January 1, 2020, https://www.amazon.com/gp/help/customer/display.html?ref=hp_bc_nav?ie=UTF8&nodeId=201909010#GUID-1B2BDAD4–7ACF-4D7A-8608-CBA6EA897FD3__SECTION_87C837F9CCD84769B4AE2BEB14AF4F01, accessed July 16, 2020.

75   "What About Advertising?," Amazon Privacy Notice, January 1, 2020, https://www.amazon.com/gp/help/customer/display.html?ref=hp_bc_nav?ie=UTF8&nodeId=201909010#GUID-1B2BDAD4–7ACF-4D7A-8608-CBA6EA897FD3__SECTION_87C837F9CCD84769B4AE2BEB14AF4F01, accessed July 16, 2020.

76   Patrick Givens presentation at the Voice 2019 conference, Newark, NJ, July 23, 2019.

77   "Need a Way to Better Assist Shoppers in Store?," SmartAisle, n.d., https://www.smartaisle.io/, accessed August 16, 2019.

78   Mars Agency, "Bottle Genius Demo," SmartAisle, n.d., https://www.smartaisle.io/, accessed August 16, 2019.

79   The Mars Agency (press release), "The Mars Agency and Bottlerocket Wine & Spirit Launch Groundbreaking Voice Activated In-Store Shopper Tool," Cision PR Newswire, February 1, 2018, https://www.prnewswire.com/news-releases/the-mars-agency-and-bottlerocketwine--spirit-launch-groundbreaking-voice-activated-in-store-shoppertool-300591675.html, accessed August 24, 2020.

80   Interview with Peter Peng, August 24, 2019.

81   Interview with Ethan Goodman, August 21, 2019.

82   Discussion with Bret Kinsella, April 19, 2019.

4장 언론은 왜 호의적인가

1   "Amazon and Lennar Team Up to Show and Sell Smart Home Tech," CNBC, May 22, 2018, https://www.cnbc.com/video/2018/05/23/amazonlennar-homes-alexa-real-estate-tech.html, accessed May 23, 2019.

2   Judith Shulevitz, "Alexa, Should We Trust You?," Atlantic, November 2018, https://www.theatlantic.com/magazine/archive/2018/11/alexahow-will-you-change-us/570844/, accessed November 30, 2019.

3   Penelopi Troullinou, "Exploring the Subjective Experience of Everyday Surveillance: The Case of Smartphone Devices as Means of Facilitating 'Seductive' Surveillance," PhD diss., Open University, 2017, p. 48.

4   Jenna Wortham, "Technology Innovator's Mobile Move," June 27, 2012, https://www.nytimes.com/2010/06/28/technology/28sri.html, accessed November 30, 2019.

5   Steve Lohr, "Speech Recognition's Early Days," New York Times, June 25, 2010, https://www.nytimes.com/2010/06/25/science/25history.html, accessed November 30, 2019.

6   Wortham, "Technology Innovator's Mobile Move."

7   Claire Cain Miller, "BITS: Better Voice Commands for Android Phones," New York Times, August 16, 2010, https://archive.nytimes.com/query.nytimes.com/gst/fullpage-9D05E1DB-1338F935A2575BC0A9669D8B63.html, accessed November 30, 2019.

8   Steve Lohr and John Markoff, "Computers Learn to Listen, and Some Talk Back," New York Times, June 24, 2010, https://www.nytimes.com/2010/06/25/science/25voice.html, accessed November 22, 2019.

9   Ibid.

10   Timothy Hay, "Speech Recognition Starts to Make Noise," Wall Street Journal, April 21, 2010, p. B5A.

11   Jeff Gelles, "Apple Rolls Out New iPhone, Software," Philadelphia Inquirer, October 5, 2011, p. A13.

12   Jefferson Graham, "Want an iPhone 4S? Get in Line," USA Today, October 14, 2011, p. B1.

13 Jefferson Graham, "Siri's Becoming Everybody's Buddy," USA Today, October 21, 2011, p. B1.

14 "Siri, Iris, and the Dream of Just Talking to Our Phones," CNN Business, October 26, 2011.

15 Jefferson Graham, "Some Consumers Love Siri, Others Not so Much," USA Today, February 22, 2012, p. B3.

16 Daisuke Wakabayashi and Alistair Barr, "Apple and Google Know What You Want Before You Do," Wall Street Journal, August 3, 2015.

17 "In Toronto, Surprises, Stars and Standing O's," USA Today, September 9, 2013, p. D4.

18 Sarah LaTrent, "'Her' and the Realities of Computer Love," CNN Wire, January 7, 2014.

19 Melena Ryzik, "Asking Siri About 'Her,'" New York Times Blogs, January 26, 2014.

20 Alex Hawgood, "'Interactive' Gets a New Meaning," New York Times, December 26, 2013, accessed November 30, 2019, https://www.nytimes.com/2013/12/26/fashion/Sextoys-cybersex-high-tech.html, accessed November 30, 2019.

21 Robert Kawakami, "How Real Is Spike Jonze's 'Her'?," Wall Street Journal, January 24, 2014.

22 Emil Protalinski, "Amazon Echo Is a $200 Voice-Activated Wireless Speaker for Your Living Room," VentureBeat, November 6, 2014, https://venturebeat.com/2014/11/06/amazon-echo-is-a-200-voiceactivated-smart-wireless-speaker-for-your-living-room/, accessed on March 21, 2019.

23 Hope King, "Amazon Built the Star Trek Computer for Your House," CNN Business, July 24, 2015, https://money.cnn.com/2015/07/24/technology/amazon-echo-review/index.html, accessed November 22, 2019.

24 "Amazon Echo Teardown Gets Inside the Smart Speaker Powered by the Cloud," CNET, September 14, 2015, https://www.cnet.com/news/amazon-echo-teardown-a-smart-speaker-powered-by-amazonscloud/, accessed November 30, 2019.

25 Clive Thompson, "Watch What You Say: The Cloud Might Be Listening," Wired, November 20, 2015, https://www.wired.com/2015/11/clive-thompson-9/, accessed November 30, 2019.

26 Mike Troy, "The Meaning of Prime Day," Retail Leader, July 15, 2019, https://retailleader.com/meaning-prime-day, accessed September 2, 2019.

27 Nathan Olivarez-Giles, "Amazon Turns Its Alexa Virtual Assistant into a Prime Day Personal Shopper," Wall Street Journal, updated July 8, 2016, https://www.wsj.com/articles/amazon-turns-its-alexa-virtualassistant-into-a-prime-day-personal-shopper-1468005812, accessed August 24, 2020.

28 Mike Troy, "The Meaning of Prime Day," Retail Leader, July 15, 2019, https://retailleader.com/meaning-prime-day, accessed September 2, 2019.

29 Day One Staff, "How and Why Prime Day Came to Be, and the Impact and Scale for Customers, Small Businesses, and Sellers on Amazon," Amazon Blog DayOne, https://blog.aboutamazon.com/shopping/thehistory-of-prime-day, accessed September 1,

2019.

30 Monica Nickelsburg, "Could Smart Speakers, Like Amazon Echo, Outpace Early iPhone Sales?," GeekWire, November 2, 2016, https://www.geekwire.com/2016/age-alexa-amazon-echo-sales-pace-fi rstyear-iphones/, accessed September 1, 2019.

31 Ibid.

32 Forbes Finds Contributor Group, "Amazon Prime 2018: Here's the Information You Need to Know," July 3, 2018, https://www.forbes.com/sites/forbes-finds/2018/07/03/prime-day/#2004b161622d, accessed November 30, 2019.

33 Ibid. According to Forbes, Forbes Finds "covers products we think you'll love. Featured products are independently selected and linked to for your convenience. If you buy something using a link on this page, Forbes may receive a small share of that sale."

34 Alivia McAtee, "A Prime Day Shopping List to Build out Your Smart Home," Reviews. com, July 12, 2019, https://www.reviews.com/blog/prime-day-smart-homes/, November 27, 2019.

35 Catey Hill, "Here Are Some of the Best-Selling Items on Amazon Prime Day from Around the World," MarketWatch, July 17, 2019, https://www.marketwatch.com/story/here-are-some-of-the-bestselling-items-on-amazon-prime-day-from-around-theworld-2019-07-17, accessed August 24, 2020.

36 Catey Hill, "Amazon Gave Away Thousands of These Devices Free with Purchase on Prime Day, and They're Still Doing It Today," MarketWatch, July 16, 2019, https://www.marketwatch.com/story/amazon-gave-away-thousands-of-these-devices-free-with-purchaseon-prime-day-and-theyre-still-doing-it-today-2019-07-16, accessed August 24, 2020.

37 "Big Board Today's Top Stories," ABC News Good Morning America, July 10, 2017.

38 Rick Broida, "Early Prime Day Deals on Google Hardware: $25 Home Mini, $79 Nest Hub and Lots More," CNETNews.com, July 10, 2019.

39 Simon Cohen, "Walmart's Got the Google Home Max for $249 Just in Time for Prime Day," Digital Trends, July 15, 2019, https://www.digitaltrends.com/home-theater/google-home-max-prime-day-2019-deal-walmart/, accessed September 2, 2019.

40 "Voicebot: More Than a Quarter of Americans Now Own Smart Speakers," RAIN News, March 7, 2019, https://rainnews.com/voicebot-more-than-a-quarter-of-americans-now-own-smartspeakers/, accessed September 3, 2019.

41 Bret Kinsella, "U.S. Smart Speaker Ownership Rises 40% in 2018 to 66.4 Million and Amazon Echo Maintains Market Share Lead Says New Report from Voicebot," Voicebot.ai, March 7, 2019, https://voicebot.ai/2019/03/07/u-s-smart-speaker-ownership-rises-40-in-2018-to-66-4-million-and-amazon-echo-maintains-market-sharelead-says-new-report-from-voicebot/, accessed September 3, 2019.

42 Dan Gallagher, "Sonos Can't Miss a Beat," Wall Street Journal Online, September 10, 2018, accessed via Factiva; Brian X. Cen and Daisuke Wakabayashi, "New Pixel Phones and Other Gadgets Keep Google in the Hardware Hunt," New York Times, October 9, 2018; Dan Gallagher, "Why Big Tech Keeps Trying Its Hand at Hardware," Wall Street

Journal Online, October 19, 2018, via Factiva; Taylor Telford, "Those News Anchors Are Professional and Efficient," Washington Post, November 10, 2018.

43   Clive Thompson, "May A.I. Help You?," New York Times, November 18, 2019, https://www.nytimes.com/interactive/2018/11/14/magazine/tech-design-ai-chatbot.html, November 25, 2019.

44   David Pierce, "Smart TVs Will Get Dumber," Wall Street Journal, November 26, 2018, p. B4.

45   Caroline Knorr, "What Parents Need to Know Before Buying Google Home or Amazon Echo," Washington Post, December 14, 2018, https://www.washingtonpost.com/lifestyle/2018/12/14/what-parents-needknow-before-buying-google-home-or-amazon-echo/, accessed December 1, 2019.

46   Geoffrey Fowler, "I Live with Alexa, Google Assistant and Siri. Here's Which One You Should Pick," Washington Post, November 21, 2018, https://www.washingtonpost.com/technology/2018/11/21/i-livewith-alexa-google-assistant-siri-heres-which-you-should-pick/, accessed December 1, 2019; and Amy Webb, "Are You an Amazon or an Apple Family?," New York Times, March 9, 2019, https://www.nytimes.com/2019/03/09/opinion/sunday/10Webb.html, accessed December 1, 2019. Other media outlets ran similar stories. See, for example, "Which Voice Assistant Is Right for You?," February 12, 2018, "Good Morning America," February 12, 2018, https://www.goodmorningamerica.com/living/video/voice-assistant-53009925, accessed December 11, 2019; Wirecutter staff, "Smart-Home Devices to Make Your Holidays Easier," New York Times, October 26, 2018, https://www.nytimes.com/2018/10/26/smarter-living/wirecutter/smart-home-devices-holiday-tasks.html, accessed December 1, 2019; Wirecutter staff, "Gift Guide 2018 Smarter Home," New York Times, several dates with products constantly updated (despite the title, the link leads to a page with some 2019 smarter home products), https://www.nytimes.com/guides/gifts/2018-holiday-gift-guide?category=Smarter+Home&redirect=true, accessed December 11, 2019; Daniel Bortz, "How Your Thermostat Could Save You a Bundle This Winter," Washington Post, November 28, 2018, https://www.washingtonpost.com/lifestyle/home/how-your-thermostat-could-save-you-a-bundlethis-winter/2018/11/27/a7d6cef2-ec4d-11e8-96d4-0d23f2aaad09_story.html, accessed December 1, 2019; Laura Stevens, "Amazon Wants Alexa to Do More Than Just Play Your Music," Wall Street Journal Online, October 20, 2018, https://www.wsj.com/articles/amazon-wants-alexa-to-do-more-than-just-play-yourmusic-1540047600, accessed August 24, 2020.

47   David Pierce, "33 Mostly Free Ways to Fix Your Family's Tech Problems," Wall Street Journal Online, December 23, 2018, https://www.wsj.com/articles/33-mostly-free-ways-to-fix-your-familys-techproblems-11545573601, accessed December 1, 2019.

48   James Burch, "In Japan, a Buddhist Funeral for Robot Dogs," National Geographic, May 24, 2018, https://www.nationalgeographic.com/travel/destinations/asia/japan/in-japan--a-buddhist-funeral-servicefor-robot-dogs/, accessed September 18, 2019.

49   Jaclyn Jeffret-Wilensky, "Why Robotic Pets May Be the Next Big Thing in Dementia Care," NBC News, April 3, 2019, https://www.nbcnews.com/mach/science/why-robotic-

pets-dementia-care-maybe-next-big-thing-ncna990166, accessed September 18, 2019.

50   Judith Newman, "To Siri, with Love," New York Times, October 17, 2014, https://www. nytimes.com/2014/10/19/fashion/how-apples-siribecame-one-autistic-boys-bff.html, accessed December 1, 2019.

51   Mike Colias, "Ordering Coffee Through Your Car: New Apps Turn Cars into Smartphones, Raising Safety Questions," https://www.wsj.com/articles/ordering-coffee-through-your-car-new-apps-turn-carsinto-smartphones-raising-safety-questions-1537354800, accessed December 1, 2019.

52   Tony Romm, "Trump Administration Proposal Could Target Exports of the Tech Behind Siri, Self-Driving Cars, and Supercomputers," Washington Post, November 19, 2018, https://www.washingtonpost.com/technology/2018/11/19/trump-administration-proposal-couldtarget-exports-tech-behind-siri-self-driving-cars-supercomputers/, accessed December 1, 2019.

53   Ann-Marie Alcantara, "The Most Fun (and Useful) Things You Can Do with an Amazon Echo or Google Home," New York Times, September 19, 2018, https://www.nytimes.com/2018/09/19/smarterliving/fun-useful-things-amazon-echo-alexa-google-home.html, accessed December 1, 2019.

54   Thompson, "May A.I. Help You?"

55   Venessa Wong, "Amazon Knows Alexa Devices Are Laughing Spontaneously and It's 'Working to Fix It,'" BuzzFeed News, March 7, 2018, https://www.buzzfeednews.com/article/venessawong/amazonalexa-devices-are-laughing-creepy, accessed December 1, 2019.

56   Thompson, "May A.I. Help You?"

57   Leah Fessler, "We Tested Bots Like Siri and Alexa to See Who Would Stand Up to Sexual Harassment," Quartz, February 27, 2017, https://qz.com/911681/we-tested-apples-siri-amazon-echos-alexa-microsofts cortana-and-googles-google-home-to-see-which-personal-assistantbots-stand-up-for-themselves-in-the-face-of-sexual-harassment/, accessed October 13, 2019.

58   Leah Fessler, "Amazon's Alexa Is Now a Feminist, and She's Sorry if That Upsets You," Quartz, January 17, 2018, https://qz.com/work/1180607/amazons-alexa-is-now-a-feminist-and-shes-sorry-ifthat-upsets-you/, accessed October 13, 2019.

59   Ibid.

60   Madeline Buxton, "Writing for Alexa Becomes Complicated in the #MeToo Era," Refinery 20, December 27, 2019, https://www.refinery29.com/en-us/2017/12/184496/amazo-alexa-personality-metoo-era, accessed October 13, 2019.

61   Thao Phan, "Amazon Echo and the Aesthetics of Whiteness," Catalyst 5, no. 1 (2019): 23.

62   Drew Harwell, "Smart Speaker Revolution Raises the Issue of Accent Bias," Washington Post, July 20, 2018, p. A01.

63   Cade Metz, "There is a Racial Divide in Speech-Recognition Systems, Researchers Say," New York Times, March 23, 2020, https://www.nytimes.com/2020/03/23/

           보이스 캐처

technology/speech-recognition-bias-appleamazon-google.html, accessed September 4, 2020.

64   Harwell, "Smart Speaker Revolution."

65   Ibid.

66   Niraj Chokshi, "Is Alexa Listening?," New York Times, May 25, 2018, https://www.nytimes.com/2018/05/25/business/amazon-alexaconversation-shared-echo.html, accessed December 1, 2019.

67   Geoffrey Fowler, "There's a Spy in Your Home, and Its Name Is Alexa," Washington Post, May 12, 2019, G01.

68   Sapna Maheshwari, "Hey, Alexa, What Can You Hear? and What Will You Do with It?," New York Times, March 31, 2018, https://www.nytimes.com/2018/03/31/business/media/amazon-google-privacydigital-assistants.html, December 1, 2019.

69   Ben Fox Rubin, "Amazon's New Alexa Features Put More Emphasis on Privacy," CNET, May 19, 2019, https://www.cnet.com/news/amazons-new-alexa-features-puts-added-emphasis-on-privacy/, accessed November 30, 2019.

70   Matt Day, Giles Turner, and Natalia Drozdiak, "Amazon Workers Are Listening to What You Tell Alexa," Bloomberg, April 10, 2019, https://www.bloomberg.com/news/articles/2019-04-10/is-anyone-listeningto-you-on-alexa-a-global-team-reviews-audio, accessed September 7, 2019.

71   Ibid.

72   "Strangers Are Listening to Everything You Ask Apple's Siri," CBS SF Bay Area, March 12, 2015, https://sanfrancisco.cbslocal.com/2015/03/12/strangers-apple-siri-data-third-party-privacy/, accessed September 7, 2019.

73   Alex Hern, "Apple Contractors 'Regularly Hear Confi dential Details' on Siri Recordings," Guardian, July 26, 2019, https://www.theguardian.com/technology/2019/jul/26/apple-contractorsregularly-hear-confidential-details-on-siri-recordings, accessed September 7, 2019.

74   "Echo Dot Kids Edition Violates COPPA," Campaign for a Commercial-Free Childhood, May 9, 2019, https://www.echokidsprivacy.com/?eType=EmailBlastContent&eId=ca5d12fa-f830–4302-add5–3d73d87b84ab, accessed December 1, 2019.

75   Ben Fox Rubin, "Lawsuits Claim Amazon's Alexa Records Kids Without Their Consent," CNET, June 13, 2019, https://www.cnet.com/news/lawsuits-claim-amazons-alexa-records-kids-without-theirconsent/, accessed December 1, 2019.

76   Alfred Ng, "Amazon Alexa Transcripts Live On, Even after You Delete Voice Records," May 9, 2019, https://www.cnet.com/news/amazonalexa-transcripts-live-on-even-after-you-delete-voice-records/, accessed December 1, 2019.

77   "Apple Statement: Improving Siri's Privacy Protections," Apple Newsroom, August 28, 2019, https://www.apple.com/newsroom/2019/08/improving-siris-privacy-protections/, accessed September 7, 2019.

78   Ibid.

79   Nick Bastone, "Google Will Temporarily Stop Contractors from Listening to Assistant Recordings Around the World after Leaked Data Sparked Privacy Concerns," Business Insider, August 2, 2019, https://www.businessinsider.com/google-stops-audio-reviews-europeprivacy-concerns-2019-8, accessed September 8, 2019.

80   Ibid.

81   Mary Hanbury, "Google Says Its Workers Are Listening to and Transcribing Your Google Assistant Commands," Business Insider, July 11, 2019, https://www.businessinsider.com/google-workers-listen-togoogle-assistant-commands-2019-7, accessed September 8, 2019.

82   See Brian Koerber, "Amazon Reveals Why Alexa Is Randomly Laughing and Creeping Out People," Mashable, March 7, 2018, https://mashable.com/2018/03/07/why-amazon-alexa-laughing/; Wong, "Amazon Knows Alexa Devices Are Laughing Spontaneously"; and "Amazon Working to Fix Alexa's Laughing Problem," March 8, 2018, https://www.goodmorningamerica.com/news/video/amazon-working-fix-alexas-laughing-problem-53604568, accessed December 11, 2019.

83   Hayley Tsukayama, "How Closely Is Amazon's Echo Listening?," Washington Post, November 11, 2014, https://www.washingtonpost.com/news/the-switch/wp/2014/11/11/how-closely-is-amazons-echolistening/, accessed June 1, 2010.

84   Natasha Singer, "Just Don't Call It Privacy," New York Times, September 22, 2018, https://www.nytimes.com/2018/09/22/sunday-review/privacy-hearing-amazon-google.html, accessed June 1, 2020.

85   See "Amazon Privacy Notice," Amazon, August 29, 2017, https://www.amazon.com/gp/help/customer/display.html?ie=UTF8&nodeId=16015091; and Alexa and Alexa Device FAQ," n.d., https://www.amazon.com/gp/help/customer/display.html?nodeId=201602230, accessed August 16, 2019. The updated privacy notice of January 2020 does indirectly assert Amazon's right to advertise to its users based on what they say to Alexa (see p. 126). The company does not present this activity straightforwardly even in its FAQs. As of July 2020, the word "advertising" appears there only—to assure readers that Amazon does "not sell children's personal information for advertising or other purposes."

86   Chris Burt, "Amazon Hit by Illinois Biometric Data Privacy Suit for Alexa Recordings," July 8, 2019, BiometricUpdate.com, https://www.biometricupdate.com/201907/amazon-hit-by-illinois-biometric-dataprivacy-suit-for-alexa-recordings, accessed December 7, 2019.

87   Emily Birnbaum, "Advocacy Groups Press Congress to Probe Amazon's 'Surveillance Empire,'" The Hill, November 25, 2019, https://thehill.com/policy/technology/471903-civil-rights-groupspress-for-congressional-investigation-into-amazons, accessed November 30, 2019.

88   Caroline Haskins, "Amazon's Home Security Company Is Turning Everybody into Cops," Vice, February 7, 2019, https://www.vice.com/en_us/article/qvyvzd/amazons-home-security-company-is-turningeveryone-into-cops, accessed November 30, 2019.

89 Birnbaum, "Advocacy Groups Press Congress."

90 Emily Birnbaum, "Activists Form National Coalition to Take on Amazon," The Hill, November 26, 2019, https://thehill.com/policy/technology/472153-activists-form-national-coalition-to-take-onamazon, accessed December 1, 2019.

91 Fowler, "There's a Spy in Your Home."

92 Ibid.

93 For example, Bastone, "Google Will Temporarily Stop Contractors"; Hanbury, "Google Says Its Workers Are Listening"; see also Koerber, "Amazon Reveals Why Alexa Is Randomly Laughing"; Wong, "Amazon Knows Alexa Devices Are Laughing Spontaneously"; "Amazon Working to Fix Alexa's Laughing Problem,"; and Tsukayama, "How Closely Is Amazon's Echo Listening?"

94 Sonia Rao, "In Today's Homes, Consumers Are Willing to Sacrifice Privacy for Convenience," Washington Post Online, September 12, 2018, via Factiva.

95 "Smart Speaker Consumer Adoption Report," Voicebot.ai and Voicify, March 2019, https://voicebot.ai/wp-content/uploads/2019/03/smart_speaker_consumer_adoption_report_2019.pdf, accessed December 1, 2019.

96 Meenakshi Tiwari, "Voice Technology Is the Key to Faster Smart Home Adoption," Forrester, May 7, 2019, https://go.forrester.com/blogs/voice-technology-is-the-key-to-faster-smart-home-adoption/, accessed August 24, 2020.

5장 광고주들의 기대

1 Alexei Kounine, "5 Things You Need to Know About the VoiceActivated Future of Marketing," Marketing Insider, February 20, 2019, https://www.mediapost.com/publications/article/332219/5-things-you-need-to-know-about-the-voice-activate.html, accessed June 19, 2019.

2 This information came through various interviews, trade magazine reading, and informal discussions with executives and voice-software developers at the Voice 2010 trade conference.

3 Trefis Team, "Is Google Advertising Revenue 70%, 80%, or 90% of Alphabet's Total Revenue?," Forbes, December 24, 2019, https://www.forbes.com/sites/greatspeculations/2019/12/24/is-google-advertisingrevenue-70-80-or-90-of-alphabets-total-revenue/#4e245614a01c, accessed April 14, 2010.

4 Ginny Marvin, "Amazon Ad Revenue Tops $3.5 Billion in Third Quarter, Expecting Strong Holiday Season," Marketing Land, https://marketingland.com/amazon-ad-revenue-tops-3-5-billion-in-thirdquarter-expecting-strong-holiday-season-269735, accessed April 14, 2020.

5 Three developers at the Voice 2019 conference confirmed that they receive transcripts of what people say in relation to their voice apps.

6   Kounine, "5 Things You Need to Know."

7   Glen Shires et al. for Google LLC, "Speech Recognition and Summarization," US Patent 10,185,711 B1, January 22, 2019, column 8 (at line 38), https://patents.google.com/patent/US8612211, accessed August 24, 2020.

8   Ibid.

9   Collin et al. for Amazon Technologies, Inc., "Cross-Channel Online Advertising Attribution," US Patent 10,169,778 B1, January 1, 2019 column 2 (in abstract), https://patents.google.com/patent/US10169778B1/en, accessed August 24, 2020.

10   Max Willens, "How 3 Publishers Are Staffing for Amazon Echo," Digiday, October 12, 2016, https://digiday.com/careers/threepublishers-staffing-amazon-echo/, accessed June 19, 2019.

11   Matt Weinberger, "How Amazon's Echo Went from a Smart Speaker to the Center of Your Home," Business Insider, May 23, 2017, https://www.businessinsider.com/amazon-echo-and-alexa-history-fromspeaker-to-smart-home-hub-2017-5, accessed June 19, 2019.

12   VoiceLabs Gives Brands the Ability to Reach and Interact with Amazon Echo Consumers, While Protecting the Consumer Experience," PR Newswire, May 11, 2017, https://www.prnewswire.com/news-releases/voicelabs-gives-brands-the-ability-to-reach-andinteract-with-amazon-echo-consumers-while-protecting-theconsumer-experience-300455963.html, accessed June 19, 2019.

13   Email communication from Nick Schwab, a computer engineer who created Amazon skills and intended to use VoiceLabs to make money from advertising, June 23, 2010.

14   Bret Kinsella, "Amazon Adds Further Restrictions to Alexa Skill Advertising," Voicebot.ai, April 20, 2017, https://voicebot.ai/2017/04/20/amazon-adds-restrictions-alexa-skill-advertising/, accessed June 25, 2019.

15   R. Y. Christ, "VoiceLabs Is Putting Interactive Ads into Your Alexa Skills," CNET, May 11, 2017, https://www.cnet.com/news/voicelabs-isputting-interactive-ads-into-your-alexa-skills/, accessed June 19, 2019.

16   Sapna Maheshwari, "Burger King 'O.K. Google' Ad Doesn't Seem OK with Google," New York Times, April 12, 2017, https://www.nytimes.com/2017/04/12/business/burger-king-tv-ad-google-home.html, accessed June 20, 2019.

17   Sarah Perez, "Amazon's New Alexa Developer Policy Bans All Ads Except in Music and Flash Briefi ngs," TechCrunch, April 20, 2017, https://techcrunch.com/2017/04/20/amazons-new-alexa-developerpolicy-now-bans-all-ads-except-in-music-and-flash-briefi ngs/, accessed June 19, 2019.

18   Khari Johnson, "VoiceLabs Suspends Its Amazon Alexa Skill Ad Network," VentureBeat, June 16, 2017, https://venturebeat.com/2017/06/15/voicelabs-suspends-amazon-alexa-skill-ad-network/, accessed June 20, 2019.

19   Bret Kinsella, "Amazon Alexa Skill Counts Rise Rapidly in the U.S., U.K., Germany, France, Japan, Canada, and Australia," Voicebot.ai, January 2, 2019, https://voicebot.ai/2019/01/02/amazon-alexa-skillcounts-rise-rapidly-in-the-u-s-u-k-germany-france-

japan-canadaand-australia/, accessed June 24, 2019.

20 Bret Kinsella, "Google Assistant Actions Total 4,253 in January 2019, Up 2.5x in Past Year but 7.5% the Total Number Alexa Skills in U.S," Voicebot.ai, February 15, 2019, https://voicebot.ai/2019/02/15/googleassistant-actions-total-4253-in-january-2019-up-2-5x-in-past-yearbut-7-5-the-total-number-alexa-skills-in-u-s/, accessed June 24, 2019.

21 Quotations from David Isbitski in this and the following paragraphs are from my interview with him on June 18, 2019.

22 Chris Davies, "Now Alexa Skills Can Sell You Stuff," Slash Gear, May 3, 2018, https://www.slashgear.com/amazon-alexa-in-skillpurchasing-amazon-pay-voice-integration-03529490/, accessed November 1, 2019.

23 Chris Davies, "Alexa Donations Turns Echo into Charity Collections Box," Slash Gear, April 2, 2018, https://www.slashgear.com/alexadonations-turns-echo-into-charity-collection-box-02525580/, accessed November 1, 2019.

24 This information came through various interviews, notably with David Isbitski and Michael Dobbs; trade magazine reading; and informal discussions with executives and voice-software developers at the Voice 2019 trade conference.

25 Jennifer Wise, "Digital Voice Experiences," Forrester, March 27, 2019 (updated April 2, 2019), p. 2.

26 Ibid. pp. 1–2.

27 Interview with Joe Maceda, June 11, 2019.

28 Ibid.

29 Sarah Perez, "Voice Shopping Estimated to hit $40+ Billion Across U.S. and U.K. by 2022," TechCrunch, March 2, 2018, https://techcrunch.com/2018/03/02/voice-shopping-estimated-to-hit-40-billion-across-u-s-and-u-k-by-2022/, accessed June 28, 2019; also, OC&C Strategy Consultants, "Voice Set to Jump to $40 Billion by 2022, Rising from $2 Billion Today," Business Insider, PR Newswire press release, https://markets.businessinsider.com/news/stocks/voiceshopping-set-to-jump-to-40-billion-by-2022-rising-from-2-billiontoday-1017434300, accessed August 24, 2020.

30 Greg Sterling, "Report: Amazon Internal Data Suggest 'Voice Commerce' Virtually Nonexistent," Marketing Land, August 8, 2018, https://marketingland.com/report-amazon-internal-data-suggestvoice-commerce-virtually-nonexistent-245664#, accessed June 26, 2019.

31 Ross Benes, "Few People Regularly Make Purchases Through Smart Speakers," eMarketer, December 20, 2018, https://content-na1.emarketer.com/few-people-regularly-make-purchases-through-voiceassistants, accessed June 27, 2019.

32 Perez, "Voice Shopping"; OC&C Strategy Consultants, "Voice Set to Jump to $40 Billion by 2022."

33 Isbitski interview.

34 Quoted in Tess Townsend, "Google Assistant Will Make Money from e-Commerce," Vox Recode, May 23, 2017, https://www.vox.com/2017/5/23/15681596/google-assistant-

ecommerce-revenue, accessed June 26, 2019.

35 Ibid.

36 Nat Ives, "Pandora Pitches Ads Targeted to Amazon and Google Smart Speakers," Wall Street Journal, March 13, 2019, https://www.wsj.com/articles/pandora-pitches-ads-targeted-to-amazon-and-google-smartspeakers-11552471201, accessed December 14, 2019.

37 Katie Nichol, "Interview with L'Oréal Chief Digital Officer Lubomira Rochet," BW Confidential, May 14, 2019, https://www.bwconfidential.com/interview-with-loreal-chief-digital-officer-lubomira-rochet/, accessed August 24, 2020.

38 Ad Age Staff, "Ad Age's 2019 Industry Predictions," Ad Age, January 8, 2019, https://adage.com/article/cmo-strategy/ad-age-s-2019-industrypredictions/316142, accessed September 7, 2020.

39 Local Search Engine Optimisation," Wikipedia n.d., https://en.wikipedia.org/wiki/Local_search_engine_optimisation, accessed June 28, 2019.

40 "Search Quality Evaluator Guidelines," Google, May 16, 2019, https://static.googleusercontent.com/media/www.google.com/en//insidesearch/howsearchworks/assets/searchqualityevaluatorguide lines.pdf; and "Bing Keyword Search," Bing, n.d., https://www.bing.com/toolbox/keywords, accessed June 30, 2019.

41 Chaitanya Chandrasekar, "Voice Search Optimization: 6 Big Changes You'll Need to Make," SEJ: Search Engine Journal, July 11, 2018, https://www.searchenginejournal.com/voice-search-optimizationchanges/259975/#close, accessed June 30, 2019.

42 Interview with Pete Erickson, June 6, 2019.

43 Bradley Shaw, "How to Optimize for Voice Search," SEOExpert, n.d., https://seoexpertbrad.com/voice-search-optimization/, accessed June 30, 2019.

44 Maceda interview.

45 Tony Landa, "How We Are Training Alexa to Think for Herself," Ad Age, April 9, 2020, https://adage.com/article/digital/trainingalexa/313039, accessed September 10, 2020.

46 Dobbs interview.

47 Interview with Rishad Tobaccowala, July 3, 2019. The other five executives are Michael Dobbs, Austin Arensberg, Kirk Drummond, Joe Maceda, and Janet Levine.

48 Interview with Will Margaritis, June 14, 2019.

49 Maceda interview.

50 Ibid.

51 Ibid.

52 Interview with Arafel Buzan, July 3, 2019.

53 David Mullen, "Mattersight Issued Four New Patents Signaling the Future of Analytics," Mattersight, January 9, 2018, https://www.globenewswire.com/news-release/2018/01/09/1286200/0/en/Mattersight-Issued-Four-New-Patents-Signaling-the-Future-ofAnalytics.html; see also David Gustafson and Christopher Danson (for

the Mattersight Corporation), "Personality-Based Chatbots and Methods," US Patent 9,847,084, December 19, 2017, https://patents.google.com/patent/US9847084B2/en, accessed August 24, 2020.

54   Khari Johnson, "Mattersight Wants to Use AI and Alexa to Send You Ads Based on Your Personality," VentureBeat, March 31, 2017, https://venturebeat.com/2017/03/31/mattersight-wants-to-use-aiand-alexa-to-send-you-ads-based-on-your-personality/, accessed July 4, 2019.

55   Ibid.

56   Ibid.

57   Megan Graham, "Hey, Alexa: What's the Best Voice Strategy for Brands?," Advertising Age, October 18, 2017, https://adage.com/article/digital/hey-alexa-voice-strategy-brands/310893, accessed July 2, 2019; Maceda interview.

58   Maceda interview.

59   Interview with Mykolas Rambus, June 17, 2019.

60   Interview with Joe Petro, July 19, 2019.

61   Interview with Ethan Goodman, August 21, 2019.

62   Ibid.; interview with Bret Kinsella, April 19, 2019.

63   Ibid.; see also Bret Kinsella, "Voice Insider #25: "The GOWN Voice Assistant Classification System Framework Debut," Voice Insider, February 7, 2019, https://www.patreon.com/posts/voiceinsider-25-24540972, accessed September 19, 2019.

64   Quoted in Bret Kinsella, "Pandora Taps Instreamatic to Test VoiceEnabled Ads," Voicebot.ai, April 3, 2019, https://voicebot.ai/2019/04/03/pandora-taps-intreamatic-to-test-voice-enabled-ads/, accessed December 14, 2019.

65   Eric Hal Schwartz, "Pandora Begins Running Interactive Voice Ads," Voicebot.ai, https://voicebot.ai/2019/12/13/pandora-begins-runninginteractive-voice-ads/, accessed December 14, 2019.

66   Brian Roemmele, "Meet Erica, Bank of America's New Voice AI System," Forbes, October 28, 2016, https://www.forbes.com/sites/quora/2016/10/28/meet-erica-bank-of-americas-new-voice-aibanking-system/#3cc93df350db, accessed September 19, 2019.

67   "Erica," Bank of America, n.d., https://promo.bankofamerica.com/erica/, accessed September 19, 2019.

68   Penny Crossman, "Mad About Erica: Why a Million People Use Bank of America's Chatbot," American Banker, https://www.american-banker.com/news/mad-about-erica-why-a-million-people-use-bankof-americas-chatbot, accessed September 19, 2019.

69   "Bank of America's Erica Completes More Than 50 Million Client Requests in First Year," Bank of America press release via Business Wire, https://www.businesswire.com/news/home/20190528005646/en/Bank-America%E2%80%99s-Erica%C2%AE-Completes-50-Million-Client, accessed September 19, 2019.

70   Interview with Pete Erickson, June 12, 2019.

71   See, for example, Brittany Page, "Hey Alexa, How Do I Get My Product Visible in Amazon Search in 2019?," Search Engine Land, January 2, 2019, https://searchengineland.com/hey-alexa-how-do-iget-my-product-visible-in-amazon-search-in-2019-309864, accessed July 1, 2019.

6장 새로운 시대를 위한 제언

1   Thanks to William Frucht for help in formulating these examples.

2   "What About Advertising?," Amazon Privacy Notice, January 1, 2020, https://www.amazon.com/gp/help/customer/display.html/ref=hp_bc_nav?ie=UTF8&nodeId=201909010#GUID-1B2BDAD4-7ACF-4D7A-8608-CBA6EA897FD3__SECTION_87C837F9CCD84769B4AE2BEB14AF4F01, accessed November 21, 2020.

3   "Our Commitment to Privacy in the Home," Google Nest Privacy, https://store.google.com/category/google_nest_privacy, accessed September 19, 2019, and July 16, 2020.

4   Google Privacy Policy, July 1, 2020, https://policies.google.com/privacy/embedded?hl=en-US, accessed July 16, 2020.

5   "The Mars Agency Introduces MarilynSM, the First End-to-End, AI-Enabled Predictive Commerce Intelligence Platform for Marketing to Shopper," Mars Agency, June 11, 2019, https://www.themarsagency.com/news-article?title=new-article-introducing-marilyn, accessed April 16, 2020.

6   Jackie Snow, "In the AI Era, Your Voice Could Give Away Your Face," Fast Company, June 6, 2019, https://www.fastcompany.com/90357561/this-ai-guesses-human-faces-based-only-on-theirvoices, accessed September 25, 2019.

7   See Jane Martin, "What Should We Do with a Hidden Curriculum When We Find One?," Curriculum Inquiry 6, no. 2 (1976): 135–151.

8   Quoted in ibid.

9   George Gerbner, "The Teacher Image and the Hidden Curriculum," American Scholar 42 (1973): 71.

10   Michael McGerr, The Decline of Popular Politics: The American North, 1865–1928 (New York: Oxford University Press, 1986), p. 94.

11   Much of this material is taken from Joseph Turow, Michael X. Delli Carpini, Nora Draper, and Rowan Howard Williams, "Americans Roundly Reject Tailored Political Advertising," Annenberg School for Communication Departmental Papers, July 2012, pp. 5–6.

12   "Access to and Use of Voter Registration Lists," National Conference of State Legislatures, August 5, 2019, http://www.ncsl.org/research/elections-and-campaigns/access-to-and-use-of-voter-registrationlists.aspx, accessed September 23, 2019.

13   Jack Corrigan, "DHS Is Collecting Biometrics on Thousands of Refugees Who Will Never Enter the U.S.," Nextgov, August 20, 2019, https://www.nextgov.com/emerging-

tech/2019/08/dhs-collectingbiometrics-thousands-refugees-who-will-never-enter-us/159310/, accessed September 24, 2019.

14 Jonathan Cantor and Donald K. Hawkins, "Privacy Impact Assessment for the United Nations High Commissioner for Refugees (UNHCR) Information Data Share," US Department of Homeland Security, DHS USCIS/PIA-081, August 13, 2019, p. 4, https://www.dhs.gov/sites/default/fi les/publications/privacy-pia-uscis081-unhcr-august2019.pdf, accessed September 24, 2019.

15 For more on this topic, see Btihaj Ajana, Governing Through Biometrics: The Biopolitics of Identity (New York: Palgrave MacMillan, 2013), especially pp. 62–77.

16 George Joseph and Debbie Nathan, "Prisons Across the U.S. Are Quietly Building Databases of Incarcerated of Incarcerated People's Voice Prints," Appeal, January 30, 2019, https://theappeal.org/prisonsacross-the-u-s-are-quietly-building-databases-of-incarcerated-peoplesvoice-prints/, accessed September 26, 2019.

17 Ibid.

18 "The California Consumer Privacy Act of 2018" (Assembly Bill No. 375), par. 1798.140b, June 28, 2018, https://leginfo.legislature.ca.gov/faces/billTextClient.xhtml?bill_id=201720180AB375, accessed September 24, 2019.

19 "Pandora Privacy Policy," Pandora, January 1, 2020, https://www.pandora.com/privacy, accessed January 1, 2020.

20 "Find Your Voice Mode," Pandora, n.d., https://www.pandora.com/voicemode/#faqs, accessed July 17, 2020.

21 Thanks to Professor Chris Jay Hoofnagle of UC Berkeley Law School for this important point.

22 "Explore Our FAQs," Bank of America, n.d., https://promo.bankofamerica.com/erica/, accessed September 7, 2020.

23 Julia Stead, "Conversations First: How Financial Services Is Evolving for the Voice Era," Payments Journal, February 2, 2018, https://www.paymentsjournal.com/conversations-first-financial-services-evolvingvoice-era/, accessed July 17, 2020.

24 "Bank of America US Online Privacy Notice," https://www.bankofamerica.com/security-center/privacy-overview/#privacyNoticeBanner, accessed September 7, 2020.

25 Illinois General Assembly, "(740 ILCS 14/) Biometric Information Privacy Act," effective October 3, 2008, http://www.ilga.gov/legislation/ilcs/ilcs3.asp?ActID=3004&ChapterID=57, accessed December 7, 2019.

26 Robert Fallah, "Illinois Supreme Court Ruling: Biometric Privacy Law Only Requires Violation, Not Actual Harm," Fisher Phillips, https://www.fisherphillips.com/Employment-Privacy-Blog/illinois-supremecourt-ruling-biometric-privacy-law#:~:targetText=Violations%20of%20BIPA%20incur%20a,or%20recklessly%20violating%20the%20Act., accessed December 8, 2019.

27 See Joseph Turow, Breaking Up America: Advertisers and the New Media World (Chicago: University of Chicago Press, 1997).

28   Bret Kinsella, "Baidu Is Reshaping Smart Speaker and Voice Assistant Market Share in China," Voicebot.ai, September 5, 2019, https://voicebot.ai/2019/09/05/baidu-is-reshaping-smart-speaker-and-voiceassistant-market-share-in-china/, accessed September 27, 2019.

29   Eric Hall Schwartz, "Baidu Upgrades DuerOS Voice Platform and Hits 400M Device Milestone," Voicebot.ai, July 3, 2019, https://voicebot.ai/2019/07/03/baidu-upgrades-dueros-voice-platform-and-hits-400mdevice-milestone/, accessed September 27, 2019.

30   Kinsella, "Baidu."

31   Samm Sacks and Lorand Laskai, "China's Privacy Conundrum," Slate,February 7, 2019, https://slate.com/technology/2019/02/chinaconsumer-data-protection-privacy-surveillance.html, accessed September 27, 2019.

32   "Baidu Chief under Fire for Privacy Comments," March 28, 2018, People's Daily Online [English], http://en.people.cn/n3/2018/0328/c90000-9442509.html, September 27, 2019.

33   Sacks and Laskai, "China's Privacy Conundrum."

34   Ibid.

35   "Four Ministries Will Rectify App Personal Information to Collect Chaotic Violations or Will Revoke Business Licenses," Tencent [translated from Chinese to English by Google Translate], January 25, 2019, https://new.qq.com/omn/20190125/20190125A0CZW7.html, accessed September 27, 2019.

36   Sacks and Laskai, "China's Privacy Conundrum."

37   Ibid.

38   See "General Data Protection Regulation," Regulation (EU) 2016/679 of the European Parliament and of The Council, April 27, 2016, preamble, https://eur-lex.europa.eu/eli/reg/2016/679/oj, accessed August 24, 2020.

39   Jennifer Baker, "How the ePrivacy Regulation Talks Failed…Again," IAPP.org [website for International Association of Privacy Professionals], November 26, 2019, https://iapp.org/news/a/how-theeprivacy-regulation-failed-again/, accessed June 7, 2020.

40   "ePrivacy Regulation (European Union)," Wikipedia, https://en.wikipedia.org/wiki/EPrivacy_Regulation_(European_Union)#, accessed December 8, 2019.

41   "General Data Protection Regulation," article 4: definitions, item 14.

42   Ibid., article 9, paragraph 1.

43   Ibid., article 9, paragraph 2a.

44   Mania Aslan, "How Do the Rules on Audio Recording Change Under the GDPR?," IAPP.com [website for International Association of Privacy Professionals], April 24, 2018, https://iapp.org/news/a/howdo-the-rules-on-audio-recording-change-under-the-gdpr/, accessed December 8, 2019.

45   Ibid.

46   Marcus Hoy, "Telecom Voice Recording Ban Is Test Case for EU Privacy Rules," Bloomberg Law, April 6, 2019, https://news.bloomberglaw.com/privacy-and-data-

security/voice-recording-optout-mandate-seen-as-privacy-wake-up-call, December 8, 2019.

47   "General Data Protection Regulation," article 9, paragraph 2a.

48   Lauren Bass, "The Concealed Cost of Convenience: Protecting Personal Data: Privacy in the Age of Alexa," Fordham Intellectual Property, Media and Entertainment Law Journal 30, no. 261 (2019): 314–318.

49   Ibid., pp. 264–265.

50   "FTC Fact Sheet: It's the Law," n.d., Federal Trade Commission, https://www.consumer. ftc.gov/sites/default/fi les/games/off-site/youarehere/pages/pdf/FTC-Ad-Marketing_ The-Law.pdf, accessed April 19, 2020.

51   R. B. Mikkelsen, M. Gjerris, and G. Waldemar, "Broad Consent for Biobanks Is Best— Provided It Is Also Deep," BMC Medical Ethics 20, no. 71 (2019), https://doi.org/10.1186/ s12910-019-0414-6, accessed April 17, 2020.

52   Quoted in Dave Gershgorn, "Here's How Amazon Alexa Will Recognize When You're Frustrated," OneZero, September 27, 2019, https://onezero.medium.com/hereshow-amazon-alexawill-recognize-when-you-re-frustrated-a9e31751daf7, accessed September 29, 2019.

53   Quoted in ibid.

보이스 캐처

지금 당신의 목소리가 팔리고 있다

초판 1쇄 발행 2022년 5월 6일

지은이 조셉 터라우
옮긴이 정혜윤
펴낸이 성의현
펴낸곳 (주)미래의창

편집주간 김성옥
편집진행 김다울
디자인 공미향
홍보 및 마케팅 연상희 · 김지훈 · 이희영 · 이보경

출판 신고 2019년 10월 28일 제2019-000291호
주소 서울시 마포구 잔다리로 62-1 미래의창빌딩(서교동 376-15, 5층)
전화 070-8693-1719 **팩스** 0507-1301-1585
홈페이지 www.miraebook.co.kr
ISBN 979-11-91464-92-4 03320

생각이 글이 되고, 글이 책이 되는 놀라운 경험. 미래의창과 함께라면 가능합니다.
책을 통해 여러분의 생각과 아이디어를 더 많은 사람들과 공유하시기 바랍니다.
투고메일 togo@miraebook.co.kr (홈페이지와 블로그에서 양식을 다운로드하세요)
제휴 및 기타 문의 ask@miraebook.co.kr